广东省普通高校人文社科重点研究基地（2018WZJD007）
——战略新兴产业共性技术政策与管理创新研究中心资助
广东省哲学社会科学规划课题“合资企业环境嵌入、技术创新能力与外商独资化倾向：
来自中国企业的证据”(GD18CGL08) 阶段性研究成果
国家社会科学基金一般项目“一带一路”倡议下中国企业海外社会责任本地化推进的
路径与策略研究”(20BGL027) 阶段性研究成果

广东省教育厅创新强校工程

中国企业对外直接投资风险防范与应对研究

宋丽丽 著

復旦大學出版社

内容提要

中国已经成为国际投资舞台上最重要的参与者之一，并且已经从单向引资大国演变为双向投资大国。随着国际环境变化，中国企业对外直接投所面临的风险呈现复杂与多变的特征。

本书在充分理解中国企业投资格局和特征的背景下，采用规范研究、实证研究和案例研究相结合的方法解析中国企业对外直接投资风险的影响因素和机理，构建了以“三个主体，六个抓手，六个内容”为基础的中国企业对外直接投资风险防范与应对体系框架。然后分别从政府、行业协会以及企业的视角提出了风险防范策略。

最后，针对中国企业对外直接投资的特点及其导致的风险特殊性，本书提出中国应当努力塑造良好的国际形象并营造有利的外交环境；投资主体和区位更趋多元化；与国外跨国公司或者当地公司“联合出海”以及发挥“后发”优势构建严格的风险管控体系等措施，为我国企业对外直接投资风险防范与企业的健康发展提供参考。

前　言

中国已经成为国际投资舞台上最重要的参与者之一。自 2015 年开始，中国对外投资规模超过利用外资的规模。中国已经从单向引资大国演变为双向投资大国。2018 年中国的对外直接投资流量居全球第二，存量居全球第三。然而，中国企业对外直接投资迅速增长的同时，所面临的风险也在显著增加，尤其是 2019 年以来，中美贸易摩擦升级，以及逆全球化思潮涌动，中国企业对外直接投资面临新的挑战。

深入理解中国企业对外直接投资风险的影响因素及作用机理，并在此基础上构建对外直接投资风险防范与应对体系，对于破解当前中国企业国际化困局，提高中国企业海外投资的成功率和投资效益，实现中国企业“走得出”和“走得稳”具有重要意义；对于中国企业积极融入全球经济，促进中国经济高质量增长具有重要意义。

企业对外直接投资风险问题是西方跨国公司战略研究的重要内容，由于中国企业尚处于国际化的初级阶段，该领域研究尚未得到充分的重视。国内外学者围绕风险的类型与来源、评估与预警、防范与应对等问题进行了大量的研究，取得了较多的成果。但是，大多数研究站在发达国家跨国公司的立场，结合中国企业投资特点，体现中国企业投资和管理特征，与中国企业国际商务实践需求密切联系的不多；从国际政治、国际法律等宏观层面出发的规范研究较多，从微观的企业层面出发的实证研究较少。本书拟在充分理解中国企业投资格局和特征的背景下，采用规范研究、实证研究和案例研究相结合的方法，解析中国企业对外直接投资风险的影响因素及作用机理，在此基础上提出中国企业对外直接投资风险防范与应对策略。

本书回顾了中国企业对外直接投资的历程，基于历年《中国对外直接投资统计公报》，对中国企业近年的投资流量、存量、区位分布、行业分布及特点进行了数据统计与分析，着重分析了中国企业对外直接投资的重点区域——欧盟、非洲、东盟以及“一带一路”沿线国家的现状、特点与趋势。

在理论上，本书对中国企业对外直接投资的一般性风险和特殊性风险进行了分析，从宏观、中观和微观层面解析了中国企业对外直接投资风险的来源，并在此基础上构建了综合宏观、中观、微观三个层次的多层互嵌风险分析模型。

在理论分析的基础上，本书以宏观的视角，从政治、经济、社会和文化四个层面分别提出了中国企业对外直接投资风险形成的影响因素的理论假设，构建了中国企业对外直接投资风险形成的实证研究模型，采用国际组织发布的二手数据，以 SPSS 软件为工具对数据进行统计处理和分析，进而对研究假设进行检验，实证研究得出如下结论：

（1）在政治层面，中国企业对东道国直接投资风险与该国政府的稳定性和法治水平呈显著的负相关关系。中国企业对东道国直接投资风险与该国政府的治理质量没有显著的相关关系。

（2）在经济层面，中国企业对东道国直接投资风险与该国的经济增长性、经济稳定性、经济开放性、偿债能力呈显著的负相关关系；中国对东道国直接投资风险与该国经济规模没有显著的相关关系。

（3）在社会层面，中国企业对东道国直接投资风险与该国社会冲突的程度呈显著正相关关系；中国企业对东道国直接投资风险与该国经商环境的优劣呈显著的负相关关系；中国企业对东道国直接投资风险与该国劳动力素质、社会安全性之间的关系不显著。

（4）在文化层面，中国企业对东道国直接投资风险与文化差距呈显著正相关关系。

在微观上，本书采用案例分析的方法，通过对江西华意压缩机股份有限公司并购西班牙商用压缩机项目的过程及风险进行分析，剖析了企业在对外直接投资过程中遭遇的风险及防范与应对策略。宏观的实证研究和微观的案例剖析相结合，形成对中国企业对外直接投资风险防范与应对的整体认识。

在实证研究和案例分析的基础上，本书构建了以“三个主体，六个抓手，六个内容”为基础的中国企业对外直接投资风险防范与应对体系，然后从政府、行业协会以及企业的视角分别提出风险防范和应对策略。

最后，本书针对中国企业对外直接投资的特点及导致的风险特殊性，提出中国应当努力塑造良好的国际形象并营造有利的外交环境，投资主体和区位应更趋多元化，与国外跨国公司或者当地公司“联合出海”以及发挥“后发”优势，构建严格的风险管控体系。

目　录

第 1 章

绪 论

本章主要介绍研究的背景以及意义，并对中国企业、对外直接投资、风险等概念做出界定，阐述本书的研究思路、方法、主要内容以及可能的创新之处。

1.1 研究背景

企业的对外直接投资活动最早开始于 19 世纪中期，第二次科技革命之后，生产力的快速发展使得金融资本大量剩余，为了获取更多的利益，企业开始以资本输出的形式进行对外投资活动。目前，有记录的首例对外直接投资发生在 1865 年，德国拜耳(Bayer)公司收购美国奥尔巴尼的苯胺工厂；1947 年，“马歇尔计划”的推出正式拉开了企业大规模对外投资的序幕；随着经济全球化的不断推进，在 20 世纪 80 年代后，对外投资已经成为企业开展跨国经营的一种最主要的方式。根据联合国贸易和发展会议(UNCTAD)发布的《世界投资报告 2015》[①]，2014 年全球对外直接投资流量为 12 300 亿美元；UNCTAD 于 2016 年 1 月 20 日发布的《全球投资趋势监测报告》显示，2015 年全球对外直

① 联合国贸易和发展会议. 世界投资报告 2015——重构国际投资机制[M]. 冼国明，葛顺奇校译. 天津：南开大学出版社，2015.

接投资流量创2007年以来的最高水平，达1.7万亿美元，同比增长36%①。从中可以看出，全球对外直接投资的规模在不断扩大。

中国的对外直接投资起步较晚，最早可以追溯到1979年8月，当时国务院提出了"出国办企业"的号召，并制定了相关政策。1979年11月，"京和股份有限公司"的成立拉开了中国企业对外直接投资的序幕。近年来，在"走出去"战略以及相关政策的推动和促进下，中国企业加快了对外直接投资的步伐，对外直接投资的数量和规模不断地扩大。截至2015年年底，中国企业对外直接投资的存量突破万亿美元，位列全球第8位，而2002年中国对外直接投资的存量仅为299亿美元，在13年的时间里，中国对外直接投资存量增长近9 707亿美元，全球排名上升了17位。自2003年中华人民共和国商务部、国家外汇管理局以及国家统计局联合发布中国企业对外直接投资年度数据以来，我国已经实现连续13年增长，年均增幅高达33.6%。

近年来，全球经济格局的转变为中国企业"走出去"提供了较大的机遇：2004年，联想成功收购IBM的PC业务；2009年，中石化和中海油成功收购美国马拉松石油公司持有的安哥拉一个石油区20%的权益；2010年吉利成功并购沃尔沃；2014年，联想集团收购摩托罗拉手机业务、IBM x86服务器业务；2015年，中国化工橡胶有限公司以46亿欧元收购意大利倍耐力集团公司近60%股份。此外，海尔集团已在全球范围先后建立了8个综合研究与开发中心、29个生产制造基地以及19个海外贸易公司；中国葛洲坝水利水电工程集团通过"国际承包工程"的方式足迹遍及南亚、东南亚、中亚、中东、非洲和美洲；在"一带一路"倡议下，中国高铁海外合作渐入佳境，2014年，在南美洲铺设的"高铁第一轨"委内瑞拉迪阿铁路开始铺轨，由中国承建的土耳其"安伊高铁"正式通车。这些企业的成功为中国实施"走出去"战略提供了一定的经验。但是有机遇就会有风险，2005年，中海油并购优尼科失败；2009年，中国铝业注资力拓以失败告终；2011年，利比亚战争给中国企业带来巨大损失；2011年，缅甸密松大坝项目被叫停。这些失败的案例使中国企业认识到虽然对外直接投资的环境在不断改善，可是风险依然存在，企业必须加强对外直接投资风险的防范和应对。

① UNCTAD. Global Investment Trends Monitor[R]. No. 22, 2016-01-20.

1.1.1　全球对外直接投资持续增长

(1) 全球对外直接投资连续多年增长

根据对历年《世界投资报告》的统计，2003—2007 年全球对外直接投资连续 5 年持续增长；受全球金融危机的影响，2008—2009 年全球对外直接投资连续 2 年出现下降；金融危机发生之后，世界主要国家联手大力实施反危机政策，使得全球经济恢复良好增长势头；2010—2011 年，全球对外直接投资有所增长，但仍未恢复到危机之前的水平。欧洲主权债务危机的爆发，使得未完全恢复的全球经济再次受创，全球经济呈现疲软状态。但 UNCTAD 在 2016 年 1 月发布的《全球投资趋势监测报告》显示，全球对外直接投资流量在 2015 年创下了 2007 年以来的最高水平，主要原因是 2015 年跨境并购兴盛，净交易额超 6 437 亿美元，同比增长 61%，由此拉动全球对外直接投资强势复苏。2003—2015 年全球对外直接投资流量的变化如图 1-1 所示。

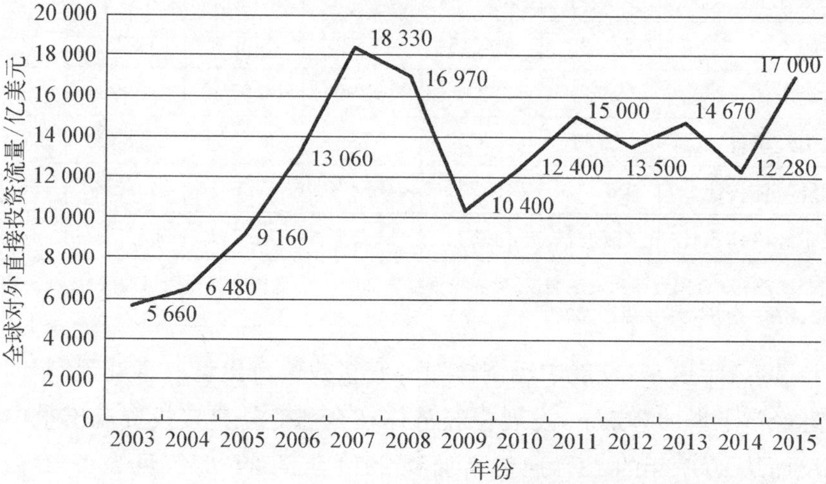

图 1-1　2003—2015 年全球对外直接投资流量变化示意图

资料来源：联合国贸易和发展会议 2003—2015 年度《世界投资报告》.

(2) 发达经济体对外直接投资流量有所下降，发展中经济体逆势增长

据《世界投资报告 2015》显示，2014 年流入发展中经济体的对外直接投资流量达 6 810 亿美元，创历史新高；在全球前 10 位对外直接投资流入地中，有

5个是发展中经济体，而流入发达经济体的对外直接投资总流量下降至4 990亿美元，同比下降28%。近年来，发展中经济体对外直接投资流入量所占比重不断加大，发达经济体对外直接投资流入量所占比重呈下降趋势（具体如表1-1所示）。然而，据2016年UNCTAD发布的《全球投资趋势监测报告》，2015年发达经济体对外直接投资流入量显著反弹，同比激增90%，达9 360亿美元，占全球外资流量的55%，重新引领全球外资增长格局。但此番反弹的主力来自跨国并购交易，尤其是针对美国公司的并购交易，且“绿地投资”①项目较少，因此，2015年流入发达经济体的对外直接投资流量增长并未转化为有效的生产性能力扩张，并且有一部分企业并购交易是出于避税和安全原因而搬迁总部，属于“公司重置”（corporate reconfiguration），其生产活动并没有发生大规模转移。

表1-1　2010—2015年各经济体对外直接投资流入数量表

地区或占比	对外直接投资流入量/亿美元					
	2010年	2011年	2012年	2013年	2014年	2015年
世界	14 085	16 515	14 030	14 670	12 280	16 770
发达经济体	6 964	8 200	6 790	6 970	4 990	9 360
发展中经济体	6 370	7 352	6 390	6 710	6 810	7 410
发达经济体占比	49.4%	49.7%	48.4%	47.5%	40.6%	55.8%
发展中经济体占比	45.2%	44.5%	45.6%	45.7%	55.5%	44.2%

资料来源：联合国贸易和发展会议.世界投资报告2015——重构国际投资机制[M].冼国明，葛顺奇校译.天津：南开大学出版社，2015.

自2003年以来，发展中经济体对外直接投资流出量一直处于攀升状态。在全球经济下滑的背景下，发展中经济体在全球对外直接投资流出量中所占比例反而从2007年的13%逆势增加到2014年的34.6%（见表1-2）。2014年发展中经济体对外直接投资流出量近4 680亿美元，同比增加23%；而发达经济体对外直接投资流出量却持续处于下降趋势，38个发达国家中有22个的对外直接投资流出量减少，总体下降23%。在排名前几位的发达国家中，只有

① 绿地投资，又称新建投资，是指跨国公司等投资主体在东道国境内设置的部分或全部资产所有权归外国投资者所有的企业。这类投资会直接引起东道国生产能力、产出和就业的增长。

日本对外直接投资流出量逆势上升，仍保持世界第二大投资来源国地位。近年来，发展中经济体对外直接投资流出量逐年上升，2014 年占全球总量的 34.6%，亚洲各国(地区)仍然是对外直接投资主要流出地，约占发展中经济体的 75.0%。

表 1-2 2012—2014 年各经济体对外直接投资流出数量表

地区或占比	对外直接投资流出量/亿美元		
	2012	2013	2014
世界	12 840	13 060	13 540
发达经济体	8 730	8 340	8 230
发展中经济体	3 570	3 810	4 680
发达经济体占比	68.0%	63.8%	60.8%
发展中经济体占比	27.8%	29.2%	34.6%

资料来源：联合国贸易和发展会议. 世界投资报告 2015——重构国际投资机制[M]. 冼国明，葛顺奇校译. 天津：南开大学出版社，2015.

(3) 各国投资政策变化较大，监管加强但限制性政策减少

UNCTAD 的数据表明，2014 年全球 37 个国家和地区采取了至少 63 项政策措施影响外国投资，其中，47 项涉及投资自由化、促进和创造有利的外国投资环境，9 项提出了新的限制或管理措施，具体如表 1-3 所示。值得注意的是，2014 年限制性政策数量骤降，占比从 2013 年的 26.4%下降到 14.3%，同时自由和促进政策占比从 2013 年的 73.6%增加到 74.6%。在这些政策中，服务业主要采取自由化和对外直接投资促进性政策，战略产业则主要采用限制性政策，这些政策和措施中隐藏了“投资保护主义”，因此，随着政府审查和监管的加强，风险也随之增加。

表 1-3 2004—2014 年各国投资政策变化表

项　　目	2004	2005	2006	2007	2008	2009	2010	2011	2012	2013	2014
改变政策的国家和地区数	80	77	74	49	41	45	57	44	53	59	37
政策调整数	166	145	132	80	69	89	112	67	86	87	63

续 表

项　　目	2004	2005	2006	2007	2008	2009	2010	2011	2012	2013	2014
自由/促进政策	144	119	107	59	51	61	75	52	61	64	47
限制/管制政策	20	25	25	19	16	24	36	15	20	23	9
中立/不确定政策	2	1	0	2	2	4	1	0	5	0	7

注：在某些情况下，政策措施对投资的预期影响是不确定的.
资料来源：联合国贸易和发展会议. 投资政策监控数据库，https://unctadstat. unctad. org/EN/.

1.1.2　中国企业“走出去”步伐加快

“走出去”是中国政府为推动本国的海外投资而制定的战略，为了更好地推行这一战略，中国政府制定了许多促进中国企业“走出去”的政策，为企业提供更加有针对性的政策指导。自改革开放以来，中国企业一直努力加快“走出去”步伐，特别是在进入21世纪以后，国际投资步伐明显加快，成果显著，对外直接投资的流量和存量呈大幅度增长趋势。2014年，中国企业对外直接投资净额(以下简称流量)为1 231.2亿美元，与上一年相比增长了14.2%。2014年年末，中国对外直接投资存量为8 826.4亿美元，相比2013年年末增加了2 221.6美元，大概是2002年年末存量的30倍。具体地，当期收益再投资为444.0亿美元，占比36.1%；新增的股权投资为557.3亿美元，占比45.3%；债务工具投资总量为229.9亿美元，占比18.7%。UNCTAD发布的《世界投资报告2015》显示，2014年全球对外直接投资流出量为13 540亿美元，2014年年末的存量为258 700亿美元。以如上数据作为统计基数计算，2014年中国企业对外直接投资流量占全球9.1%，存量占全球的3.4%，流量已经连续三年列全球国家(地区)排名的第3位，占比较上年提升1.5%；存量位居第8位，排名较上年上升3位。虽然中国企业“走出去”起步较晚，但是发展迅速，无论是流量还是存量，都取得了显著的进步。

2013年“一带一路”倡议的提出，为中国企业“走出去”提供了新的发展机遇和有利的契机。“一带一路”沿线各个国家拥有的资源和禀赋各不相同，经济发展水平参差不齐，但是各个国家之间的经济互补性比较强，因而互相合作的空间和潜力很大。随着“一带一路”倡议的推进，我国与沿线各个国家的联系与合作持续增强。可以预计，我国将会有越来越多的企业和资本陆续走出国门，投入"一带一路"的建设大潮，中国企业"走出去"的步伐还会不断加快。

1.1.3 中国企业对外直接投资风险加大但效益不高

中国企业"走出去"的步伐加快，并不意味着"走出去"的过程是一帆风顺的，局部地区战争爆发、保护主义盛行、某些别有用心的国家提出的所谓"中国威胁论"等都说明，中国企业的对外直接投资仍然面临着各种各样的风险，这些风险的存在也使得中国企业对外直接投资的效益低下。商务部2016年统计数据显示，中国在海外投资的企业超过2万家，然而亏损面非常大。

(1) 中国企业对外直接投资的风险加大

首先，国际局势不稳定使对外直接投资的风险加大。2011年3月利比亚战争的爆发，使中国企业至少损失188亿美元，中国建筑总公司在此次战争中损失约176亿元人民币[①]。政治局势的动荡不仅使企业蒙受损失，也对境外工人的安全构成了威胁。2012年1月28日，29名中国工人在苏丹遭到劫持；同月31日又有25名中国工人在埃及遭到劫持。根据中国外交部领事司提供的相关数据，仅2011年我国有关部门处理的各类领事保护案件就达3万起[②]；2014年泰国政变叫停与中国的大米换高铁项目；2015年斯里兰卡暂停中资"海上丝绸之路"项目，墨西哥突然宣布墨西哥至克雷塔罗高铁项目的招标被"无限期"搁置。

其次，金融危机造成的经济疲软使对外直接投资的风险加大。金融危机的爆发，使全球经济和政策的不确定性加剧。2008—2009年全球对外直接投资流量骤降，两年内跌幅达43.3%。经过2010—2014年震荡调整后，2015年的对外直接投资流量出现回暖上升，然而拉动其增长的主力来自跨国并购交易而非生产性扩张。发达国家的跨国公司并不再进行大规模的国际扩张，而是对新投资继续保持观望态度。与此相反，中国企业在此时加快了扩张的步伐，因此，面对经济疲软的市场，可能会因海外市场需求不足而面临经营风险。

① 闫雪. 中国国有企业对外直接投资的风险研究[D]. 长春：吉林大学硕士学位论文，2012.
② 蒋姮. 走出海外投资安全的雷区——冲突风险评估与管理[M]. 北京：中国经济出版社，2013.

国际汇率波动幅度加大，美元的贬值、人民币的持续升值，也使得中国企业面临的汇兑风险加剧。

最后，各国政策中隐含的“投资保护主义”使对外直接投资的风险加大。随着各国采取更多的工业政策、更严格的审查和监管程序，其对跨境并购的审批更为谨慎，更加限制涉及战略产业的对外直接投资活动，由“投资保护主义”带来的风险也随之增加。如法国自2012年以来，为对包括汽车、航空航天、可再生能源等在内的核心产业进行监督，专门设立了11个委员会。受某些别有用心的国家提出的所谓“中国威胁论”的影响，许多国家在对中国企业进行审查时会添加政治色彩，由此也为中国企业带来了较大的损失。2005年，中海油竞购优尼科被视作敌意收购，以威胁国家安全为由而失败；2009年，力拓单方面撕毁合约，放弃了中国铝业对其注资195亿美元的计划，与此同时决定配股152亿美元与必和必拓公司组建铁矿石合资公司①；2011年，华为收购美国3Leaf公司，却因美国众议员宣称损害国家安全而被通知撤回收购。投资保护主义的存在，使得中国企业的对外直接投资面临着更大的挑战。

(2) 中国企业对外直接投资的效益不高

虽然参与对外直接投资的中国企业较多，但是所取得的效益却不尽如人意。2000—2014年，中国企业在海外的并购项目累计1 491个，其中失败项目累计453个，失败率达30.4%，失败项目价值累计2 016亿美元，每年平均损失占比达34%，远高于世界平均水平②。据世界银行估算，中国对外直接投资企业经营情况大体呈现“三个1/3”，即1/3盈利、1/3持平、1/3亏损③；国际知名金融数据提供商Dealogic公布的数据显示，2010年，美国和英国在海外收购中的失败率分别为2%和1%，而中国为11%，居全球首位④；国务院发展研究中心的调查数据显示，境外投资盈利的中国企业只占总数

---

① 徐莉. 中国企业对外直接投资风险影响因素及控制策略研究[D]. 济南：山东大学博士学位论文，2012.

② 刘恩专，杨宏. 国际投资保护主义与中国对外投资战略[J]. 海外投资与出口信贷，2015(6)：6-10.

③ 赵威. 中国对外直接投资的风险预警与防范[D]. 大连：东北财经大学硕士学位论文，2012.

④ 数据来源：中国世界贸易组织研究会网站. http：//cwto. mofcom. gov. cn/aarticle/i/201102/20110207418549. html，2012-12-1.

的约33%[①];罗兰贝格管理咨询公司发布的《2011最具全球竞争力中国公司调研报告》中指出,约有50%的公司国际化收入占比不足15%,从企业净利润率来看,入围企业在过去三年中的平均净利润率呈下降趋势,从2007年的10%下降到2010年的9%[②]。以上这些数据都表明,中国企业对外直接投资效益不高,大量资金的投入并未取得预期效果。

1.2　研究意义

中国已经成为国际投资舞台上最重要的参与者之一。2015年我国企业非金融类对外直接投资额居全球第三,实现中国对外直接投资连续13年增长。2016年,中国对外投资规模超过利用外资的规模。中国已经从单向引资大国演变为双向投资大国。然而,中国企业对外直接投资迅速增长的同时,所面临的风险也在显著增加。

深入理解中国企业对外直接投资风险的影响因素及其作用机理,并在此基础上构建对外直接投资风险防范与应对体系,对于破解当前中国企业“国际化困局”,提高中国企业海外投资的成功率和投资效益,实现中国企业“走得出”和“走得稳”具有重要意义。本书的研究对于中国积极融入全球经济,促进经济高质量发展具有启示意义。

1.2.1　理论意义

(1) 提出了综合宏观、中观、微观三个层次的风险分析框架

本书对中国企业对外直接投资的一般性风险和国别特殊性风险进行了分析,从宏观、中观和微观层面解析了中国企业对外直接投资风险的来源,并在此基础上构建了综合宏观、中观、微观三个层次的多层互嵌风险分析模型。本书综合国际政治学、国际投资学、国际商务管理、企业战略管理和国际投资法

① 张冉.中国对外直接投资风险管理研究[D].北京:对外经济贸易大学硕士学位论文,2013.
② 数据来源:罗兰贝格与《环球企业家》杂志社联合发布.2011最具全球竞争力中国公司调研报告,2011-10-28.

等理论，在一定程度上可以缩小政治学、管理学、经济学、法律学等学科之间的鸿沟，既能促进各学科知识的融会贯通，丰富其研究内容，又能为企业管理提供依据和指导。

(2) 从宏观层面实证分析了企业对外直接投资风险的影响因素

中国企业对外直接投资的环境瞬息万变，随时都可能有不可控的情况发生，导致企业时刻面临着损失的危险。这些未知的风险包括哪些，会受到哪些因素的影响，是学者们一直探索的问题。在理论分析的基础上，基于数据的可得性，本书以宏观的视角，从政治、经济、社会和文化四个层面分别提出了中国企业对外直接投资风险形成的影响因素的理论假设，构建了中国企业对外直接投资风险形成的实证研究模型，采用国际组织发布的数据，实证分析了中国企业对外直接投资风险的影响因素。这为更完善地构建对外直接投资风险分析框架，更好地防范和应对风险提供了理论基础。

(3) 基于中国企业的实证研究丰富了新兴市场国家企业对外直接投资风险研究理论

学者们进行对外直接投资风险的研究大多立足于发达国家，而对发展中国家和新兴市场国家的关注不足，研究也相对较少。本书以中国这一典型的发展中国家为例，实证地研究企业的对外直接投资风险，不仅能够丰富这一领域的研究理论，而且能够为学者们后续开展新兴市场国家企业对外直接投资风险的研究提供参考。

1.2.2 实践意义

(1) 为企业对外直接投资风险的防范和国际商务决策的制定提供指导

商务部统计数据显示，中国在海外投资的企业超过 2 万家，然而不少都是亏损的。造成这种现象的原因有很多，东道国不可预测的风险是一个方面，但更多的是企业自身在对外直接投资中对风险的评估和防范做得不足，在风险发生时，不能采取及时有效的应对措施来降低企业的损失。本书在研究对外直接投资风险构成及其影响因素后，从宏观、中观和微观层面提出了对外直接投资风险的防范和应对策略，希望企业能够在风险发生之前采取规避措施，风险发生之后采取有效的风险止损措施来减少损失。

(2) 为政府改善对外直接投资环境,引导企业"走出去"提供对策和建议

加强对中国企业对外直接投资风险防范与应对的研究对于提升中国企业的国际竞争力十分重要。近年来,中国对外直接投资企业的规模不断扩大,到2014年年末,中国连续三年蝉联世界第三大对外投资国,但是中国企业在对外直接投资中取得的效益却比较低,面临的风险也不断加大。从美国和日本对外直接投资的经验可以看出,政府在对外直接投资中的地位非常重要,为了提高中国企业对外直接投资的效益,减少企业所面临的风险,中国政府需要为企业的对外投资活动提供一定的指导和保障。本书重点研究了中国企业对外直接投资中风险的构成及其影响因素,并具体以江西华意压缩机股份有限公司的对外直接投资为例进行分析,指出了对外直接投资环境中相关政策法律、机构设置的缺失为企业带来的风险,希望能够为政府部门有针对性地采取措施,为本国企业构建良好的外部发展和投资环境,引导企业实施"走出去"战略提供决策理论依据和工作实践参考。

(3) 为新兴市场国家和发展中国家企业提供实践参考

2014年发达国家对外直接投资流量有所减少,而其他新兴市场国家和发展中国家企业的对外直接投资流量同比有所增加,在全球对外直接投资中所占的比重也有所提高。其他新兴市场国家和发展中国家在对外直接投资中投资动机、区位的选择、进入模式、经营管理等方面与发达国家相比有较大的差异,企业在对外直接投资中面临的风险类型也会有所不同,因此在防范和应对风险时,发达国家企业的经验措施对其他新兴市场国家和发展中国家的借鉴作用并不是很大。中国作为典型的发展中国家,与韩国、新加坡等亚洲新兴市场国家的地理差异较小,研究中国企业对外直接投资的风险防范和应对,能够为其他新兴市场国家和发展中国家企业对外直接投资提供实践参考。

1.3 研究的概念界定

1.3.1 中国企业

《中华人民共和国民法通则》第41条规定,中国对法人投资者国籍采取的是

成立地标准①。因此，本书中的中国企业，从定义上讲，是指依法在中国成立，以盈利为目的，综合运用各种生产要素（例如土地、劳动力、资本和技术等），为市场提供各种服务或者商品，具有独立法人资格，能够独立核算、自主经营、自负盈亏的一种社会经济组织。本书所指的对外直接投资企业的最终所有权归中国企业所有，主要是指中国大陆投资企业，不包含港澳台投资企业和外商投资企业。

1.3.2 对外直接投资

所谓对外直接投资（Foreign Direct Investment，FDI；以下在文中所用的对外直接投资、企业对外直接投资、企业海外投资均为类似含义）指的是企业全球化的一种重要方式。目前，关于对外直接投资这一概念的界定，不同组织和不同学者给出了不同的看法，通过对相关文献的梳理，具有代表性的有以下五种。

(1) 经济合作与发展组织的界定

经济合作与发展组织（OECD）简称经合组织，是各国政府探讨、发展和完善经济及社会政策的组织，它认为“拥有10%及以上普通股或投票权，或拥有相同控制权的国际投资主体所开展的海外投资，即为对外直接投资”②。此外，经合组织还针对两种特殊情况做出规定：第一，如果国际投资主体拥有10%的所有权，但其不能保证在管理层中具有话语权，则不视为对外直接投资；第二，如果国家投资主体在管理层中具有话语权，即使其所拥有的所有权在10%以下，也视为对外直接投资。

(2) 国际货币基金组织的界定

国际货币基金组织（IMF）是负责监察货币汇率和各国贸易情况、提供技术和资金协助的组织，它认为对外直接投资是“为了获取投资人所在国家之外的另一个国家所经营的企业的控制权和持续利益而展开的一种投资行为”③。国际货币基金组织出版的《国际收支手册》中也给出了对外直接投资的定义：

---

① 袁海勇. 中国海外投资风险应对法律问题研究[D]. 上海：华东政法大学博士学位论文，2012.

② OECD. OECD Detailed Benchmark Definition of Foreign Direct Investment：the Third Edition [J]. Journal of Texture studies，1996，23(23)：349-358.

③ 徐莉. 中国企业对外直接投资风险影响因素及控制策略研究[D]. 济南：山东大学博士学位论文，2012.

“一个经济体中的某一居民实体(直接投资者)以获取另一经济体中的某一企业实体(直接投资企业)的持续经济利益而开展的投资活动。”①

(3) 联合国贸易和发展会议的界定

联合国贸易和发展会议是一个审议有关国家贸易和经济发展问题的重要国际经济组织,它在每年发布的《世界投资报告》中指出,“一个国家或地区的居民实体在其本国或地区以外的另一国的企业中建立长期投资,投资的目的是享有持久的利益,并且对这个企业进行控制,这样的投资叫作对外直接投资”②。这种居民实体包括对外直接投资者或者其母公司;另一国企业则包括外国直接投资企业、分支企业以及国外的分支机构。

(4) 中华人民共和国商务部的界定

中华人民共和国商务部(以下简称商务部)是中国主管商业经济和贸易的组织部门,在其与中华人民共和国统计局联合发布的《对外直接投资统计制度》中,对对外直接投资的定义进行了说明。对外直接投资指的是在我国境内登记注册的投资主体在中国以外的国家或者中国的港澳台地区以实物、现金、无形资产等各种方式进行投资,并且是以控制国(境)外企业的经营管理权为目的的一种经济活动。

(5) 其他学者的界定

不同的学者虽然给出了不同的对外直接投资的定义,但是与以上组织给出的官方定义也有异曲同工之处,其核心都是从国外或境外企业获得持续经济利益,并取得对其的控制权。如澳大利亚学者肯伍德和洛赫德认为,对外直接投资是“一国的一家公司在另一国设立分支机构或获得该国一家企业的控制股权”③;我国学者杜德斌(2009)认为,对外直接投资是一个国家的居民(包括自然人和法人)对另一个国家的企业投入一定的生产要素,并最终获得该企业的管理控制权的跨国经营活动④;王钢(2013)则对杜德斌的界定进一步具体化,指出投入的生产要素包括资本、有形资产、无形资产(品牌、技术、管理等),

① 国际货币基金组织. 国际收支手册(第五版)[M]. 北京:中国金融出版社,1995.
② 任淮秀,汪昌云. 国际投资学(第二版)[M]. 北京:中国人民大学出版社,2005.
③ [英] 约翰·邓宁. 重估外国直接投资的利益[J]. 管理世界,1994(01):158-162.
④ 杜德斌. 世界经济地理[M]. 北京:高等教育出版社,2009:94.

并指出投资的最终目的也是获得被投资企业的有效控制权①。

与直接投资相对应的一个概念是间接投资。根据投资者是否具有投资经营权，对外投资可以分为对外直接投资和对外间接投资。两者的主要区别就在于投资者对国外企业是否能够进行有效控制，如果投资者能够有效控制作为投资对象的外国企业，则为对外直接投资，反之则为对外间接投资。对外间接投资也被称为证券投资，是指投资者在本国之外的其他国家购买企业和政府机构发行的股票、债券或其他金融资产的经济行为。对外间接投资的主要形式包括债券投资、股票投资、基金和信托投资、金融衍生工具投资等。对外直接投资和对外间接投资的区别表现在以下几个方面：第一，对外间接投资的投资者不参与企业的经营管理，而对外直接投资的投资者则拥有企业的经营管理权；第二，对外间接投资的性质较为简单，一般体现为货币资本的流动或转移，过程也比较简单，而对外直接投资涉及货币资本、技术、设备、管理技能和企业声誉等有形和无形资产，包括股权的确认、谈判、实际操作等过程，与对外间接投资相比，较为复杂；第三，对外间接投资的目的是获得金融资产的收益，一般来说收益较为稳定，而对外直接投资的目的是获得投资企业的管理权和控制权，其所获收益也会随着经营状况的变化而浮动；第四，对外间接投资的风险要小于对外直接投资的风险。

1.3.3 风险

在 19 世纪末，风险这一概念开始被运用到经济领域。海尼斯(1895)在《风险——一项经济因素》中提出风险意味着损害的可能性②。威雷特(1901)将风险称作“一种关于对不愿意的事件发生的不确定性的客观体现”③。随着研究的深入，奈特(1921)则对风险和不确定性这两个概念进行了区分，认为风险是一种可以测定的不确定性。威廉和汉斯(1964)也指出“风险是客观存在

① 王钢. 中国民营企业对外直接投资研究——以温州民营企业为例[D]. 上海：华东师范大学博士学位论文，2013.

② 李飞. 中央企业境外投资风险控制研究[D]. 北京：财政部财政科学研究所博士学位论文，2012.

③ Willett A H. The Economic Theory of Risk and Insurance[M]. Philadelphia：University of Pennsylvania Press，1951.

的状态，不确定性是分析者的主观判断”①。随着风险概念在经济领域的应用，学者们对风险的界定也加入了经济的因素，认为风险的存在可能会造成经济的损失。如武井勋(1983)认为“风险是一种在特定时期内和特定环境下存在的导致经济损失的变化”②。我国著名管理学家赵曙明(1998)认为“风险是在一定的环境下，在一定的期限内客观存在的能导致费用、损失与损害产生的不确定性”③。高丽(2011)认为风险的实质是一种损失的可能性，也就说可能导致损失发生，也可能导致收益获取④。刘薇薇(2012)将风险界定为“造成主体直接或间接损失的可能性”⑤。

虽然不同的学者对风险的界定不同，但是我们从中可以发现几个共同的关键词，即“未来”“影响”“不确定性”。未来是说风险是现在客观存在的，但它产生的影响发生在未来；影响是说风险对企业经济效益产生的作用，这种作用既可能是正面的，也可能是负面的；不确定性是说风险产生的根源是多种的，不能完全确定，有可能来自企业外部经营环境，也有可能来自企业内部的管理。

通过以上分析，可以将风险的特征概括为以下几点：第一，客观性。风险是客观存在的，不以人的意志为转移，不能被完全消除，只能被认识和控制。第二，不确定性。风险发生的时间、形式、所造成的影响等都是未知的、不确定的。第三，相关性。风险结果的产生与投资主体的行为紧密相关，不同的行为主体做出的不同投资决策会使得风险产生不同的结果。第四，可控性。风险虽然具有不确定性，但是可以通过相关技术和方法进行估计，从而控制风险的影响程度。

对外直接投资风险是众多风险中的一个，限定了风险发生的背景。对于对外直接投资风险的概念，不同学者也提出了不同的认识。徐莉(2009)认为

---

① 于文静. 完善我国对外直接投资风险防范研究[D]. 太原：山西财经大学硕士学位论文，2011.

② 李飞. 中央企业境外投资风险控制研究[D]. 北京：财政部财政科学研究所博士学位论文，2012.

③ 赵曙明，杨忠. 国际企业：风险管理[M]. 南京：南京大学出版社，1998.

④ 高丽. 中国资源型企业国际化经营风险辨识与控制研究[D]. 北京：中国地质大学(北京)博士学位论文，2011.

⑤ 刘薇薇. 民营企业对外直接投资的风险与控制[D]. 北京：对外经济贸易大学硕士学位论文，2012.

企业对外直接投资的风险是指“企业在对外直接投资过程中对其所投资的境外实体进行经营和管理的时候，由于外部环境或者内部条件导致的不确定性而引致资本或收益损失的可能性”①。邓媛(2011)在研究中发现，对外直接投资风险是指企业在向国外投放更多资源的过程中，因面对完全陌生的投资环境而给企业对外直接投资活动带来损失的不同程度的不确定性②。张鹏(2012)认为对外直接投资的风险是指在一定时间和空间环境中客观存在，并且能够导致对外直接投资主体在境外市场上，在投资生产以及经营管理等过程中发生的不确定性③。

1.3.4 中国企业对外直接投资风险

本书所研究的中国企业对外直接投资风险是指中国大陆企业(最终所有权归中国企业所有)在以获得国外(或境外)企业持续经济利益及其控制权为目的的投资活动中，由于未来事件的不确定性而给企业造成损失或者不良影响的可能性。

1.4 研究的方法与内容

1.4.1 研究的思路

本书首先通过对现有文献进行梳理，把握研究的现状以及不足，然后对中国企业近年对外直接投资的历史、现状以及未来趋势进行分析，并对几个重要经济体的投资情况进行分析。在从理论和实践上把握中国企业对外直接投资的情况之后，在分析中国企业对外直接投资风险的一般性和特殊性的基础上本书提出了中国企业对外直接投资的风险分析框架。在理论分析的基础上，

① 徐莉.中国企业对外直接投资风险影响因素及控制策略研究[D].济南：山东大学博士学位论文，2009.

② 邓媛.中国国有企业对外直接投资风险研究[D].北京：对外经济贸易大学硕士学位论文，2011.

③ 张鹏.我国企业对外直接投资风险及预警机制研究[D].济南：山东财经大学硕士学位论文，2012.

基于数据的可得性，本书以宏观的视角，从政治、经济、社会和文化四个层面分别提出中国企业对外直接投资风险形成的影响因素的理论假设，构建中国企业对外直接投资风险形成的实证研究模型，采用国际组织发布的二手数据，以 SPSS 17.0 为工具对数据进行统计处理和分析，进而对研究假设进行检验。以江西华意压缩机股份有限公司并购西班牙 Cubigel 公司为例，从微观视角剖析中国企业对外直接投资过程中的风险防范与应对问题。最后，在宏观层面的实证研究以及微观层面的案例剖析的基础上，分别从政府、信用担保和中介机构以及企业三个主体提出风险防范与应对策略，并且针对中国企业对外直接投资的特殊性提出风险防范与应对的工作重点。本书的研究思路如图 1-2 所示。

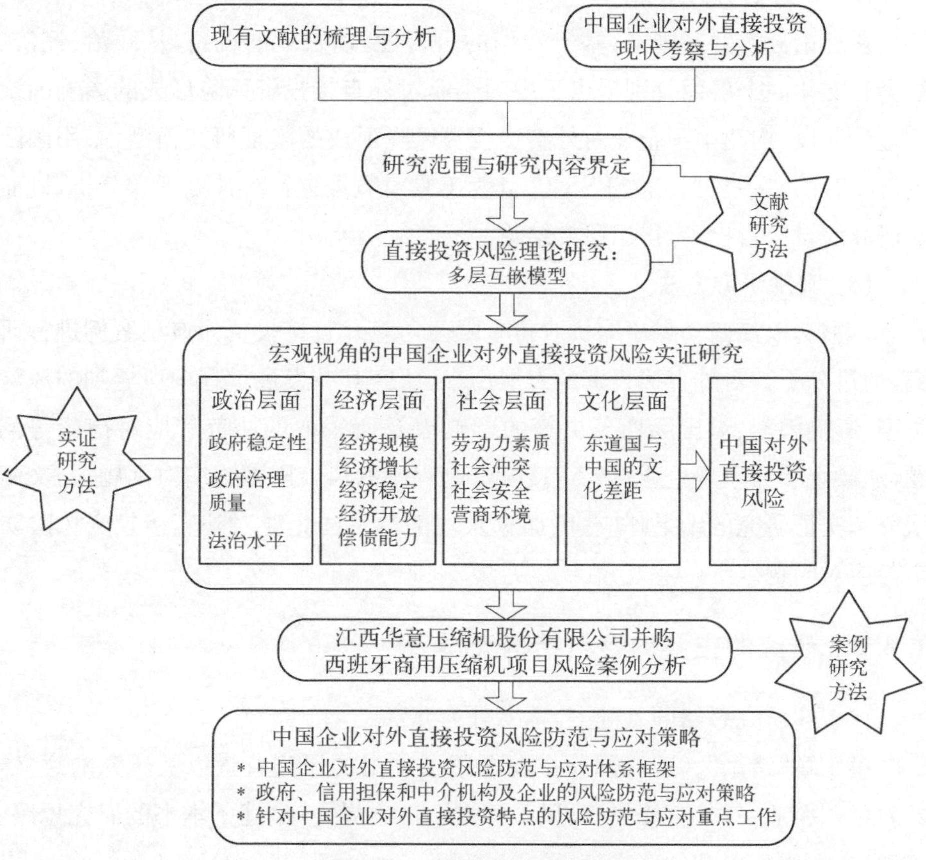

图 1-2 研究思路示意图

1.4.2 研究的方法

(1) 文献研究方法

本书广泛查阅了与对外直接投资风险相关的国内外研究文献，通过阅读和梳理，对相关研究从企业对外直接投资风险的类型与来源、风险的评估与预警、与企业国际商务决策的关系、风险的防范与应对四个方面进行总结归纳，并对现有研究中的不足做出评述。同时，本书还通过商务部、对外经贸委等政府网站了解中国对外直接投资的相关政策，通过历年的《世界投资报告》和《中国对外直接投资公报》等统计资料和研究报告，分析全球对外直接投资的现状以及中国对外直接投资的现状和发展趋势。

(2) 实证研究方法

在理论分析的基础上，基于数据的可得性，以宏观的视角，从政治、经济、社会和文化四个层面分别提出了中国企业对外直接投资风险形成的影响因素的理论假设，构建中国企业对外直接投资风险形成的实证研究模型，采用国际组织发布的二手数据，以 SPSS 17.0 为工具对数据进行统计处理和分析，进而对研究假设进行检验，得出研究结论。

(3) 案例研究方法

本书选取江西华意压缩机股份有限公司对外直接投资为典型案例进行研究，通过分析其对外直接投资的发展历程，研究其在发展过程中所遇到的风险类型、影响因素、对国际商务决策的影响以及所采取的防范和应对措施等问题，从微观层面呈现企业对外直接投资过程中的风险防范与应对问题，与文献研究和实证研究的结果呼应，更加深入地剖析中国企业对外直接投资风险防范与应对问题。

1.4.3 研究的主要内容与结构安排

在上述研究思路的基础上，本书分为九章。

第 1 章“绪论”。这一部分主要介绍了本书的研究背景以及研究的意义，并对中国企业、对外直接投资、风险等概念做出界定，阐述了本书的研究思路、方法、主要内容以及创新之处。

第 2 章“文献综述”。文献综述部分的主要内容是对国内外对外直接投资风险研究的文献进行梳理、总结和评述。本书主要围绕风险的类型与来源、风险的评估与预警、风险的防范与应对问题进行了梳理。在此基础上指出现有研究的不足和本书的切入点。

第 3 章“中国企业对外直接投资的现状与趋势”。这一部分主要从实践上把握中国企业对外直接投资的现状。首先梳理了中国企业对外直接投资的历程以及对外直接投资政策的变迁；然后从对外直接投资的存量和流量、投资的地区和行业分布等方面分析中国企业对外直接投资的现状，并分析其未来发展趋势；最后分析了中国企业对东盟、欧盟和非洲以及“一带一路”沿线国家几个典型经济体投资的状况。

第 4 章“中国企业对外直接投资风险的理论阐释”。通过对相关理论的研究，构建综合宏观、中观、微观三个层次的多层互嵌风险分析模型。

第 5 章“中国企业对外直接投资风险影响因素实证研究”。本章首先阐述了实证研究的思路和过程，然后从政治、经济、社会和文化四个层面分别提出中国企业对外直接投资风险的影响因素与假设，然后阐述了实证研究的样本选取与数据收集的方法并对变量定义和测量进行了阐述。

第 6 章“实证数据处理与结果讨论”。该部分主要是对所采集的样本数据进行统计处理与分析，并且在统计分析结果基础上对第 5 章中所提出的假设进行检验，最后对实证结果进行讨论。

第 7 章“江西华意压缩机股份有限公司投资西班牙 Cubigel 公司风险案例”。该部分选取江西华意压缩机股份有限公司作为对外直接投资的典型案例进行研究，分析其在对外直接投资过程中遇到的风险类型、这些风险对于管理者投资决策的影响以及企业在遇到风险时所采取的应对措施。

第 8 章“中国企业对外直接投资风险防范与应对策略”。本章基于宏观视角的实证研究结果以及微观层面的案例研究结果，提出对外直接投资风险的防范和应对策略。具体来说，首先阐述中国企业对外直接投资风险防范体系构建的原则与框架，然后具体从政府、信用担保和中介机构以及企业三个主体入手提出企业对外直接投资风险防范与应对策略。最后针对中国企业的特殊性提出中国企业对外直接投资风险防范与应对的重点工作。

第 9 章“结论与展望”。本章主要对本书的主要结论进行总结，并指出本书的不足之处和未来研究方向。

1.5 研究的创新

本书的创新主要体现在以下三点：

第一，本书对中国企业对外直接投资的一般性风险和由于国别特殊性带来的特殊性风险进行了分析，从宏观、中观和微观层面解析了中国企业对外直接投资风险的来源，并在此基础上构建了综合宏观、中观、微观三个层次的多层互嵌风险分析模型，有助于企业更好地对风险进行评估、防范和应对。

第二，以宏观的视角，从政治、经济、社会和文化四个层面分别提出了中国企业对外直接投资风险形成的影响因素，并采用二手数据实证地分析了这些因素与投资风险之间的关系，结合案例的印证，形成企业对外直接投资风险防范和应对的理论依据和基础。

第三，构建了以“三个主体，六个抓手，六个内容”为基础的中国企业对外直接投资风险防范与应对体系框架；从政府、信用担保和中介机构以及企业的视角分别提出风险防范的一般策略；最后，针对中国企业对外直接投资的特点及其导致的风险特殊性，提出了企业风险防范与控制的举措。

第 2 章

文献综述

随着世界经济环境和国际政治格局的不断变化,企业在对外直接投资过程中面临的不确定性因素增多,这就使得对外直接投资风险在企业海外投资过程中的关注度也越来越高。面对复杂多变的对外直接投资风险,众多学者从不同的角度做了研究。在本章中,笔者通过对现有文献的梳理与分析,主要从企业对外直接投资风险的类型与来源、评估与预警、与企业商务决策的关系以及风险的防范和应对四个方面进行总结,通过分析发现现有研究的不足,进而提出本书的切入点。

2.1 企业对外直接投资风险的类型

国内外学者分析的角度不同,造成学术界对对外直接投资风险的划分也不尽相同。有的学者根据企业对风险的应对能力,将对外直接投资的风险分为系统性风险和非系统性风险;有的学者则直接以国家名字对某些特定的风险进行命名,如利比亚风险、印度风险、刚果风险等。对现有文献进行梳理,比较有代表性的划分方法包括以下三种。

2.1.1 基于两分法划分的风险

毕米什和班克斯(Beamish, Banks, 1987)将企业对外直接投资的风险划分为情景风险和交易风险。由于市场环境的不确定性,情景风险主要来源于企业外部;交易风险则产生于企业的内部,是由企业内部的经营管理所产生的[①]。

不少国内的学者也围绕企业的对外直接投资风险做了相关研究,例如衣长军、胡日东(2006)认为我国企业在跨国投资时面临的主要风险包括两类,即政治风险(非商业风险)和经营风险(商业风险)[②]。

2.1.2 基于层次划分的风险

米勒(Miller, 1992)根据风险来源的不确定性定义风险,他指出风险可能来源于国际市场,也可能来源于国内市场,并且企业对外直接投资的经营方式又显著增强了这些不确定性。虽然不能全面预测或用数理统计的方法分析来自各方面的不确定性,但是米勒认为可以通过对不确定的来源进行分类,以此来制定应对风险的措施。经过研究分析和整合,米勒提出了具有整合特点的风险感知(Perceived Environmental Uncertainty, PEU)[③]模型。

许晖、姚力瑞(2006)在PEU模型的基础上,根据对外直接投资的风险变化特征将风险划分为四大类:市场风险、政府风险、管理风险和技术风险。如果这些风险对企业的对外直接投资造成负面影响,企业的资源将遭受一定程度的损失。

在此研究基础上,许晖(2006)根据米勒的PEU模型,并结合基思·布鲁瑟斯(Keith D. Brouthers, 1995)构建的分析战略性国际风险框架,构建了一体化风险感知模型(图2-1)。

---

① Beamish P W, Banks J C. Equity Joint Ventures and the Theory of the Multinational Enterprise[J]. Journal of International Business Studies, 1987(18): 1-16.

② 衣长军,胡日东. 我国企业海外投资风险预警与防范[J]. 商业时代,2006(32): 23-24.

③ Miller K D. A Framework for Integrated Risk Management in International Business[J]. International Business Studies, 1992(2): 311-331.

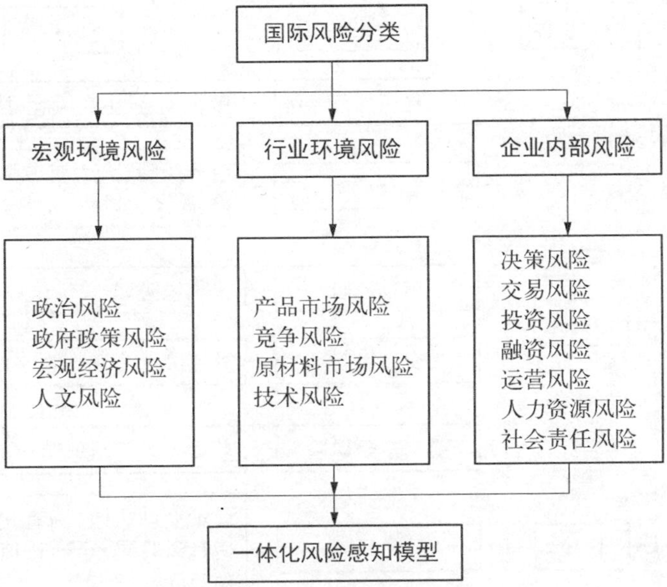

图 2-1　一体化风险感知模型

资料来源：许晖. 国际企业风险管理[M]. 北京：对外经济贸易大学出版社，2006：26－42.

2.1.3　基于 OIL 范式划分的风险

邓宁(Dunning，1977)提出的国际生产折衷理论指出，企业对外直接投资必须具备三个优势，分别为：所有权优势(Ownership Advantages，O)、内部化优势(Internalization Advantages，I)以及区位优势(Location Advantages，L)，以上即综合为 OIL 范式。

基于 OIL 范式的风险分类如图 2-2 所示。首先，从所有权的角度来看，对外直接投资的风险可以分为经营风险和管理风险；其次，从内部化的角度来看，对外直接投资的风险可以分为市场风险和交易风险；最后，从区位的角度来看，对外直接投资的风险可以分为要素禀赋风险、政治风险和东道国市场风险。

除以上三种划分方法外，目前国内被引用最多的是以赵曙明为代表的观点。赵曙明(1998)根据对外直接投资风险的内容和表现形式的不同将其划分为六大类，即政治风险、经营风险、管理风险、技术风险、财务风险和外

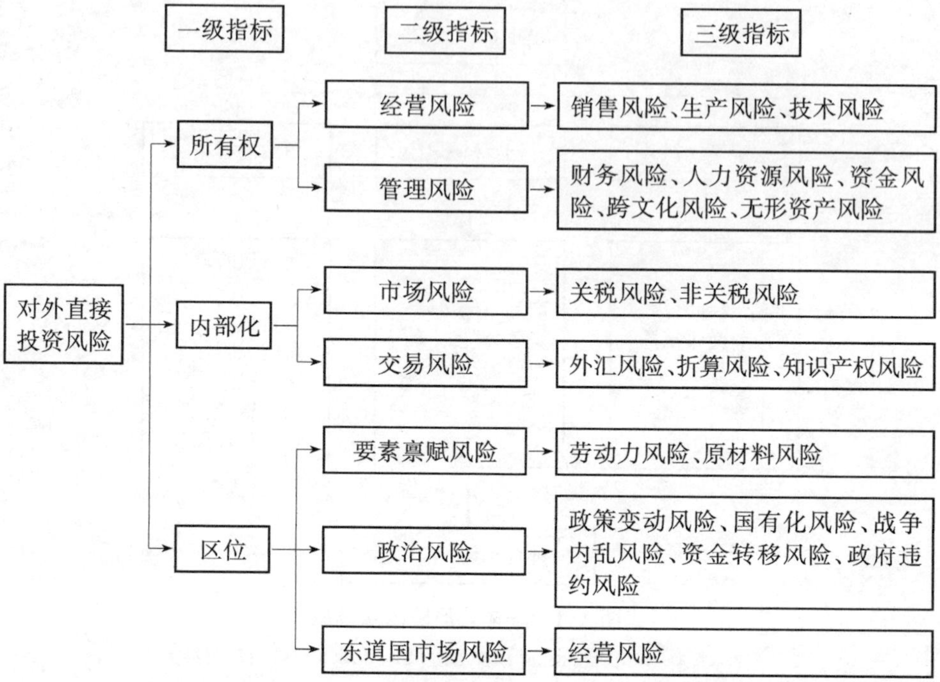

图 2-2　对外直接投资项目投资风险评价体系图

汇风险①。国内其他学者根据风险来源的不同也提出了各自的观点，具体如表 2-1 所示。

表 2-1　对外直接投资风险分类的相关研究成果

学　者	风　险　分　类
毕米什、班克斯	情景风险、交易风险
米勒	企业内部环境风险、行业环境风险、宏观环境风险
衣长军、胡日东	政治风险(非商业风险)、经营风险(商业风险)
赵曙明	管理风险、经营风险、技术风险、财务风险、政治风险、外汇风险
许　晖	宏观环境风险、行业环境风险、企业内部风险
杨乃定	政治风险、管理风险、经营风险、市场风险、东道国市场风险、交易风险、要素禀赋风险

① 赵曙明. 国际企业：风险管理[M]. 南京：南京大学出版社，1998.

续　表

学　者	风　险　分　类
王继红	争于做大的风险、跨国经营的风险、异地发展的风险、过度造名的风险、轻视市场的风险
李清文	企业投资决策风险、境外融资风险、投资环境风险、境外投资保护风险、政府监管和服务风险

2.2　企业对外直接投资风险的评估与预警

企业对外直接投资环境在不断变化，企业面临的投资风险也随之发生改变，对外直接投资风险的存在给企业造成了较大的损失，因此，评估和预防对外直接投资中的风险对跨国经营的企业来说至关重要。通过对现有文献的整理，可以将现有的对外直接投资风险的指标和评估模型概括为三大类：综合评估指标与模型、单项风险评估指标与模型、政府和研究机构发布的直接投资风险评估工具。

2.2.1　对外直接投资风险综合评估指标与模型

(1) PEU 模型

米勒运用包括政策、经济、资源、服务、市场、技术、竞争等因子来感知企业对外直接投资所面临的风险，提出了一个高度概括且较为完善的对外直接投资风险感知模型，即 PEU 模型，具体如图 2-3 所示。

米勒所构建的模型包括三个层次，分别为宏观环境风险、行业环境风险以及企业内部环境风险。其中，宏观环境风险包括政治不确定性、政府政策不确定性、宏观经济不确定性、社会不确定性和自然不确定性 5 个具体指标；行业环境风险包括输入市场不确定性、产品市场不确定性、竞争不确定性 3 个具体指标；企业内部环境风险包括经营不确定性、责任不确定性、研发结果不确定性、信用不确定性和行为不确定性 5 个指标。具体如表 2-2 所示。

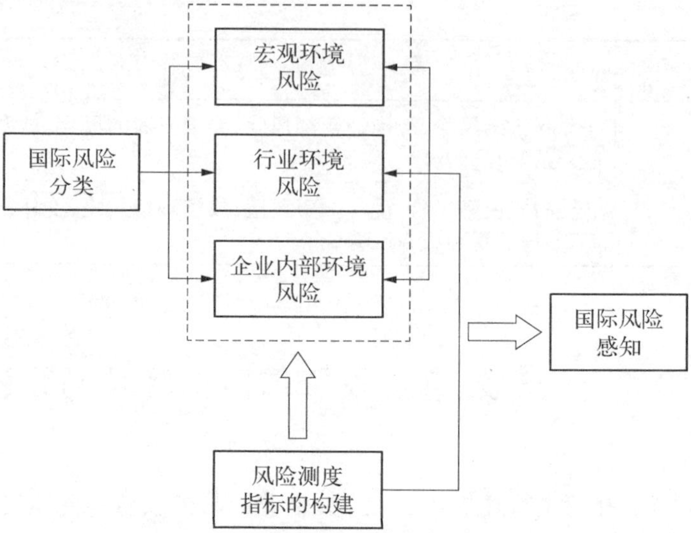

图 2-3　整合性风险感知模型

资料来源：徐莉. 中国企业对外直接投资风险影响因素及控制策略研究［D］. 济南：山东大学博士学位论文，2009：38.

表 2-2　整合性风险感知模型风险指标①

宏观环境风险	
政治不确定性	战争、革命、政变、民主政府的变化、其他政治动荡
政府政策不确定性	财政与货币改革、价格操控、贸易壁垒、国有化、政府监管、收入归国障碍、公共服务不适当条款
宏观经济不确定性	通货膨胀、相对价格的变化、外汇汇率、利率、进出口交换比率
社会不确定性	变化的社会关注、社会动荡、暴动、示威游行、小规模的恐怖活动
自然不确定性	降雨量的变化、飓风、地震、其他自然灾害
行业环境风险	
输入市场不确定性	质量不确定性、市场供应的变化、其他买家使用数量的变化
产品市场不确定性	消费者喜好的变化、可用的替代品、互补品短缺

① Miller K D. A Framework for Integrated Risk Management in International Business[J]. International Business Studies, 1992(2): 311-331.

续　表

行业环境风险	
竞争不确定性	现有竞争者之间的竞争、新进入者、技术不确定性（产品创新、程序创新）
企业内部环境风险	
经营不确定性	劳工不确定性（劳资纠纷、员工安全）、输入供应不确定性（原材料短缺、质量的变化、配件的限制）、产品不确定性（机器故障、其他随机生产要素）
责任不确定性	产品责任、污染物排放
研发结果不确定性	研究和开发结果的不确定性
信用不确定性	收藏品的问题
行为不确定性	管理员或雇员自私自利的行为

(2) 海外直接投资环境评估体系

陈立泰(2008)用层次分析法建立了一个多层次的中国企业海外直接投资环境评估体系，该体系包括国际环境、东道国国内环境和企业内部环境因素三个主层次以及 15 个次级层次（表 2-3），并从程序、系统、指标等三个方面对海外直接投资风险预警系统运行进行了研究，认为风险程序包括监测警源、预测警度、及时排警、排除警患、效果反馈；预警系统包括采集系统、工具库、发布系统、支持系统、监督系统、资料库等；最后在工具库里建立监测指标体系、风险额度及风险等级表①（图 2-4）。

表 2-3　中国企业海外直接投资环境评估体系表

环境要素	重要的环境要素
国际环境	世界性贸易组织的作用、国际投资法和投资条约、经济区域化和集团化、金融市场一体化、国际政策环境

① 王宗光，姜颖佳. 国内外关于企业国际化国际风险研究综述[J]. 生产力研究，2011(5)：208-209.

续　表

环境要素	重要的环境要素	
东道国国内环境	政治环境	政局稳定性、外资政策状况、法律体系完善度、行政管理体系
	经济环境	经济景气状况、行业发展水平、基础设施完善度、金融市场发达程度
	市场环境	竞争对手总体状况、合作者情况、市场需求情况、资源供给情况
	技术环境	技术交易市场完善程度、知识产权保护情况、行业技术水平、技术人才集中程度
	社会环境	居民的教育水平、消费群接受新事物的难易度、民族文化冲突程度、社会团体影响力
企业内部环境因素	产品因素	产品研发能力、产品生产能力、产品市场竞争力或品牌效应
	营销因素	营销能力、售后服务体系完善度
	财务因素	融资能力、现金流量、历史收益能力
	组织管理因素	组织协调能力、信息情报收集能力、整合能力
	人事因素	人力资源组合状况、人事稳定性、凝聚力

资料来源：陈立泰. 我国企业海外直接投资的风险管理策略研究[J]. 中国流通经济，2008(7)：48-51.

(3) 基于战略风险的国际风险评估框架

企业管理者在对外直接投资过程中由于个人国际化经验、企业的国际化特征、战略变化等因素的不同，而对风险的感知有所不同。库尔卡尼(Subodh P. Kulkarni，2001)指出面对不断细化的风险种类，管理者需要对有关影响国际化战略和经营绩效起重要作用的重大风险进行有效的识别。

我国学者李杰群、赵庆、李京(2010)建立了一个企业对外直接投资战略风险控制系统，对企业在对外直接投资中的战略风险进行评估，其指标体系如图 2-5 所示。该系统需要五个子系统的协调合作来完成，即战略风险探测系统、指挥决策系统、战略风险应对系统、评价系统和监督系统。其中，战略风险探测系统主要作用是探测战略风险因素，如果发现由于战略风险因素发生了变化从而产生战略风险，即将该信息输入指挥决策系统；指挥决策

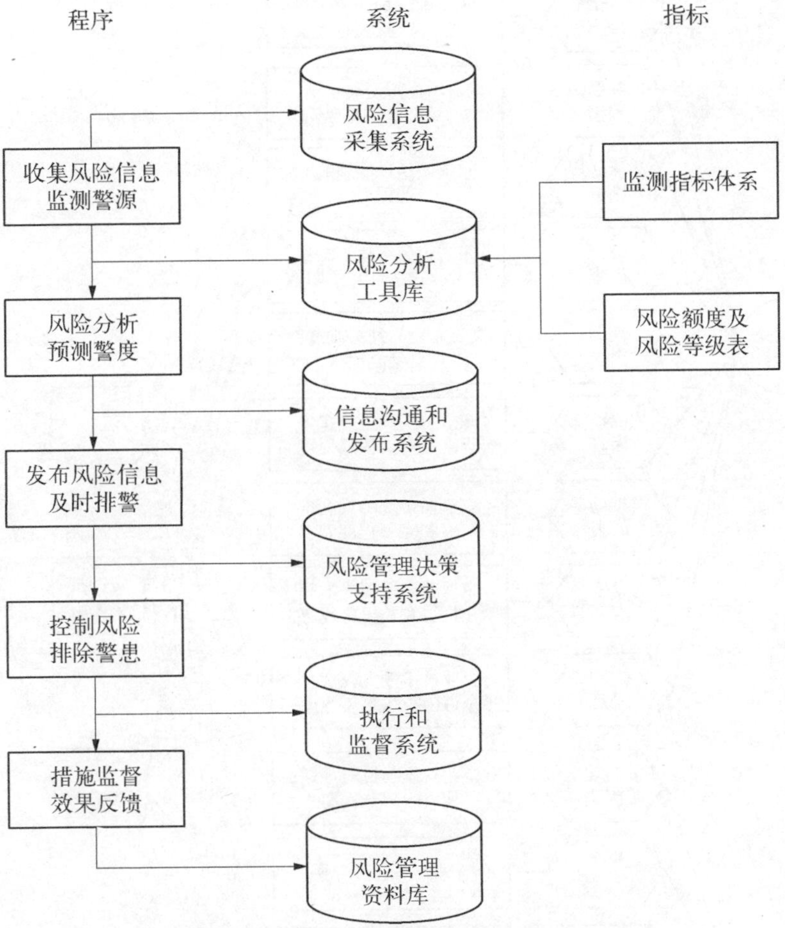

图 2-4　海外直接投资风险预警系统运行流程图

资料来源：陈立泰. 我国企业海外直接投资的风险管理策略研究[J]. 中国流通经济，2008(7)：48-51.

系统主要是对战略风险传递的时间及损失的可能性大小进行评估，并在可选择的应对策略中确定最优策略；战略风险应对系统则根据指挥决策系统所选择的最优策略制定出战略风险应对计划，并分解至各相应部门以执行；评价系统主要是评价执行结果；监督系统则主要是评估整个战略风险控制系统以保证其持续有效。

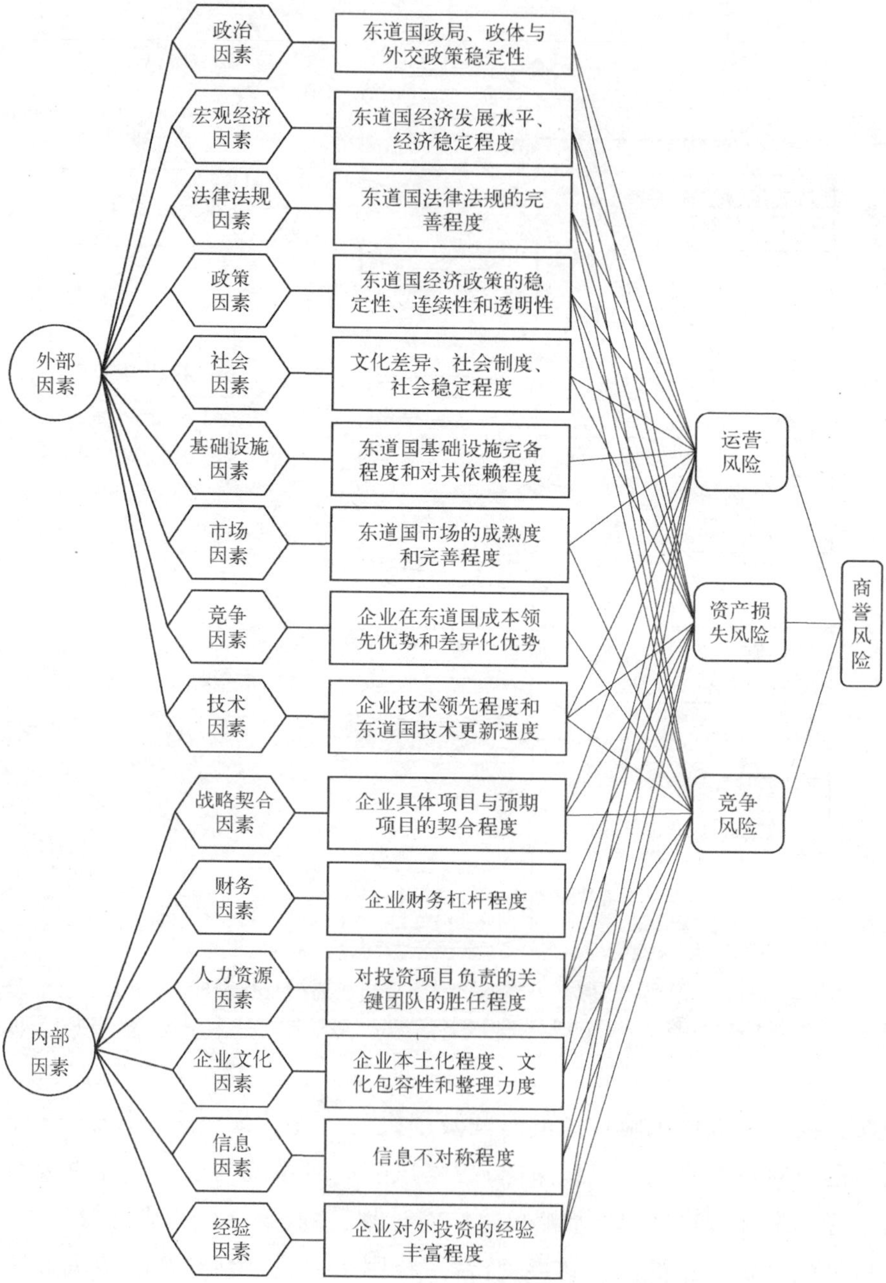

图 2-5 战略风险控制系统

资料来源：李杰群，赵庆，李京. 中国企业对外直接投资战略风险投资控制系统研究[J]. 统计与决策，2010(18)：172 - 176.

2.2.2　对外直接投资单项风险评估指标与模型

(1) 政治风险评估

罗伯克(Robock，1971)认为政治风险可分为两大类：宏观政治风险和微观政治风险①。因此，政治风险评估的方法也可划分为宏观政治性风险评估方法和微观政治性风险评估方法两大类。

第一类是宏观政治性风险评估方法。

① 政治制度稳定指数。政治制度稳定指数是由亨德尔、杰拉尔德和罗伯特(Dan Haendel，T. West Gerald，G. Meadow Robert，1975)提出的，它包括国家的社会经济特征指数、社会冲突指数及政府干预指数等 3 个分指数，15 项指标，具体如图 2-6 所示。政治制度稳定指数的优点主要在于其采用客观数据替代主观判定资料来作为衡量风险的指标，且指标较全面。缺点主要是各变量间没有数量联系，对跨国投资和经营的影响也不能量化，对投资者如何处理现存的或潜在的风险没有提出对策和建议。

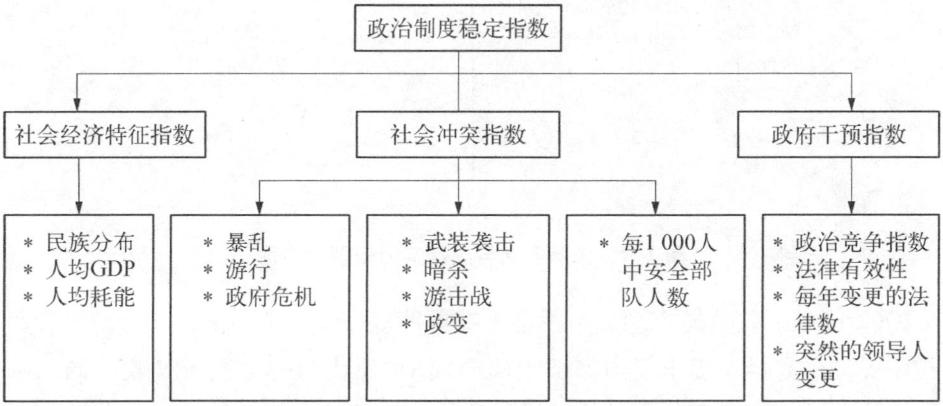

图 2-6　政治制度稳定指数示意图

资料来源：Haendel D, Gerald T W. Overseas Investment and Political Risk[J]. International Executive, 1976, 18(1): 11-13.

① Robock S H. Political Risk: Identification and Assessment[J]. Columbia Journal of World Business, 1971(8): 6-20.

② 失衡发展与国家实力模型。失衡发展与国家实力模型由霍华德·约翰逊(Howard C. Johnson, 1981)提出，其根据国家是否失衡与国家实力而将国家划分为平衡弱小国家、失衡弱小国家、平衡强大国家和失衡强大国家等四种情况(图 2-7)。一般可以认为，失衡强大国家的政治风险最高，失衡弱小国家的政治风险中等，而平衡强大国家和平衡弱小国家的政治风险都较低。

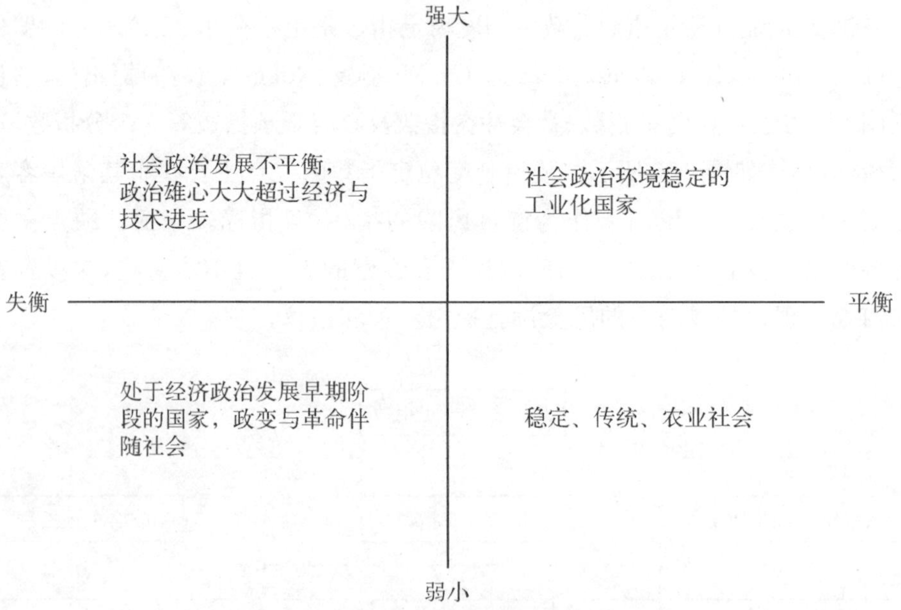

图 2-7　失衡发展与国家实力模型示意图

③ 国家征收倾向模型。哈罗德·克鲁德森(Harold Knudsen, 1979)针对拉丁美洲国家样本提出了国家征收倾向模型，他认为一个国家征收的倾向取决于该国的挫折水平与大量外国投资的相互作用。一国的挫折水平受该国抱负水平、福利水平和期望水平的影响，当一个国家的福利与经济期望低于其抱负水平时，则该国的挫折水平就高；如果此时存在大量的外国投资，则这些外国投资就很可能成为国家挫折的替罪羊而被没收。哈罗德还研究了拉丁美洲国家的征收倾向，如表 2-4 所示。

表 2-4 拉丁美洲国家的征收倾向表

征收倾向	国家名称
高征收倾向	玻利维亚、智利、秘鲁
中高征收倾向	墨西哥、圭亚那、委内瑞拉
中低征收倾向	厄瓜多尔、哥伦比亚、巴拿马、危地马拉
低征收倾向	巴西、阿根廷、多米尼加共和国、哥斯达黎加、巴拉圭、乌拉圭、萨尔瓦多、海地、尼加拉瓜、洪都拉斯、牙买加

④ 指数评估法。美国商业环境风险评估公司在 20 世纪 60 年代提出 BERI(Business Environment Risk Index)以评估各国投资环境的风险。其中,政治风险指数是专门对政治风险进行评估的。它包括 3 类 10 项评估因素,由专长于政治科学而非商务的常设专家组对评估国家以国际企业的角度进行评分,汇总各因素的评分即得到该国的政治风险指数(表 2-5)。

表 2-5 BERI 的政治风险指数评估表

	各项因素
第一类因素:政治风险内部因素	1. 政治派系以及各派系的权利
	2. 宗教、民族与语言群体及其权利
	3. 维持权力所诉诸的限制性措施
	4. 思想意识形态,包括民族主义、妥协、腐败
	5. 社会状况,如人口密度、分配制度等
	6. 可能产生极左政府的势力组织与力量状况
第二类因素:政治风险外部因素	1. 对主要敌对国家的依赖程度
	2. 取悦政治力量的负面影响
第三类因素:政治风险征兆	1. 游行、示威、罢工和街头暴力等社会冲突
	2. 政治暗斗以及游击战争所表现的不稳定

资料来源:美国商业环境风险评估公司. 投资环境风险评估报告. 1961.

第二类是微观政治性风险评估方法。

① 维农渐逝协议模型。维农渐逝协议模型是由维农(Raymond Vernon，1971)提出的一种评估政治风险的政策导向方法，其主要关注海外投资企业与东道国政府在技术和管理等方面的谈判地位。维农认为随着国际资本、技术和管理经验以及市场的发展，海外投资企业在谈判中的主导地位将会被削弱。此外，他还注意到政治不稳定与政策不稳定并没有必然的联系，如果企业的谈判地位下降，即使东道国的社会政治局势保持稳定，投资者的风险也可能提高。

② 丁氏渐逝需求模型。丁(Wenlee Ting，1988)提出了丁氏渐逝需求模型以进行微观政治性风险评估。该模型的基本内容是：在经济民族主义竞争上升、粗暴的社会政治风险下降的情况下，外国投资项目的政治风险与该项目对东道国"看中价值"成反比关系。丁在该模型中列出了 11 项指标，如表 2-6 所示，通过对这些指标"看中价值"的测评来评估该国的政治风险。表中 1—7 项因素的相互作用决定了投资项目的"看中价值"随时间推移而逐步下降，8—11 项则表示在此过程中某一时间节点上间接影响"看中价值"的大小。在整个投资过程中，正面因素作用的加强，则表示该项目的"看中价值"上升，反之则表示下降。

表 2-6　丁氏渐逝需求模型表

序号	主要影响因素	看中价值的大小关系
1	投资项目所属的产业	对当地经济的贡献越大，看中价值就越大
2	产业中当地企业的数量	数量越多，竞争越激烈，看中价值越小
3	该企业占当地企业的市场份额	份额越大，外资项目看中价值就越小
4	该投资项目占当地市场份额	成正比关系
5	国民经济计划中该产业优先发展地位	地位越高，外资项目可能受到抑制，价值小
6	该项目的创新与技术领先的程度	程度越大，受鼓励的可能性大，价值也会小
7	项目在出口中的作用	项目出口能力越强，越受当地欢迎
8	同产品中外国企业的数量	数量越多，看中价值越小
9	获得非跨国公司技术的容易程度	有利于东道国技术获得，看中价值大

续　表

序号	主要影响因素	看中价值的大小关系
10	本公司的形象	越好越受欢迎
11	符合东道国进入管理制度	符合程度越高，越受东道国欢迎

资料来源：Ting W. Multinational Risk Assessment and Management：Strategies for Investment and Marketing Decisions[J]. International Executive，1988，30(2)：31-33.

③ 产品政治敏感性测定方法。产品政治敏感性测定的概念和方法由罗宾逊(Richard D. Robinson，1988)提出，他通过影响产品政治敏感性的 12 项因素来测量产品政治敏感性以评估政治风险(表 2-7)。产品不同则政治敏感性也不同，这种敏感性是由该产品在东道国经济中的作用、地位和影响来决定的。他同时指出产品的政治敏感性与该投资项目的政治风险成正比。

表 2-7　产品政治敏感性测定评价要素表

序号	产品评价因素	评分	备　注
1	产品的供应是否需要政府慎重讨论决定		
2	是否有其他产业依赖本产品		建筑、机械等
3	是否为社会和经济上的基本必需品		药品、食品业
4	对于农业生产是否很重要		
5	是否影响东道国国防力量		
6	是否必须利用当地资源才能有效生产经营		能源、开采业等
7	当地近期内是否会出现与本产品竞争的产业		
8	是否与大众宣传媒介有关		电视、收音机等
9	产品是否是劳务形态		
10	设计或使用是否基于若干法律上的需要		
11	对使用者是否存在潜在危险		
12	产品的行销是否会减少东道国的外汇		
总分			

资料来源：张建. 国际投资政治风险评估方法分析[J]. 科技创业，2004(8)：13-15.

(2) 外汇风险评估

外汇风险是指由于外汇市场的变动引起汇率的变动，从而导致外币计价的资产增加或减少。因此，对外汇风险的评估最主要的就是要预测汇率的变动。国际上预测汇率的方法主要是 VAR(Value-at-Risk)风险分析方法。该方法是由鲍莫尔(W. Baumol)在 1963 年提出的，乔恩(Philippe Jorion，2003)将 VAR 定义为"给定置信区间的一个有效期内的最坏预期损失"[①]。VAR 利用统计学的概率分布原理，对某一金融资产或证券组合的可能最大损失进行计算。

我国学者也对外汇风险的评估做出研究，如栗书茵(2009)就提出了"九宫格"外汇风险管理系统，具体如图 2-8 所示。该系统根据管理程序的内在联系以及外汇风险的分类，将外汇风险管理系统分为外汇风险识别系统、外汇风险计量系统和外汇风险控制系统等三个子系统，在该系统中横栏表示外汇风险的管理程序，包括识别、计量和控制；纵栏表示外汇风险的类型，有交易风险、会计风险和经济风险三种。

	识别	计量	控制
交易风险	①	②	③
会计风险	④	⑤	⑥
经济风险	⑦	⑧	⑨

图 2-8 "九宫格"外汇风险管理系统示意图

资料来源：栗书茵. 汇率风险管理理论与实证研究[M]. 北京：知识产权出版社，2009：297-298.

外汇风险识别系统的主要职责就是判断企业的外汇风险是否存在，如果存在，判断其属于哪一种风险以及该风险产生的原因。外汇风险的类型包括交易风险、会计风险和经济风险。其中，交易风险可以分为以外币计量的商品和劳务贸易、以外币偿付的资金借贷、未履行的远期外汇合同三种；经济风险主要包括企业各期的现金流量以及所采用的折现率；会计风险则主要考察企业财务报表中以外币表示的项目。

① 杨桠超. 中小型外贸企业的外汇风险管理研究[D]. 长沙：湖南大学硕士学位论文，2013.

(3) 法律风险评估

对于法律风险的定义，不同的学者给出了不同的界定，有人指出法律风险是由于投资者违反了法律法规而导致当事人预期的法律权益未能得到实现的可能性，也有人认为法律风险是指投资者故意（了解相关法律）或者非故意（不了解相关法律）的行为违反了法律法规，从而产生了对投资者不利的法律后果的可能性①。

劳拉和詹姆斯(Laura, James, 1996)指出企业在跨国经营中会面临巨大的法律风险，并从跨国经营方式、产品责任、信息沟通、政府规制、歧视性规定等几个方面对法律风险做出评估。② 何力(2009)认为发达国家和发展中国家在国际投资法的立场上有较大的区别，发达国家推崇的是在国际性法律规则基础上的规则导向，而发展中国家的国际投资法理论的核心是建立在国内性法律规则基础上的政府干预，立场的不同导致对外直接投资法律风险的产生③。蔡芬(2009)认为我国企业海外并购的法律风险主要存在于两个阶段：一是对目标企业的收购阶段，二是对目标企业收购后的经营阶段④。邹毅(2010)也从两个方面具体分析了中国企业海外投资的法律风险：一是海外投资方式的法律风险，包括设立独资企业的法律风险、设立合营企业的法律风险以及并购的法律风险；二是企业在对外投资经营过程中面临的法律风险，包括东道国反垄断法的审查、劳工保护法、环境保护问题、税收风险、知识产权法律风险⑤。王焯(2011)对我国石油行业的对外直接投资法律风险进行分析，结果表明由于多重法律环境体制的差异，企业在对外直接投资中面临的法律风险较大，表现为东道国为了保护自己民族企业而制定一些法律来限制其他国家的直接投资，同时东道国政策与法律的变动也给石油企业带来了巨大的法律风险⑥。袁海勇(2012)指出坚持传统的经济主权原则是中国海外投资风险的

① 邹毅. 中国企业海外投资风险与防范的法律分析[D]. 上海：复旦大学硕士学位论文，2010.

② Laura B. Pincers and James A. Belohlav. Legal Issues in Multinational Business Tactics: To Play the game, you have to know the rules[J]. Academy of Management Executive, 1996, 10(3): 187-196.

③ 何力. 中国海外投资战略与法律对策[M]. 北京：对外经济贸易大学出版社，2009：17-18.

④ 蔡芬. 我国企业海外投资法律风险防范研究——以钢铁企业为例[D]. 武汉：武汉理工大学硕士学位论文，2009.

⑤ 邹毅. 中国企业海外投资风险与防范的法律分析[D]. 上海：复旦大学硕士学位论文，2010.

⑥ 王焯. 我国石油行业对外直接投资的风险防范[D]. 大连：东北财经大学硕士学位论文，2011.

根源性法律问题，并从海外投资待遇条款、契约风险应对、投资征收风险、救济机制等几个方面对企业海外投资中的法律问题进行详细分析，并提出了相应的应对措施①。张磊(2012)认为我国企业对外直接投资的法律风险来源于五个方面：不了解当地法律、对投资国法律法规的误解、国内关于对外直接投资的相关立法不完善、经营阶段的法律风险以及跨国产权风险②。

(4) 文化风险评估

文化风险是指由于文化环境因素的不同，导致中国企业在跨国经营中容易产生文化误解和文化冲突，文化风险的存在可能会对企业经营产生不利影响，甚至导致企业对外直接投资的失败。霍夫斯多德(Hofstede)认为，文化是指具有相同的教育和生活经验的人们形成的以某种特殊的方式思考、感觉和行动的心理定势③。舍恩(Schein)也指出文化是人们逐渐形成的隐含性假设，一旦这些假设受到挑战，人们便会感受到“文化震荡”，进而引发文化冲突④。

在现有的研究中，对文化风险的评估较多采用霍夫斯多德四维模型。霍夫斯多德(1980)提出了包括个人主义与集体主义(Individualism-Collectivism)、权力距离(Power Distance)、不确定性回避(Uncertainty Avoidance)、男性化与女性化(Masculinity Dimension)四个维度的文化风险评估模型⑤。麦克·邦德没有采用霍夫斯多德的四维模型，而是采用了亚洲学者基于儒家价值观而提出的一种新的调查方法。此后，霍夫斯多德又在原有基础上增加了“长期时间导向”作为第五维度。2000 年以后，霍夫斯多德再次增加了“放任与约束”作为第六维度⑥。科古特和圣塞(Kogut, Singh, 1988)则采用定量的方法来评估文化差异所带来的风险，他们给出了计算文化距离的公式：

---

① 袁海勇. 中国海外投资风险应对法律问题研究——以对非洲投资为视角[D]. 上海：华东政法大学博士学位论文，2012.

② 张磊. 我国企业对外直接投资风险分析[D]. 武汉：华中师范大学硕士学位论文，2012.

③ 徐笑君，王园园. 跨国公司内部知识转移中民族文化因素影响分析——基于 Hodstede 民族文化维度视角[J]. 科学学与科学技术管理，2008(4)：86-90.

④ 顾庆良，潘瑾，李宏. 文化价值观对跨文化冲突的差异性影响探析[J]. 东华大学学报(社会科学版)，2003，3(2)：7-14.

⑤ 陈万华，孙莹. 中国与加拿大新一代管理者的文化差异实证研究[J]. 上海管理科学，2004(3)：48-50.

⑥ 王皓. 文化差异对我国企业对外直接投资区位选择的影响[D]. 上海：上海外国语大学硕士学位论文，2013.

$$\mathrm{CD}_j = \sum_{i=1}^{6} \{(I_{ij} - I_{ic})^2 / V_i\} / 6 \tag{2-1}$$

式(2-1)中，CD_j 表示中国与第 j 个国家之间的文化距离。I_{ij} 表示第 j 个国家在第 i 个文化维度上面的所得值；I_{ic} 表示中国在第 i 个文化维度上所得的取值。V_i 表示是第 i 个文化维度的方差（$i=1,2,3,4,5,6,$）。文化维度的取值来源于霍夫斯多德的个人官方网站①。

我国学者也对文化风险的评估做了一些研究。李新春(1999)将进入我国的投资国按照文化因素分为直接相关文化、相近文化和差异文化三种类型，并指出相近文化是投资者区域选择时的主要影响因素②。孙淼林和胡松(2004)认为语言的差异可以用来评估投资国与东道国之间的文化差异③。卢孔标(2005)利用华裔人口占投资国总人口的比重来评估两国之间的文化差异。郭冠清(2006)将文化差异分为权力距离、合作性、个人/集体主义三个维度进行测量，分析其与企业经营绩效的关系④。王焯(2011)提出从两个方面对文化风险进行评估：一个方面是不同文化背景的员工的价值观；另一个方面是本国消费者和东道国消费者在购买力、偏好和消费习惯上的差异⑤。张磊(2012)认为文化差异是企业对外直接投资中文化风险产生的根本原因，包括各民族优越感、以自我为中心的管理和沟通误会等⑥。

2.2.3　政府和研究机构发布的投资风险评估工具

(1) 美国发布的国家风险投资指南

国家风险国际指南综合指数(CPFER)是由总部设在美国纽约的国际报告集团所编制的风险分析指标体系，其指数模式为：

$$\mathrm{CPFER} = 0.5 \times (\mathrm{PF} + \mathrm{FF} + \mathrm{EF}) \tag{2-2}$$

① Kogut B, Singh H. The Effect of National Culture on the Choice of Entry Mode[J]. The Journal of International Business Studies, 1988: 411-432.

② 李新春. 直接投资的文化因素分析——上海与广东的比较[J]. 中山大学学报(社会科学版), 1999,39(5): 106-113.

③ 孙淼林，胡松. 文化和地理因素对我国外商直接投资的影响[J]. 国际贸易问题，2004(10): 60-64.

④ 郭冠清. 文化因素对企业经营绩效影响的研究[J]. 中国工业经济，2006(10): 91-97.

⑤ 王焯. 我国石油行业对外直接投资的风险防范[D]. 大连：东北财经大学硕士学位论文，2011.

⑥ 张磊. 我国企业对外直接投资风险分析[D]. 武汉：华中师范大学硕士学位论文，2012.

式(2-2)中,CPFER为一国的政治、经济及金融的综合指数,分数越低则表示投资的风险越高。从该模型中可以看出,国家风险国际指南综合指数由三部分组成,即政治因素(PF)、金融因素(FF)、经济因素(EF)。其中,政治因素占50%,包含内战、外部冲突、政府腐败、官僚机构的质量等13个具体的测量指标;金融因素占25%,包含贷款违约或不利的贷款重组、拒绝履约、没收私人投资、卖方信贷的延期支付等5个具体的测量指标;经济因素占25%,包含通货膨胀、债务本息占出口比例、国际流动利率、平行汇市指标等6个具体的测量指标。具体如表2-8所示。

表2-8 国家风险国际指南综合指数指标体系表

政治因素(权重)	金融因素(权重)	经济因素(权重)
经济预期实际情况对比(6%)	贷款违约或不利的贷款重组(5%)	通货膨胀(5%)
经济计划的失败(6%)	卖方信贷的延期支付(5%)	债务本息占出口比例(5%)
政治领导权(6%)	拒绝履约(5%)	国际流动利率(3%)
外部冲突(5%)	外汇管制的损失(5%)	对外贸易托收的经验(3%)
政府腐败(3%)	没收私人投资(5%)	经常账户占GNP的比例(6%)
军队在政治中的影响(3%)		平行汇市指标(3%)
有组织宗教在政治中的影响(3%)		
法律和秩序传统(3%)		
种族和国家紧张情况(3%)		
政治恐怖主义(3%)		
内战(3%)		
政党的发展(3%)		
官僚机构的质量(3%)		
总政治风险(50%)	总金融风险(25%)	总经济风险(25%)

资料来源:[法]布鲁诺·索尔尼克.国际投资学[M].王闻,译.北京:中国人民大学出版社,2004.

国家风险国际指南综合指数考察各个国家不同时期的综合指数及其变化情况,这样不仅有利于国际投资者掌握国际投资风险的状态和发展变化规律,同时还有利于不同国家之间风险的横向比较，从而对国际投资的流向起到引导作用。

(2) 德国发布的国家风险预警系统

德国发布的国家风险预警系统是由联邦德国经济研究所在 1975 年构建的，该系统由众多的指标和比率构成，包括偿债比率、本金偿还比率、负债比率、偿债与国民生产总值的比率、负债与出口的比率、负债与外汇储备的比率、流动比率、经常项目收支逆差与出口额的比率、货币的增长率、财政赤字与国内生产总值的比率以及 IMF 基金借款与本国在该组织中所占份额的比率等。通过对以上指标和比率的计算，可以了解一个国家的风险状态，在这个国家的风险出现之前，企业可以提前得到预警，减少损失①。

(3) 日本发布的国家风险等级评估

日本发布的国家风险等级评估是由日本公司债务研究所每年定期公布的国家风险等级表，该等级表通过 14 项指标对一个国家的经济状态进行评估，对这 14 项指标用 0—10 进行评分，以表示风险程度的高低，10 分表示风险最低，0 分表示风险最高，然后根据各项评分求出综合分，并根据综合分的高低确定该国风险等级的高低。

(4) 欧洲货币指数反映的国家风险等级指标

每年 9 月或 10 月由《欧洲货币》公布的欧洲货币指数则反映了当年各国的国家风险等级，该等级侧重于反映一国在国际金融市场上的形象和地位，如表 2-9 所示为 2013 年部分国家的风险情况②。

表 2-9　部分欧洲国家风险等级

排　序	国　家	国家风险	政治风险	信贷限制	经济表现
1	卢森堡	98.48	24.28	10.00	25.00
2	瑞　士	98.36	24.88	10.00	23.85
3	挪　威	95.43	23.96	10.00	21.90

① 林孝成，管七海，冯宗宪. 金融机构的国家风险评估模型评介[J]. 当代经济科学，2000，22(1)：12-22.

② 綦建红. 国际投资学教程(第 5 版)[M]. 北京：清华大学出版社，2021：291.

续 表

排 序	国 家	国家风险	政治风险	信贷限制	经济表现
4	美 国	94.92	25.00	10.00	20.28
5	荷 兰	94.22	24.51	10.00	19.71

国家风险等级主要从以下六个方面进行考察：第一，进入国际金融市场的能力，权重为20%，它包括在国际债券市场、浮动债券市场、国际贷款市场及票据市场上筹措资本的能力；第二，进行贸易融资的能力，权重为10%，主要是指通过无追索权的大型贴现融资的能力；第三，二级金融市场上的交易能力与转让条件，权重为30%；第四，政治风险状态，权重为20%；第五，偿还债券和贷款本息的能力，权重为15%；第六，债务重新安排的程度，权重为5%。

(5) 标准普尔的国家风险评级系统

标准普尔的国家风险评级系统是由美国标准普尔这一世界权威金融分析机构构建的风险评估工具，其主要采用定量分析的方法对国家风险进行评估。标准普尔构建的国家风险评级系统主要从八个方面进行评估，包括政治风险、经济增长展望、收入和经济结构、价格稳定性、财政的机动性、公共债务负担、国际收支平衡、外部债务和流动性①。

(6) 中国出口信用保险公司发布的投资指南

由中国出口信用保险公司（以下简称“中国信保”）发布的《国家风险分析报告》是我国进行国家风险分析的研究成果之一，自2005年开始出版，是我国第一部全面反映投资国别风险水平的参考书。中国信保从中国视角出发，根据各国家或地区的国际政治经济情况对世界各国的风险水平进行了分类，直观地反映了世界各国或地区的风险变化情况，从而进一步服务于我国经济发展的需要；与此同时，该国家风险评级体系具有中国特色，填补了我国在国家风险评估领域的空白。以中国信保发布的2012年《国家风险分析报告》为例，报告重新认定与评估了全球除中国以外的192个主权国家的风险水平，确定了各国2012年国家风险参考评级。《国家风险分析报告》包括六

① 徐莉. 中国企业对外直接投资风险影响因素及控制策略研究[D]. 济南：山东大学博士学位论文，2009：36.

个部分的内容，分别为国家基本情况、政治状况、经济形势、投资状况、双边关系以及总体风险评估，为中国企业识别对外直接投资的风险提供了重要依据。

2.2.4　风险预警系统的构成与作用

风险预警系统是指在预先确定的风险阈值基础上，通过分析和比较风险形成的原因、向外传播的路径与方式等特点，对风险在某一时间内进行预警[①]，一般包括明确警义、找寻警源、分析警兆、预报警度四个阶段。风险预警系统的构建有利于企业在对外直接投资时有效地辨识和量化可能遇到的风险。

目前，学者们提出的风险预警系统模型有很多，王耀中等(2004)认为，预警模型可分为两类，即计量模型和非计量模型。其中，计量模型主要包括差分自回归移动平均(Autoregressive Integrated Moving Average，ARIMA)模型、自回归条件异方差(Autoregressive Conditional Heteroscedsticity，ARCH)模型与主成分分析法(Principal Component Analysis，PCA)等；非计量模型主要有人工神经网络(Artificial Neural Network，ANN)模型、灰色预警模型与KLP信号分析法等。

(1) ARIMA模型

布克斯和詹金(George E. P. Box，Gwilym M. Jenkins，1970)提出了ARIMA模型，该模型的基本思想是将预测对象随时间推移而形成的数据序列看作一个随机序列，采用一定的数学模型来描述这个序列。该模型可以通过时间序列的过去值与现在值来预测未来值。

(2) ARCH模型

罗伯特(Robert Engel，1982)提出了ARCH模型，它主要是通过描述时间序列条件方差，得到一种以过去误差来解释将来误差的统计方法。

(3) 主成分分析法

主成分分析法是一种降低变量维度的多元统计方法，将多维变量系统

① 李春花.基于BP神经网络的我国海外直接投资国家风险预警系统研究[D].湘潭：湘潭大学硕士学位论文，2013.

通过正交变换来进行降维处理,然后再构造适当的价值函数,将低维系统进一步转化为一维系统。主成分分析法的主要作用就是对警兆指标进行排序、筛选和分配权重。戴蒙德(Diamond, 1976)运用主成分分析法建立了财务风险的预警模型,然后采用所构建的模型检验公司财务失败前 2—3 年的数据,结果表明该模型的准确率达到 90%①。

(4) 人工神经网络模型

人工神经网络模型主要通过模拟动物神经网络的特点,对信息进行并行处理。现阶段人工神经网络模型已发展了包括 BP(Back Propagation)网络、竞争型人工神经网络、对向传播网络等在内的多种模型。人工神经网络模型由三部分组合构成,即输入层、隐含层、输出层(图 2-9)。

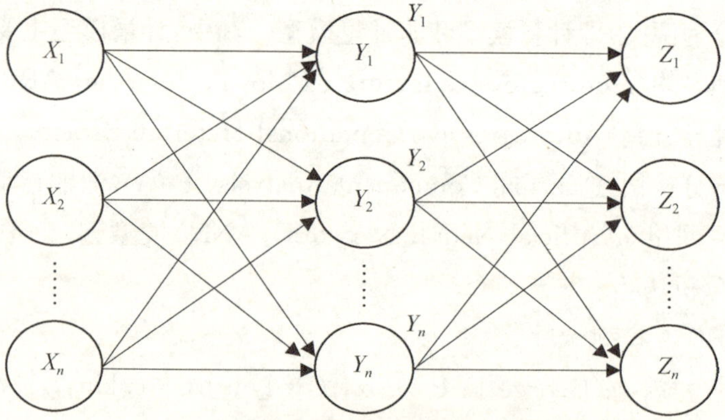

图 2-9 BP 神经网络结构示意图

资料来源：韦军亮. 中国企业跨国经营风险预警的理论与实证研究[D]. 天津：南开大学博士学位论文,2009.

(5) 灰色预警模型

灰色预警模型主要采用连续灰色微分函数对研究对象的发展变化进行监测、分析和预警,该模型主要应用于所有信息中部分信息已知而部分信息未知的情形。灰色预警模型对风险程度进行评价的过程如图 2-10 所示。

① 韦军亮. 中国企业跨国经营风险预警的理论与实证研究[D]. 天津：南开大学博士学位论文,2009.

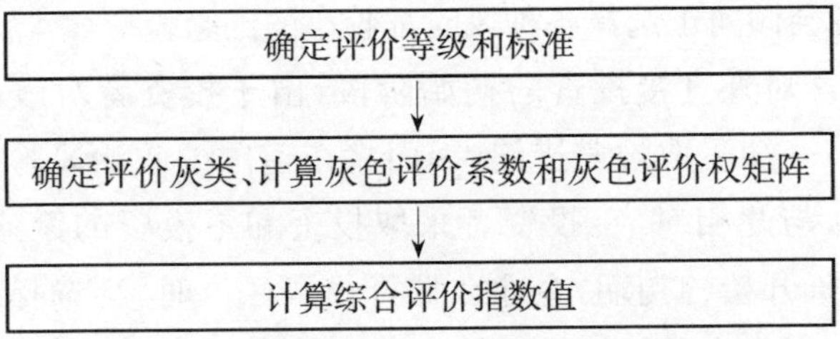

图 2-10 灰色预警模型作用机制示意图

资料来源：李春花.基于BP神经网络的我国海外直接投资国家风险预警系统研究[D].湘潭：湘潭大学硕士学位论文，2013.

(6) KLP 信号分析法

卡明斯基、洛桑达和赖因哈特(Kaminsky，Lizonda，Reinhart，1997)提出了货币危机预警模型，又称 KLP 信号分析法。该方法主要是先选取一系列先行指标，然后基于历史数据选定某一阈值，如果某个指标在某个时间点或某段时间与均值的偏离程度超过了阈值，则意味着该项指标发出了一个危机信号。如果某一时间段发出的危机信号越多，则表明该国在未来 2 年内发生危机的可能性越高。如果危机信号发出后的 2 年内该国确实发生了危机，那么这一信号就是一个好的信号；反之，如果 2 年内并未发生危机，则该信号就是一个坏的信号或者噪声。

2.3 企业对外直接投资风险与企业国际商务决策的关系

跨国公司在对外直接投资中面临的风险种类众多，涵盖了宏观、中观、微观三个层面，不同的风险类型会影响企业在国际经营中的商务决策，如区位选择、进入模式以及管理者对企业所采取的经营管理方式等。

2.3.1 对区位选择的影响

企业在进行对外直接投资前，投资区位的选择至关重要。现有研究表明，政治风险、文化风险、外汇风险、法律风险等都会显著影响管理者对投资区位的选择,管理者会倾向于选择各种风险都较小的国家。

在跨国公司对外直接投资的初始阶段,由于投资者对政治风险的理解有限,一般对其一律采取规避措施,因而将东道国的政治风险分为安全和不安全两种状态,与此相对应,投资者采取投资和不投资的策略。换句话说,在对外直接投资开始的初期,企业在选择投资区位时,会选择政治风险较小的国家。但是,近年来,随着全球资源的不断减少,以及学者们对东道国政治风险的评估与管理研究的不断完善,一些企业开始向政治风险较高的国家进行投资,特别是资源型企业。例如,中国企业近几年加大了对非洲国家的对外直接投资,仅 2010 年的对外直接投资流量就为 21.2 亿美元,同比增长 46.8%。可见,政治风险对投资区位的影响仍然存在,但影响程度有所减小。

文化风险对区位选择的影响更为显著,国内外学者都对此做出了相关的研究。约翰逊和维德斯海姆(Johanson, Wiedersheim, 1975)提出了国际化阶段模型,他们认为企业的国际化分为两个阶段,开始阶段倾向于心理距离较近的国家和地区,然后才会选择心理距离较远的国家和地区①。邓宁(1980)认为会影响对外直接投资区位选择的心理距离包括语言、文化、习俗等因素②。格雷迪和莱恩(Grady, Lane, 1996)通过研究证明企业在国际化初期,为了规避市场不确定性和经营风险,会选择心理距离较小的市场进行投资。王皓(2013)通过交易成本理论分析发现,企业在进行投资决策时的首要目标就是成本最小化,而较大的文化差异会增加企业的投资成本,因此企业选择文化差异较小的国家进行投资是基于降低成本的动机③。但是也有部分学者的研究显示,文化风险对区位选择影响的作用程度正在减小,如戴维和斯蒂芬(David W. Loree, Stephen E. Guisinger, 1995)通过对美国在 1977 年和 1982 年对外直接投资的对比研究发现,文化差异对投资的影响逐步

---

① Johanson J, Wiedersheim-Paul F. The Internalization of the Firm: Four Swedish Cases[J]. *Journal of Management Studies*, 1975, 12(3): 305-323.

② Dunning J H. Toward an Eclectic Theory of International Production: Some Empirical Tests [J]. Journal of International Business Studies, 1980, 11(1): 9-31.

③ 王皓. 文化差异对我国企业对外直接投资区位选择的影响[D]. 上海: 上海外国语大学硕士学位论文,2013.

降低[①]。但托马斯和格罗斯(D. E. Thomas, R. Grosse, 2001)对墨西哥对外直接投资的研究表明文化差异与投资量呈正相关[②]。我国学者也就文化风险对区位选择的影响做出研究,如李新春(1999)的研究表明,投资者对外直接投资的首选地区是文化背景相近或易于接受的国家或地区[③];潘镇(2006)的研究也发现,文化制度差异越大,中国吸引对外直接投资就越少[④];周凌霄(2006)的研究同样指出,东道国的文化环境因素对投资者区位选择的影响越来越大[⑤]。

2.3.2　对进入模式的影响

企业进入国际市场的模式包括出口、契约进入(非股权进入)和对外直接投资(股权进入)三种情况。潘和提斯(Pan, Tse, 2000)认为企业对外直接投资进入模式的选择需要考虑"建立方式"和"股权结构"两个方面。建立方式分为并购和新建(绿地投资);股权结构分为独资(全部股权)和合资(部分股权)[⑥]。

约翰逊和瓦赫(Johanson, Vahhe, 1977)通过对瑞典的几家跨国公司进行研究后发现,心理距离会对跨国公司进入海外市场的模式产生较大影响[⑦],也就是说文化风险对企业对外直接投资的进入模式有较大影响。科古特和辛格(Kogut, Singh, 1988)通过构建文化差异指数,并以美国 228 个对外直接投资的项目作为样本进行研究。研究结果表明,文化差异越大,跨国公司采用合资

① Loree D W, Guisinger S E. Policy and Non-Policy Determinants of U. S. Equity Foreign Direct Investment[J]. Journal of International Business Studies, 1995, 26(2): 281-299.

② Thomas D E, Grosee R. Country-of-origin Determinants of Foreign Direct Investment in an Emerging Market: The Case of Mexico[J]. Journal of International Management, 2001, 7(1): 59-79.

③ 李新春. 直接投资的文化因素分析——上海与广东的比较[J]. 中山大学学报(社会科学版), 1999,39(5): 106-113.

④ 潘镇. 制度距离与外商直接投资——一项基于中国的经验研究[J]. 财贸经济,2006(6): 44-49.

⑤ 周凌霄. 东道国文化环境对跨国公司直接投资行为的影响[J]. 亚太经济,2006(5): 80-83.

⑥ Pan Y, Tse D K. The Hierarchical Model of Market Entry Modes[J]. Journal of International Business Studies, 2000, 31(4): 535-554.

⑦ Johanson J, Vahlne J E. The Internationalization Process of the Firm-a Model of Knowledge Development and Increasing Foreign Market Commitments[J]. Journal of International Business Studies, 1977, 8(1): 23-32.

进入模式的可能性就越高①。徐莉(2009)指出,产品差异性程度较大,则企业在国际化经营中可获得较强的特定优势,可以选择贸易进入方式;如果以对外直接投资的方式进入,则高控制权的方式(如独资)可降低风险②。技术风险也会对企业进入模式的选择产生一定影响,凯夫斯和梅哈儿(Caves, Mehra, 1986)的研究指出,为防止技术外溢,企业在对外直接投资时会选择"绿地投资"的进入模式③。许晖和姚力瑞(2006)认为当国际经营企业拥有很高的技术水平时,为了不泄露技术,一般倾向于采用控制性较强的投资进入模式④。企业管理人员国际化经验的程度也会影响进入模式的选择,如特普斯拉和于(Terpstra, Yu, 1988)指出,前期的投资经验会对企业的进入模式产生重要影响⑤。桑巴利亚(Sambharya, 1996)提出,企业管理人员的国际化程度与增强企业的国际化意识以及降低国际化经营的风险相联系,将会对海外市场的进入模式产生重要影响⑥。吴亮(2013)通过实证研究发现,东道国风险程度越高,两国的文化差异风险越大,越有利于吸引跨国公司以合资的方式进入;企业所面临的内部风险越高,越倾向采取合资进入模式⑦。

2.3.3 对经营管理的影响

本书所讲的经营管理是指除上述区位选择和进入模式之外的其他对外直接投资的管理活动,如战略管理、外汇管理、人力资源管理、文化管理、社会责任管理等。

在战略管理方面,李杰群、赵庆和李京(2010)认为企业在做出对外直接投

① Kogut B, Singh H. The Effect of National Culture on the Choice of Entry Mode[J]. Journal of International Business Studies, 1988, 19(3): 411-432.

② 徐莉.中国企业对外直接投资风险影响因素及控制策略研究[D].济南:山东大学博士学位论文,2012.

③ Caves R E, Mehra S K. Entry of Foreign Multinationals into U. S. Manufacturing Industries, in M. E. Porter (Ed.). Competition and Global Industries[M]. Boston: Harvard Business School Press, 1986: 449-481.

④ 许晖,姚力瑞.企业国际化进程中国际风险变化特征识别研究[J].经济经纬,2006(6): 70-73.

⑤ Terpstra V, Yu C M. Determinants of Foreign Investment of U. S. Advertising Agencies. [J]. Journal of International Business Studies, 1988, 19(1): 33-46.

⑥ 徐莉.中国企业对外直接投资风险影响因素及控制策略研究[D].济南:山东大学博士学位论文,2012.

⑦ 吴亮.国际化风险与中国企业海外进入模式研究[J].时代经贸,2013(17): 1-3.

资的商务决策之前，应该构建战略风险投资控制体系，该体系可以有效地防范和应对战略风险的发生。通过对中国企业对外直接投资的战略风险因素与战略风险关系的分析，他们建立了包括战略风险探测系统、指挥决策系统、战略风险应对系统、评价系统以及监督系统等五个子系统在内的中国企业对外直接投资战略风险投资控制系统①。

在外汇管理方面，陆茹(2002)提出经济风险是中国企业国际化经营中最需要防范的外汇风险之一，因此，企业在经营时可以采用多元化经营和融资的经营管理模式来加以应对②。弗特(Froot, 1993)③、潘扎利斯等(Pantzalis, 2001)④、应迪庆⑤(2007)、吕辉和李建平⑥(2009)都认为，企业在对外直接投资时应该充分利用各种金融衍生产品来规避汇率风险。

在人力资源管理方面，哈姆布雷克和梅森(Hambriek, Mason, 1984)指出雇佣具备较高教育水平的管理者可以使企业在对外直接投资时面临的风险相对较低⑦。哈米布雷克和弗克托(Hambrick, Fukutomi, 1991)⑧提出了CEO任职期限模型，同时米勒(Miller, 1991)⑨的研究也表明，增加高管的任职期限，可以对企业在对外直接投资时进行有效的风险控制，对企业的发展更加有利。桑巴利亚(Sambharya, 1996)的研究表明，高管团队的国际化经营能够降低企业在海外投资时的经营风险⑩。储冬红和郭睦庚(2004)指出，由于跨国公

① 李杰群，赵庆，李京. 中国企业对外直接投资战略风险投资控制系统研究[J]. 统计与决策，2010(18)：172-176.

② 陆茹. 我国企业外汇风险管理研究[D]. 南京：南京理工大学硕士学位论文，2002.

③ Froot A, Scharfstein D S, Stein J C. Risk Management: Coordinating Corporate Investment and Financing Policies[J]. The Journal of Finance, 1993, 48(5): 1629-1658.

④ Pantzalis C, Simkins B J, Laux P A. Operational Hedges and the Foreign Exchange Exposure of U. S. Multinational Corporations[J]. Journal of International Business Studies, 2001, 32(4): 793-812.

⑤ 应迪庆. 中国企业汇率风险与规避机制研究[D]. 杭州：浙江大学硕士学位论文，2007.

⑥ 吕辉，李建平. 金融衍生工具在企业外汇风险管理中的运用[J]. 财会研究，2009(5)：56-57.

⑦ Hambriek D C, Mason P A. Upper echelons: The organization as a reflection of its top managers[J]. Academy of Management Review, 1984(9): 193-206.

⑧ Hambrick D C, Fukutomi G D S. The Seasons of a CEO'S Tenure[J]. Academy of Management Review, 1991(16): 719-742.

⑨ Miller D. Stale in the Saddle: CEO Tenure and the Match between Organization and Environment[J]. Management Science, 1991(37): 34-52.

⑩ Sambharya R B. Foreign Experience of Top Management Team and International Diversification Strategies of U. S. Multinational Corporations[J]. Strategic Management Journal, 1996(17): 739-746.

司的人力资源管理工作更加复杂，从而导致经营风险增加，因此，应该对跨国企业加强在人力资源管理方面的建设。①

在文化管理方面，许晖和邹慧敏(2009)的研究显示，建立包容性的企业文化，并促使其成为不同文化背景的职员在思维及行动上的基本规范，有利于减少内部矛盾和文化冲突的发生②。徐莉(2012)提出企业在对外直接投资时应该尊重东道国的文化，避免产生文化风险③。

在社会责任管理方面，闫雪(2012)指出，美国企业会根据统一的标准，积极承担社会责任，英国政府也会指导和督促企业履行社会责任。我国企业在东道国进行投资时，也应该积极履行自身的社会责任，包括增加东道国的就业机会、改善员工的工作环境、保护当地环境、维护消费者利益、积极参加当地的公益性社会活动等，以此避免社会责任风险的发生④。

2.4 企业对外直接投资风险的防范与应对

研究对外直接投资风险的影响因素、评估指标和模型等，都是为了企业能够更加有效地防范和应对风险。在这一方面，国内外学者都根据自己的研究提出了防范和应对措施。

2.4.1 政府方面

(1) 完善法律制度体系

衣长军和胡日东(2006)提出我国必须建立一套符合本国实际情况和当代投资特点的对外投资法律体系，包括出台对外直接投资的基本法——《中华人民共和国对外投资法》，以及其他相应的法律法规，如对外投资审查法、对外投

---

① 储冬红，郭睦庚. 经济全球化下的人力资源管理策略探析[J]. 科技与管理，2004(1)：135-137.

② 许晖，邹慧敏. 基于股权结构的跨国经营中关键风险识别、测度与治理机制的研究[J]. 管理学报，2009(5)：684-691.

③ 徐莉. 中国企业对外直接投资风险影响因素及控制策略研究[D]. 济南：山东大学博士学位论文，2012.

④ 闫雪. 中国国有企业对外直接投资的风险研究[D]. 长春：吉林大学硕士学位论文，2012.

资所得税法、对外投资银行法、境外国有资产管理法、对外投资保险法等[①]。许晖、万益迁和裴德贵(2008)以华为公司为例,研究高新技术企业国际化风险后,提出中国政府应该加快制定和完善包括中国企业海外投资法、境外合资经营企业法在内的各种企业海外投资法规体系,完善海外投资的审批制度、分配制度和人事制度等管理政策[②]。朱华(2011)指出到目前为止,我国关于对外投资的法律体系还不够健全,无法保障跨国企业的合法权益,需要尽快制定符合国际惯例和我国国情的法律作为调整企业对外直接投资的基本法[③]。张路(2012)通过对国有资本境外投资的研究指出,我国应该加快国有资本境外投资风险控制的相关立法,并从国家、国务院、各职能部门三个层面提出了具体的建议[④]。

(2) 加强双边关系建设

吉小雨(2011)深入分析了美国对外直接投资的利益保护,为我国政府通过双边协定保护对外投资企业的经济利益提供了参考[⑤]。徐莉(2012)提出中国政府应当加强与国际组织进行多层次合作,进一步深化国际合作机制,积极参与双、多边投资框架谈判,积极与有关国家签订政府间的双、多边协议,为企业创造良好的对外直接投资环境[⑥]。马琛(2013)从国家层面提出应该充分利用双、多边国际条约来防范企业海外直接投资的风险,他指出中国政府应该充分利用国际或区域性的双边与多边投资保护协定,扩大对海外投资企业的保护范围,在国际层面上为中国企业进行保护,并提出了在签订投资保护条约时政府应该注意的三个问题[⑦]。

(3) 构建信息服务平台

桑林和姚琦(2011)认为政府应该搭建政治风险信息网络服务平台,为中

① 衣长军,胡日东.我国企业海外投资风险预警与防范[J].商业时代,2006(32):23-24.

② 许晖,万益迁,裴德贵.高新技术企业国际化风险感知与防范研究——以华为公司为例[J].管理世界,2008(4):140-149.

③ 朱华.中国对外直接投资:发展阶段、决定因素与对策研究[D].大连:东北财经大学博士学位论文,2011.

④ 张路.国有资本境外投资的风险控制及评价研究[D].北京:财政部财政科学研究所博士学位论文,2012.

⑤ 吉小雨.美国对外直接投资的利益保护——从双边协定到海外私人投资公司[J].世界经济与政治论坛,2011,(2):57-68.

⑥ 徐莉.中国企业对外直接投资风险影响因素及控制策略研究[D].济南:山东大学博士学位论文,2012.

⑦ 马琛.中国企业海外直接投资风险分析[D].南宁:广西大学硕士学位论文,2013.

国企业对外直接投资提供及时、准确、专业和权威的政治信息①。于文静(2011)通过对发达国家及新兴工业化国家风险防范的研究,认为信息服务在企业对外直接投资中是必不可少的,并建议借鉴发达国家和新兴工业化国家的经验构建经营信息服务平台②。刘薇薇(2012)认为一方面应该依靠商会组织建立一个透明快捷的信息咨询平台,另一方面政府应该构建技术和法律支持平台,帮助民营企业发展对外直接投资③。张冉(2013)通过对美国对外直接投资风险管理经验的分析,提出快捷的信息和咨询服务对企业至关重要,因此,我国应该设立专门的机构为对外直接投资的企业提供投资方面的信息和咨询指导服务④。

(4) 其他方面的支持

李琛(2005)通过抽样调查企业对外直接投资的风险,提出为有效防范和应对风险,政府应该建立"一站式"服务,加强信息咨询和预警服务等⑤。刘红霞(2006)从管理协调机制、监督协调机制、投资服务机制和投资保护机制四个角度构建了境外投资协调框架,并认为政府在对外直接投资的风险防范中应当发挥监督、管理、服务、保护的作用⑥。陈立泰(2008)认为我国政府在海外直接投资风险管理中应该为企业提供法律法规支持、信息支持、融资支持、技术与人才支持等,促进我国企业对外直接投资的顺利发展⑦。徐莉(2012)认为政府应当加大在金融方面的支持力度,在坚持商业原则以及进行有效评估的前提下,鼓励国内商业银行及其境外分支机构为境外投资企业和项目提供融资支持⑧。高勇(2012)认为中国政府应该加大对农业企业对外直接投资的财政金融支持,包括财政支持、金融支持、完善的保险体系支持、规范的外汇管理支

---

① 桑林,姚琦. 中国企业"走出去"的政治风险防范与控制[J]. 国际经济合作,2011(9):61-63.

② 于文静. 完善我国对外直接投资风险防范研究[D]. 太原:山西财经大学硕士学位论文,2011.

③ 刘薇薇. 民营企业对外直接投资的风险与控制[D]. 北京:对外经济贸易大学硕士学位论文,2012.

④ 张冉. 中国对外直接投资风险管理研究[D]. 北京:对外经济贸易大学硕士学位论文,2013.

⑤ 李琛. 上海企业跨国经营政治风险实证研究[J]. 国际商务研究,2005(4):9-14.

⑥ 刘红霞. 中国境外投资风险及其防范研究[J]. 中央财经大学学报,2006(3):63-67.

⑦ 陈立泰. 我国企业海外直接投资的风险管理策略研究[J]. 中国流通经济,2008,22(7):48-51.

⑧ 徐莉. 中国企业对外直接投资风险影响因素及控制策略研究[D]. 济南:山东大学博士学位论文,2012.

持以及税收的支持[①]。姜华欣(2013)通过对美、日、韩、印四国对外直接投资经验的分析,发现政府在企业的对外直接投资活动中具有至关重要的作用,并提出中国政府应该在产业、财税、对外贸易、外汇金融、项目投资审批等方面给予全方位的政策支持[②]。

2.4.2 行业协会方面

赵威(2012)认为中国应该充分发挥行业协会的作用,利用外国商会与东道国的行业组织建立密切的联系,以保证中国企业的公平竞争环境,并增大中国企业在东道国的话语权,有效防范企业对外直接投资中面临的竞争风险[③]。姜华欣(2013)提出在企业对外直接投资过程中,行业协会在保护本国产业方面具有重要的协调作用,应该加快行业协会的发展,使其带领中国企业与东道国企业发展合作,改善企业在东道国的社会形象[④]。马琛(2013)也建议我国成立处理海外风险的行业协会,他认为每个行业在海外投资中遇到的风险类型都不相同,而不同的行业协会可以针对不同行业的企业解决海外直接投资中遇到的风险[⑤]。赵晓敏(2013)认为行业协会可以在海外投资的技术培训方面给企业提供帮助,因此,应该成立对外投资的行业协会,所涉及的服务可以包括法律咨询、会计审计、商标和知识产权认证、管理咨询、市场调查和市场营销等多个项目,并指出行业协会的成立可以采用民办官助的形式,同时鼓励有影响力的经济学专家和教授加入协会[⑥]。

2.4.3 企业方面

我国学者从企业层面对对外直接投资中的风险防范和应对措施做出了研究。曹松艳(2010)认为企业在对外直接投资中需要提高自身的风险控制与管

① 高勇.中国农业企业对外直接投资的风险与对策分析[D].重庆:重庆师范大学硕士学位论文,2012.

② 姜华欣.中国国有企业对外直接投资研究[D].长春:吉林大学博士学位论文,2013.

③ 赵威.中国对外直接投资的风险预警与防范[D].大连:东北财经大学硕士学位论文,2012.

④ 姜华欣.中国国有企业对外直接投资研究[D].长春:吉林大学博士学位论文,2013.

⑤ 马琛.中国企业海外直接投资风险分析[D].南宁:广西大学硕士学位论文,2013.

⑥ 赵晓敏.中国对外直接投资的现状与问题研究[D].北京:首都经济贸易大学硕士学位论文,2013.

理水平，建立风险防范的内控机制，同时加强母公司对境外企业的监察和管理①。张路(2012)认为国有企业应该完善对人才的培养和引进制度，以适应对外直接投资环境的变化和发展②。徐莉(2012)分别从外源性风险、内生性风险及过程性风险三个方面提出了企业层面如何应对对外直接投资风险的控制策略③。姜华欣(2013)通过对中国国有企业对外直接投资的研究指出，我国许多国有企业还缺乏完整的境外投资管理策略④。

此外，学者们还对不同的风险提出了不同的防范和应对措施。

① 对政治风险的防范。成金华和童生(2006)以中国石油企业为例进行对外直接投资的政治风险研究，指出石油企业应该加强风险评估、战略性选择进入地区、适当安排股权、构筑国际战略联盟、强化内部管理，以此来应对政治风险⑤。赵昌明(2013)认为企业在对外直接投资中的政策风险是不可避免的，因此，管理者应当树立合法经营意识，认真了解、密切跟踪有关法律法规，并建立专门的政策征询通道⑥。赵威(2012)认为企业在防范政治风险时主要应该从投资前期着手，包括了解东道国的相关法律规定、了解我国与东道国直接的外交关系和经济往来状况、通过投保转移政治风险、参与国际组织对目标国的风险报告等⑦。

② 对文化风险的防范。王焯(2011)认为我国石油行业在应对对外直接投资中的文化风险时，应该树立多元化的文化意识，重视跨文化的理解与沟通，创建共同的价值观与企业文化，并且完善对外直接投资企业的人力资源管理制度⑧。闫雪(2012)通过对中国国有企业对外直接投资风险的研究指出，为了有效防范和应对文化风险，中国企业应该提高员工素质，对其进行包括东道

---

① 曹松艳，杨化宝. 海外投资企业的风险控制与管理[J]. 山东冶金，2010(4)：63-65.

② 张路. 国有资本境外投资的风险控制及评价研究[D]. 北京：财政部财政科学研究所博士学位论文，2012.

③ 徐莉. 中国企业对外直接投资风险影响因素及控制策略研究[D]. 济南：山东大学博士学位论文，2012.

④ 姜华欣. 中国国有企业对外直接投资研究[D]. 长春：吉林大学博士学位论文，2013.

⑤ 成金华，童生. 中国石油企业跨国经营的政治风险分析[J]. 中国软科学，2006(4)：24-32.

⑥ 赵昌明. 对外直接投资风险及其防范研究[J]. 企业战略，2013(10)：34-35.

⑦ 赵威. 中国对外直接投资的风险预警与防范[D]. 大连：东北财经大学硕士学位论文，2012.

⑧ 王焯. 我国石油行业对外直接投资的风险防范[D]. 大连：东北财经大学硕士学位论文，2011.

国风俗习惯、文化、语言等方面在内的全面、系统的培训①。

③ 对经营管理风险的防范。李清文(2008)提出企业在防范境外投资的经营风险时,应该增强自身的核心能力,完善企业的治理结构和管理体系,发挥自身的比较优势,以及保持经营的灵活性②。邓媛(2011)认为人才队伍的建设对国有企业对外直接投资中应对管理风险十分重要,同时还应该减少非竞争性国有企业管理的行政干预,以此来防范和应对管理风险③。

④ 对外汇风险的防范。陈全庚、吴念鲁(1989)认为企业可以在外汇风险发生前加强内部管理,风险发生后通过各种交易将风险进行转移④。姜德杰(2010)针对外贸企业的外汇风险提出具体措施,包括提前或延期结汇或付汇、协商价格转嫁汇率风险、改变贸易结构等⑤。徐雯雯(2010)则针对中小型外贸企业从微观层面提出,企业可以通过调整进出口结构、签订交易合同、采取有利的结算方式等措施来防范和应对外汇风险⑥。杨柾超(2013)从市场营销的角度提出防范和应对外汇风险的措施,他提出企业可以采用市场分布、产品政策、调整售价等措施来规避外汇经济风险⑦。

2.5　对现有研究的评述

综观上述文献,学者们在企业对外直接投资的风险研究方面做出了大量的工作,研究的内容包括企业对外直接投资风险的类型、评估和预警与商务决策的关系以及政府、行业和企业对风险的防范和应对。现有的企业对外直接投资风险研究较为全面,但仍然存在一些不足。

---

① 闫雪.中国国有企业对外直接投资的风险研究[D].长春:吉林大学硕士学位论文,2012.

② 李清文.我国境外投资风险防范的几点构想[J].湖南工业职业技术学院学报,2008(6):43-45.

③ 邓媛.中国国有企业对外直接投资风险研究[D].北京:对外经济贸易大学硕士学位论文,2011.

④ 吴念鲁,陈全庚.人民币汇率研究[M].北京:中国金融出版社,1989:33-42.

⑤ 姜德杰.外贸公司的汇率风险及其防范对策[J].会计之友,2010(5):38-40.

⑥ 徐雯雯.中小外贸企业外汇风险及防范措施探讨[J].商业文化,2010(5):139-140.

⑦ 杨柾超.中小型外贸企业的外汇风险管理研究[D].长沙:湖南大学硕士学位论文,2013.

首先,世界格局的变化使原有的风险理论及结论的适用性发生了改变。发达国家企业对外直接投资起步较早,因此,国外的学者对对外直接投资风险的研究也相对开始较早,国外学者的研究多是从发达国家跨国企业的视角出发,基于20世纪60—70年代世界政治经济格局的背景来开展研究。但是随着全球化的推进,国际社会向多极化格局发展,尤其是在金融危机和欧洲主权债务危机之后,全球经济疲软,原有的风险理论及结论的适用性都发生了改变。

其次,现有研究对中国以及新兴市场国家企业关注不足。世界经济的不断发展,出现了一批经济发展程度介于发达国家和发展中国家之间的国家和地区,他们在较短的时期内克服了社会经济的落后性并在工业化进程中不断地接近发达国家的水平,人们将这些国家和地区统称为新兴市场国家。在全球对外直接投资中,新兴市场国家所占比重不断加大,但是现有研究中学者们多以美国、日本为研究对象,对这些新兴市场国家的关注则较少。以中国为典型代表的发展中国家,近年来在对外直接投资中规模不断扩大,在全球对外直接投资中所占的比重也不断增加,但是现有研究对发展中国家的关注也不足。

最后,现有研究与企业国际商务实践的需求联系不足,欠缺实践指导意义。国内的现有研究分散于国际政治、管理、投资各个领域,且大多从宏观的角度进行对外直接投资风险的研究,缺乏对各类风险的作用机理及其所造成的影响的细致分析。此外,由于中国背景的特殊性,中国企业在对外直接投资中所面临的风险也具有特殊性,而现有的相关研究并未能体现中国企业的特征,因此,其所提出的风险防范和应对措施,对政府工作和企业商务实践提供指导的研究尚待加强。

第 3 章

中国企业对外直接投资的现状与趋势

随着世界经济的不断发展，对外直接投资为推动世界经济增长所发挥的作用也越来越重要。随着我国对外开放程度不断加深，企业迫切希望与国际接轨，中国对外直接投资开始进入一个新的阶段。中国逐步从全球对外直接投资的主要东道国，发展成为世界对外直接投资规模最大的发展中国家。同时，为促进企业参与国际竞争，政府积极推行“走出去”战略，鼓励企业对外投资。改革开放四十多年来，正是由于企业自身发展和政府的大力支持，我国企业对外直接投资呈现持续快速增长的势头。

3.1 中国企业对外直接投资的历程与政策变迁

3.1.1 中国企业对外直接投资的历程

中国企业对外直接投资开始于中华人民共和国成立之初，但早期的对外直接投资以国家为主体，具有很强的政治色彩，主要目的是打破资本主义国家对社会主义国家的封锁。改革开放后，中国企业对外直接投资的序幕才被真正拉开。1994 年正式成立了国家出口信用机构——中国进出口银行，目的是为企业海外投资提供资金支持；2001年，中国加入了世界贸易组织，为企业进一步打开了海外投资的大门；2003年，中国成立了国务院国有资产监督管理委员会，为企业提供了海内外产权流转的平台；2007年，商务部等四部委联合发布《关于鼓励支持和引导非公有制企业对外投资合作的若干意见》，为非公有制企业的海外投资保驾护航；2012年，外汇管理局通过简化外汇境外放款和外汇管理程序，引导对外直接投资健康发展；2015年，外汇管理局再次简化了部分对外直接投资外汇业务的管理制度，进一步增强了中国对外直接投资力度。根据中国企业对外直接投资政策及规模变化，其大致经历了五个发展阶段：探索起步、稳步发展、波动调整、高速增长和理性发展。

(1) 探索起步阶段(1979—1982)

党的十一届三中全会后，中国开始由计划经济体制向市场经济体制转变，特别是1979年，国家第一次提出了“出国办企业”的方针政策，将发展对外直接投资作为一项国家政策，开始了中国企业对外直接投资的征程[①]。但在这个时期，中国企业对外直接投资的主体为国有企业，投资决策一律要通过国务院审批，投资总量规模小、经营自主权有限，企业行为带有较强政治意图，对外投资积极性和主动性不高。

(2) 稳步发展阶段(1983—1991)

从1983年起，国务院将管理中国企业海外投资的审批工作下放至对外经济贸易部(1993年更名为对外贸易经济合作部，以下简称外经贸部)。随着政府对外经贸活动的推动，中国对外直接投资进入稳步发展阶段，中国企业在继续拓展国内业务的同时也开始积极推进对外投资进程[②]，这主要表现为海外分支机构的不断增加。该阶段参与海外投资的企业类型增多；投资领域进一步拓宽，行业逐渐拓宽至服务业、工农业生产加工等行业；企业数量增加，中方投资总额不断扩大。

(3) 波动调整阶段(1992—2000)

1992年后，市场化经济体制改革和对外开放进程加快，企业获得更大的经

① 李飞.中央企业境外投资风险控制研究[D].北京：财政部财政科学研究所博士学位论文，2012.

② 詹儒杰.中国企业对外直接投资分析[D].上海：上海社会科学院硕士学位论文，2012.

营自主权，但同时，国家投资主管部门严格控制海外投资审批政策，并对海外企业进行重新登记，因此导致该阶段中国企业对外直接投资出现了较大波动，中国企业对外直接投资进入调整阶段。该阶段企业对外直接投资的自主性和积极性增强，但只是受到偶然性因素和短期利益目标驱动，并未将对外直接投资作为企业的长期发展战略，投资目标和战略定位不明确。

(4) 高速增长阶段(2001—2010)

2001年年底，中国成功加入WTO，为中国企业对外直接投资创造了更开放、透明的国际环境。2002年，党的十六大将“走出去”战略作为一种国家战略正式写入报告，政府鼓励中国企业直接参与海外投资。随着中国企业规模不断扩张和外汇储备快速积累，包括国有企业以及民营企业在内的大批企业逐渐发展、壮大和成熟，出于扩大生产经营和寻求市场的需要，对外直接投资成为越来越多的中国企业主动追求的战略目标，尤其在2008年国际金融危机爆发后，全球对外直接投资锐减21%，而中国海外投资却出现大幅上涨。2008年，中国对外直接投资出现历史第二高增速，达110.9%，流量规模首破500亿美元，之后更是连续增长。中国开始步入对外直接投资的高速增长阶段，对外直接投资增长表现出持续、快速、稳定的特征。

(5) 理性发展阶段(2011年至今)

2010年以后，虽然中国企业仍然保持对外直接投资的高速增长，但是在遭遇一系列投资风险，尤其是政治风险后，不论是投资方式、资本运作方式，还是投资区域和投资行业，都更加强调与投资需求和投资条件的吻合度。因此在中国对外直接投资规模不断创下历史新高的同时，质量也在进一步提升，主要表现在如下几个方面：① 从投资方式来看，投资方式更加理性和多样化，并购投资方式亮点突出，传统采矿领域交易额大幅下降；② 从资本运作方式来看，金融工具更加多样化，由于境外融资成本低于境内，因此中国企业通过境外进行融资再来开展对外投资活动的情况日益增多，导致境内投资主体直接给境外企业提供的贷款减少，2014年债务工具投资较上年下降40.7%；③ 从投资行业来看，第二产业比重逐渐下降，第三产业投资日益增加；④ 从投资区域来看，在遭遇一系列投资风险(尤其是政治风险)后，空间布局更加完善，在兼顾传统资源密集型行业布局的同时，明显加强了在东南亚国家联盟地区(以下简称东盟，包括印度尼西亚、泰国、新加坡、马来西亚、柬埔寨、菲律宾、越南、文莱、老挝、缅甸 10 个国家）的制造业转移和对其他经济体的并购投资。进入理性发展阶段的中国企业，对外直接投资更加注重从企业自身发展需求的角度有选择、有针对性地进行投资。

3.1.2 中国企业对外直接投资的政策变迁

1979 年，我国开始打开国门进行改革开放，随着中国企业的不断发展，国家对对外直接投资的管理和政策也在不断地发展和完善。自 1985 年我国开始实行对外投资中央地方分级审批制以来，对外直接投资的规则、操作的规范都在不断完善，投资的领域也在不断拓展。我国企业对外直接投资政策的演变如表 3-1 所示。

表 3-1 中国企业对外直接投资部分政策规定变迁历程

时间	机　构	政　　策	备　　注
1985 年	外经贸部	关于在国外开设非贸易性合资经营企业的审批程序和管理办法	对于境外投资的审批，采用中央与地方分级审批制
1989 年	国家外汇管理局	境外投资外汇管理办法	上交 5%的汇回利润保证金，境外利润必须限期调回
1990 年	国家外汇管理局	境外投资外汇管理办法实施细则	境外投资企业自投产或开业之日起五年内，中资所得利润免征所得税
1993 年	外经贸部、国资管理局、海关总署	关于用国有资产实物向境外投入开办企业的有关规定	该规定指出，如果境内的投资企业拟将国有资产或者实物作为资本投往境外，必须首先由国资管理机构评估，并办理转移产权登记手续
1997 年	国家税务总局以及财政部	关于境外所得计征所得税暂行办法（修订）	针对我国企业对外直接投资建立财政、税收政策相关支持体系
2002 年	国家外汇管理局、商务部	境外投资联合年检暂行办法	通过该办法来掌握我国企业境外投资的实施情况
2004 年	国家统计局、商务部	正式建立对外直接投资统计制度	通过该制度以全面地掌握企业境外投资的情况

续　表

时间	机　构	政　　策	备　　注
2004 年	国务院	国务院关于投资体制改革的决定	对非政府项目投资实施核准、备案制
2004 年	商务部	关于境外投资开办企业核准事项的规定	办法清楚说明了企业境外投资的程序
	发改委	境外投资项目核准暂行管理办法	
2005 年	财政部	国外矿产资源风险勘查专项资金管理暂行办法	针对我国企业对外直接投资建立财政、税收政策相关支持体系
	财政部、商务部	对外经济技术合作专项资金管理办法	
2006 年	国务院国有资产监督管理委员会	中央企业全面风险管理指引	首次在央企导入风险管理
2006 年	商务部、发改委等	境外投资产业指导政策、境外投资产业指导目录	明确境外投资鼓励、允许、禁止类的政策措施
2011 年	国务院国有资产监督管理委员会	中央企业境外国有资产监督管理暂行办法、中央企业境外国有产权管理暂行办法等	在办法中明确中央企业是其境外的国有资产管理责任主体
2012 年	国家外汇管理局	关于鼓励和引导民间投资健康发展有关外汇管理问题的通知	进一步简化外汇境外放款外汇管理，取消境外放款资金购付汇及汇回入账核准
2013 年	商务部、国家开发银行	关于支持境外经济贸易合作区建设发展有关问题的通知	支持国内企业“走出去”，商务部、国家开发银行将加强合作，支持合作区建设
2015 年	国家外汇管理局	关于进一步简化和改进直接投资外汇管理政策的通知	取消了境内外直接投资项下外汇登记核准行政审批事项，简化了部分直接投资外汇业务办理手续

资料来源：根据各部门官方网站的公开资料整理所得.

根据表 3-1 可分析，中国企业对外直接投资的有关政策规定的变化主要表现为：① 在对外直接投资审批管理方面，由审批制度变为核准备案制度；② 在外汇管理方面，外汇汇出由严格审核变为多元化的外汇制度，既可以使用自有的外汇，也可以采用人民币购买外汇，还可以采用直接的外汇贷款；③ 在国有资本对外直接投资管理方面，形成了较为科学合理的企业对外直接投资监督管理制度体系，初步建立了财税政策支撑体系和对外直接投资统计、年检和绩效评价、风险管控等制度。

3.2 中国企业对外直接投资的现状与趋势

3.2.1 中国企业对外直接投资的流量与存量

加入世界贸易组织以后，中国企业对外直接投资规模呈快速增长态势，2002—2014 年 13 年间，中国企业对外直接投资存量翻了 29.5 倍，成为全球重要的海外投资者(图 3-1)。联合国贸易和发展会议 2016 年公布的数据显示，2015 年全球跨国直接投资总量达 1.7 万亿美元。其中，中国对外直接投资流

图 3-1　2002—2014 年中国企业对外直接投资流量与存量

资料来源：以上数据整理自 2003—2015 年度《中国对外直接投资统计公报》。

注：每年 9 月份国家商务部、国家统计局和国家外汇管理局发布前一年度的《中国对外直接投资统计公报》。

量连续3年超过1 000亿美元，蝉联全球第三大对外投资国，投资存量首次突破万亿美元大关，创下历史新高。

2008年以前，我国对外直接投资规模持续高速增长，但2009年受国际金融危机影响，增速明显下滑。增速下滑最主要的原因是全球经济复苏缓慢，企业投资决策者对如美国、欧盟等发达经济体的经济发展持谨慎态度。不过2010年后，我国企业对外直接投资开始恢复增长，其中2012—2014年增速明显，特别是2014年，发达国家经济两极分化加剧，发展中国家经济增长放缓，全球对外直接投资额下降16%，但中国对外直接投资却逆势增长14.2%，达1 231.2亿美元，创历史最高。

从总体上看，金融危机和欧债危机对我国企业对外直接投资的影响较大。我国企业对外直接投资已进入高速发展阶段。

从表3-2可看出，一方面，2002—2014年，中国企业的对外直接投资流量及存量规模不断扩大，至2014年年底，中国企业的对外直接投资存量达8 826.4亿美元，居世界第8位。但另一方面，从中国企业对外直接投资规模占全球对外直接投资规模比重可看出，尽管中国企业对外直接投资规模较大、增长较快，但是中国企业对外直接投资的起步很晚，因此距离发达国家仍然有很大的差距。2014年年末中国对外直接投资存量仅相当于美国的14%、英国和德国的55.7%、法国的69%、日本的74%。

表3-2　2002—2014年中国企业对外直接投资占全球对外直接投资比重情况

指标 年份	流量			存量		
	金额/亿美元	占全球对外直接投资比重	全球排位	金额/亿美元	占全球对外直接投资比重	全球排位
2002	27.0	—	—	299.0	—	—
2003	28.5	0.45%	—	332.0	0.48%	—
2004	55.0	0.90%	11	448.0	0.55%	14
2005	122.6	1.68%	10	572.0	0.59%	14
2006	211.6	2.72%	13	906.3	0.85%	14
2007	265.1	1.34%	—	1 179.1	—	—

续 表

指标 年份	流 量			存 量		
	金额 /亿美元	占全球 对外直接 投资比重	全球排位	金额 /亿美元	占全球 对外直接 投资比重	全球排位
2008	559.1	3.3%	—	1 839.7	—	—
2009	565.3	5.1%	5	2 457.5	1.3%	—
2010	688.1	5.2%	5	3 172.1	1.6%	17
2011	746.5	4.4%	6	4 247.8	2.0%	13
2012	878.0	6.3%	3	5 319.4	2.3%	13
2013	1 078.4	7.35%	3	6 604.8	2.54%	11
2014	1 231.2	10.03%	3	8 826.4	3.39%	8

数据来源：根据国家商务部、国家统计局以及国家外汇管理局联合发布的历年《中国对外直接投资统计公报》整理得来.

中国对外直接投资存量主要呈现以下主要特点：

① 投资分布国家(地区)广泛，但规模相对较小；

② 投资的行业门类齐全，但投资相对集中于第三产业(占 75.0%)；

③ 地区分布不平衡，亚洲和拉丁美洲占到存量的八成；

④ 发展中经济体占比(82.5%)较大，发达国家占比(15.3%)略有提高(同比提升 1.1%)；

⑤ 投资的国家(地区)比较集中，对亚洲投资集中在中国香港，对发达经济体投资集中在欧盟，对转型经济体投资集中在俄罗斯；

⑥ 国有企业占比(53.6%)继续下降，非国有企业占比(46.4%)逐年上升；

⑦ 地方存量规模不断扩大，广东(494.8 亿美元)、北京(284.9 亿美元)、上海(254.8 亿美元)位列前三。

3.2.2 中国企业对外直接投资的地区与行业分布

(1) 投资的境外企业覆盖全球近八成国家和地区

截至 2014 年年底，中国已有 1.85 万家投资者，在全球 186 个国家(地区)，投资境外企业将近 2.97 万家，具体覆盖情况见表 3-3 和图 3-2。

表 3-3　2014 年年末中国对外直接投资企业在全球的地区分布

地　区	2014 年年末国家（地区）总数（个）	中国投资境外企业覆盖的国家（地区）数量（个）	投资覆盖率
亚洲	48	46	95.8%
欧洲	49	42	85.7%
非洲	60	52	86.7%
北美洲	4	3	75.0%
拉丁美洲	48	31	64.6%
大洋洲	24	12	50.0%
合　计	233	186	79.8%

数据来源：根据国家商务部、国家统计局以及国家外汇管理局发布《2014 年度中国对外直接投资统计公报》中相关数据整理得到.

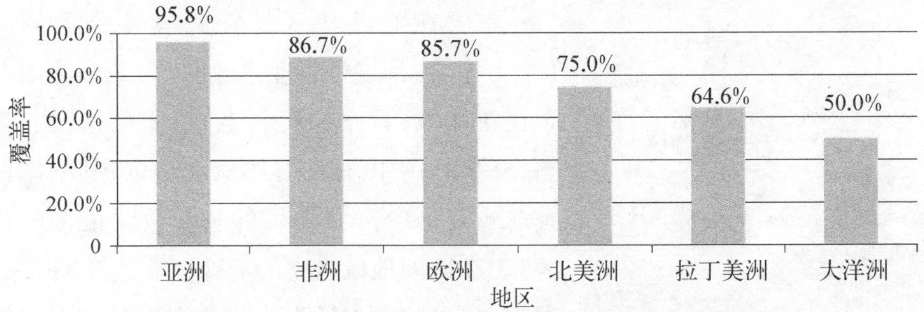

图 3-2　2014 年末中国境外企业在全球各地区覆盖率

如表 3-3 和图 3-2 所示，中国投资境外企业在全球各地区覆盖率接近 80%，其中，亚洲地区的境外企业覆盖率最高，达到 95.8%；非洲其次，为 86.7%；欧洲也达到 85.7%。说明亚洲是中国投资境外企业发展较为成熟的地区，非洲和欧洲是中国投资境外企业发展的重点地区。北美洲的覆盖率为 75.0%，但实际上中国投资境外企业在北美洲没有涉及的国家只有格陵兰 1 个。

2. 境外投资区域主要集中在亚洲以及发展中国家

从中国在全球各地区设立的境外企业数量来看，中国境外投资区域主要集中在亚洲地区，具体见图 3-3 和表 3-4。

表 3-4　中国投资境外企业地区构成情况

地　　区	境外企业数量(个)	比　　重
亚洲	16 955	57.1%
北美洲	3 765	12.7%
欧洲	3 330	11.2%
非洲	3 152	10.6%
拉丁美洲	1 578	5.3%
大洋洲	919	3.1%
合　计	29 699	100.0%

数据来源：根据国家商务部、国家统计局和国家外汇管理局联合发布的《2014 年度中国对外直接投资统计公报》整理得到.

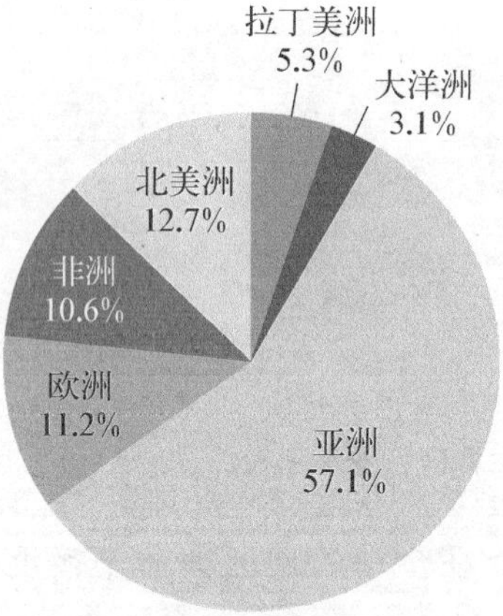

图 3-3　中国投资境外企业地理分布图

中国在亚洲地区投资的境外企业约为 1.7 万家，占到境外企业总数的 57.1%，主要分布在新加坡、日本、越南、老挝、印尼、韩国、泰国、柬埔寨、中国香港等国家和地区，其中中国香港地区是中国设立境外企业数量最多的地区①。在欧洲地区设立的境外企业达 3 330 家，占 11.2%，中国对欧洲直接投资数量较多的国家主要有德国、法国、英国、俄罗斯、意大利等；中国在非洲投资的企业为 3 152 家，比重约为 10.6%，中国对非洲投资数量较多的国家主要有埃及、赞比亚、尼日利亚、坦桑尼亚等；在北美洲地区设立的境外企业数量为 3 765 家，占 12.7%，主要分布在美国、加拿大。事实上，尽管中国内地企业在北美洲设立的境外企业远少于亚洲，但其在美国设立的境外企业数量仅次于中国香港。

① 中华人民共和国商务部，中华人民共和国国家统计局，国家外汇管理局. 2014 年度中国对外直接投资统计公报，2015.

中国在拉丁美洲投资的企业为 1 500 多家，比重约为 5.3%，中国在拉丁美洲投资数量较多的国家和地区有委内瑞拉、巴西、秘鲁、阿根廷、开曼群岛、英属维尔京群岛等。中国在大洋洲地区设立的境外企业大约为 900 家，比重约为 3.1%，中国在大洋洲投资数量较多的国家和地区主要有澳大利亚、新西兰、斐济等。

中国对外直接投资流向发展中国家和地区的比例要大于流向发达国家和地区。具体如表 3-5、图 3-4 和图 3-5 所示。

从表 3-5、图 3-4 和图 3-5 中可看出，2003—2006 年中国企业对外直接投资流量约 90%流向亚洲和拉丁美洲。2007 年后流向拉丁美洲的直接投资大幅度下降，但对亚洲的直接投资流量相对大幅上升。欧洲债务危机之后，由于资产价格下降，中国企业加快了对欧洲等发达经济体的直接投资，投资流量大幅度增加，但对发展中国家和地区的直接投资流量仍达到 80%以上。对欧洲、北美洲、大洋洲、非洲等地区的直接投资流量虽有小幅变化，但基本处于平稳发展的态势。

中国企业对外直接投资流量的地区分布具有以下特点：

① 对发达国家和地区的投资基本稳定，但对美国的投资快速增长；

② 对英属维尔京群岛以及开曼群岛的投资大幅下降；

③ 对亚洲和北美洲地区的投资高速增长，对其他地区的投资下降；

④ 地方的对外投资实现十连增，所占比例较上一年提高约一成；

⑤ 国有企业的投资占比不到 50%。

(3) 行业分布广，批发和零售业、租赁和商务服务业占五成

中国对外直接投资行业分布门类齐全，但投资相对集中。截至 2014 年年末，中国企业对外直接投资涉及的行业几乎涵盖了所有类别，采矿业、金融业、租赁和商务服务业以及批发和零售业 4 个行业存量超过了 1 000 亿美元，累计投资存量 6 867.8 亿美元，占中国对外直接投资存量的 77.8%。具体如表 3-6 所示。

从表 3-6 可看出，2003—2014 年，中国企业对外直接投资在第三产业的投资比重不断增加，第一产业所占比重趋于平稳，第二产业逐年下降。

表 3-5　2003—2014 年中国企业对外直接投资流量地区分布

地　区	2003	2004	2005	2006	2007	2008	2009	2010	2011	2012	2013	2014
欧洲	5.3%	3.1%	4.2%	3.4%	5.8%	1.6%	5.9%	9.8%	11.1%	8.0%	5.5%	8.8%
北美洲	2.0%	2.3%	2.6%	1.5%	4.3%	0.6%	2.7%	3.8%	3.3%	5.6%	4.5%	7.5%
大洋洲	1.1%	2.2%	1.7%	0.8%	2.9%	3.5%	4.5%	2.8%	4.4%	2.7%	3.4%	3.5%
亚洲	52.5%	54.6%	35.6%	43.4%	62.6%	77.9%	71.4%	65.2%	60.9%	73.8%	70.1%	69.0%
拉丁美洲	36.5%	32.0%	52.6%	48.0%	18.5%	6.6%	13.0%	15.3%	16.0%	7.0%	13.3%	8.6%
非洲	2.6%	5.8%	3.3%	2.9%	5.9%	9.8%	2.5%	3.1%	4.3%	2.9%	3.2%	2.6%
合　计	100%	100%	100%	100%	100%	100%	100%	100%	100%	100%	100%	100%

数据来源：根据 2004—2015 年度《中国对外直接投资统计公报》整理得到.

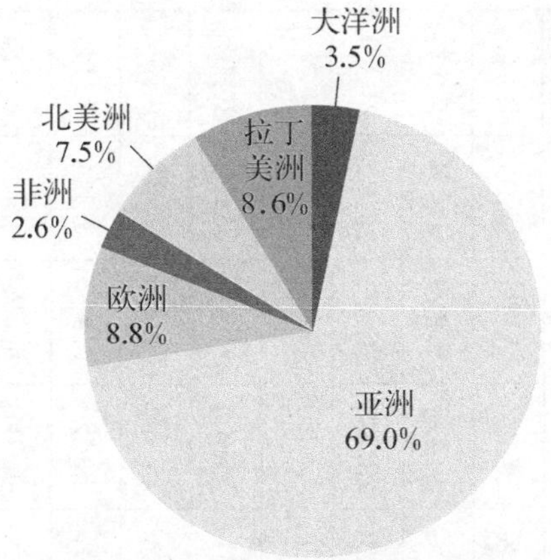

图 3-4 2014 年中国企业对外直接投资流量地区分布

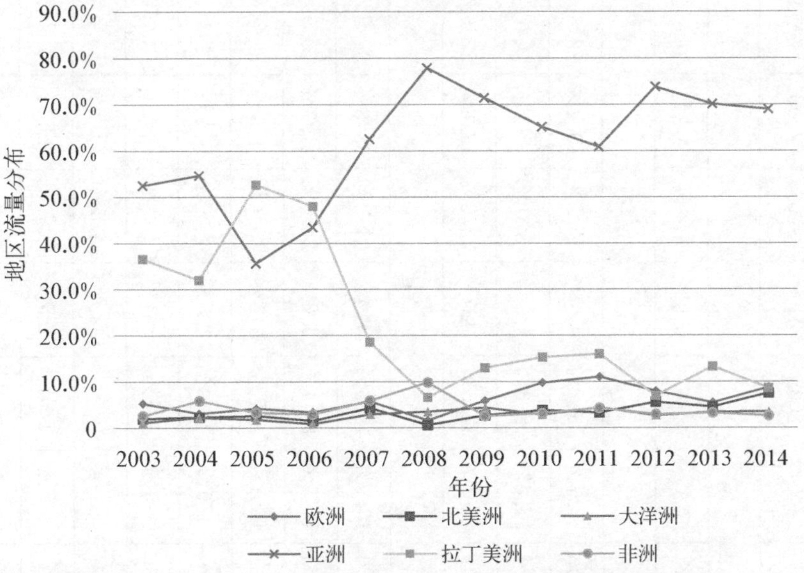

图 3-5 2003—2014 年中国企业对外直接投资地区流量分布趋势

数据来源：根据商务部、国家统计局、国家外汇管理局发布的历年《中国对外直接投资统计公报》整理所得.

2014 年，中国境外企业累计达 29 699 家，境外企业数超过 5 000 家的行业为批发和零售业、制造业，分别占境外企业总数的 29.5%和 20.6%，从图 3-6 中可以看出，租赁和商务服务业占 13.1%，建筑与房地产业占 9.2%，采矿业的比重为 5.0%，信息技术服务业的比重为 2.9%。由此可以发现，中国企业的对外直

表 3-6　2003—2014 年中国企业对外直接投资存量行业分布表

产　业	2003	2004	2005	2006	2007	2008	2009	2010	2011	2012	2013	2014
第一产业												
农林牧渔业	3.0%	5.3%	—	0.9%	1.0%	0.3%	0.6%	0.8%	1.1%	1.7%	1.7%	1.7%
第二产业												
采矿业	48.0%	32.7%	13.7%	40.4%	15.3%	10.4%	23.6%	8.3%	19.4%	15.0%	23.0%	13.4%
制造业	21.0%	13.8%	18.6%	4.3%	8.0%	3.2%	4.0%	6.8%	9.4%	9.9%	6.7%	7.8%
小计	69.0%	46.5%	32.3%	44.7%	23.3%	13.6%	27.6%	15.1%	28.8%	24.9%	29.7%	21.2%
第三产业												
租赁和商务服务业	10.0%	13.6%	40.3%	21.4%	21.2%	38.8%	36.2%	44.0%	34.3%	30.1%	25.1%	29.9%
批发和零售业	13.0%	14.5%	18.4%	5.2%	24.9%	11.7%	10.9%	9.8%	13.8%	14.9%	13.6%	14.9%
交通运输/仓储业	3.0%	15.1%	4.7%	6.5%	15.4%	4.8%	3.7%	8.2%	3.4%	3.4%	3.1%	3.4%
建筑与房地产业	1.0%	1.0%	1.6%	1.8%	4.6%	1.9%	2.3%	4.7%	4.9%	6.0%	7.7%	8.1%
科学研究/技术和勘探	—	0.3%	1.1%	1.3%	1.9%	0.3%	1.4%	1.5%	0.9%	1.7%	1.7%	1.4%
金融业	—	—	—	16.7%	4.4%	25.1%	15.5%	12.5%	8.1%	11.5%	14.0%	12.9%
其他服务业	1.0%	3.7%	1.6%	1.5%	3.3%	3.5%	1.8%	3.4%	4.7%	5.8%	1.0%	1.3%
小计	28.0%	48.2%	67.7%	54.4%	75.7%	86.1%	71.8%	84.1%	70.1%	73.4%	66.2%	71.9%

资料来源：根据历年《中国对外直接投资统计公报》发布的数据整理所得.

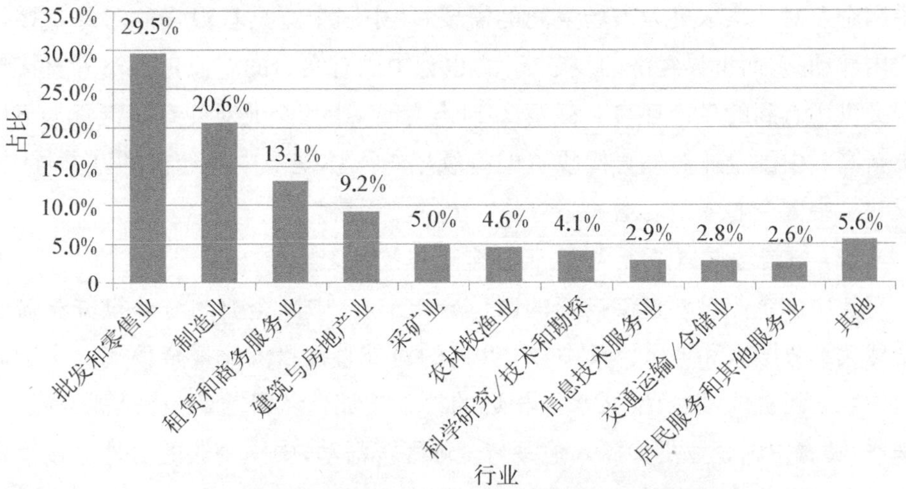

图 3-6　2014 年中国境外投资企业数量行业分布情况

接投资相对集中于批发和零售业、制造业、租赁和商务服务业等。

因此，中国企业对外直接投资的产业和技术选择基本符合“边际产业转移理论”(Kjyoshi Kojima，1978)和“小规模技术理论”(Louis R. Well，1983)，即利用发展中国家的相对竞争优势参与国际竞争。该相对优势主要体现在三个方面：具有小规模生产和制造技术以满足小市场需要，在民族产品海外生产中具有特殊的产品优势；具有低价产品营销策略优势；利用东道国的低成本劳动力，获得廉价原材料和中间产品，发挥母国和东道国的比较优势。

3.2.3　中国企业对外直接投资的发展趋势

为了适应经济全球化的发展趋势，实现本国经济长期稳定发展，完成产业结构优化与产业升级，增强本国企业全球资源配置与全球市场控制能力，自 21 世纪初开始，中国政府迅速从以前的限制企业对外直接投资转变为积极鼓励和支持企业开展对外直接投资活动，并逐步建立了投资东道国市场信息、投资保障以及人才培训服务体系以满足所有对外投资企业的需求。未来中国企业对外直接投资的发展趋势主要表现为以下五个方面。

(1) 投资的总体规模将继续扩大

中国目前所处的经济发展阶段以及中国自身的要素资源禀赋状况，加上中国企业对外谋求更大市场空间的需要，使中国企业具有很强的对外直接投资内部动力，而世界经济的复苏乏力，也为中国有实力的企业扩大对外直接投资提供了有利的外部环境。截至2014年年底，中国企业对外直接投资创下历史新高。中国企业对外直接投资的持续增长既体现了中外经济的互补性，也反映了中国企业强劲的增长态势与巨大的发展潜力。

(2) 投资地域以亚洲为主，但在全球呈扩张之势

从中国企业对外直接投资的区位分布来看，中国企业的海外投资覆盖了全球大部分国家和地区。其中，约90%的对外直接投资流量金额流向中国周边国家或经济体，以及发展水平相近的拉丁美洲。从目前的投资现状和趋势来看，随着中国企业更加深入地参与全球经济活动，中国企业的对外直接投资将在全球进一步扩张，但投资地域仍以亚洲为主。

(3) 投资行业将进一步拓展，资本密集型产业投资比重将稳步上升

中国部分产业目前正在努力实现产业升级，一方面，中国企业将向国外技术更先进的发达国家和地区寻找转型升级机会；另一方面，同时将劳动密集型和资源密集型产业转移至海外欠发达地区和资源丰富地区，而且这种趋势将越来越明显。至此，中国企业的对外直接投资从资源类行业扩展到了资本密集型或国内具有相对竞争优势的产业。

无论是存量还是流量，在投资产业分布上，中国企业境外投资有一半左右集中在租赁和商务服务业、批发和零售业、金融业等，其中租赁和商务服务业占比最大，体现出行业分布广、投资较为集中的特点。随着发达国家放松市场准入条件，预计未来10年，在对发达国家的直接投资中，先进制造业和现代服务业所占的比重将出现明显提升。

(4) 投资模式多样化趋势继续增强

以往中国企业对外直接投资的投资主体和领域都比较单一，主要以资源类行业为主，随着中国企业对非洲国家投资的不断深入，投资的模式也在不断扩展。伴随着中国企业在发达国家以及技术密集型产业投资力度的加大，通过股权并购实现跨国经营成为企业选择的重要模式，而绿地投资也因为这种模式有利于中国企业在国外实现本土化经营，成为许多中国制造企业对外直接投资选择的方式。由此可见，投资模式将随着投资地域和行业的不断拓展

而出现多样化的趋势。

(5) 投资主体多元化

随着民营企业的实力与数量不断增长,对外直接投资的主体由过去的“一枝独秀”发展为现在的“百花齐放”。以前国有企业是对外直接投资的主力军,但现在投资主体呈现多元化趋势。来自中国商务部的数据表明,截至2014年年末,中国对外直接投资者达到了1.85万家,有限责任公司占比67.2%,是中国对外直接投资最为活跃的群体。国有企业和集体企业仅分别占比6.7%和0.5%,其他境内投资者包括私营企业所占比重为8.2%,股份合作企业所占比重为2.5%,股份有限公司所占比重为6.7%,外资企业所占比重为2.6%,港澳台投资企业占比1.8%和个体经营占比0.9%等,投资主体多元化趋势越来越明显。

3.3　中国企业对典型经济体投资概览

改革开放四十多年来,中国已成为世界上第二大和发展中国家第一大外商直接投资东道国,中国所吸收与利用的外资不断快速增长。与此同时,中国的对外直接投资也在快速增长,并屡创历史新高。截至2014年年末,欧盟和东盟是除中国香港以外,吸引中国直接投资流量和存量最高的经济体。特别是2008年美国金融危机爆发以来,中国对欧盟的直接投资出现了“爆发式”增长,“蛇吞象”式的逆向并购时有发生①。东盟作为中国近邻,双方一直保持着政治经济的友好往来。2002年,中国与东盟十国共同签署了《中国-东盟全面经济合作框架协议》,此后中国对东盟的直接投资呈快速发展,尤其是在2013年习近平总书记提出“一带一路”倡议后,东盟成为中国“21世纪海上丝绸之路”的重要合作对象,中国更是加快了在东盟国家的直接投资增长速度。非洲在中国对外直接投资布局中占有特殊地位。这种特殊性主要体现在早期阶段中国对非洲投资的援助性,以及21世纪以来的政治经济多边合作机制使得非

① 李金珊,张默含.中国对发达国家直接投资动因与障碍分析:以比利时为例[J].财贸经济,2011(2):95-101.

洲成为中国对外直接投资的重要区域。

因此，本书以东盟、欧盟和非洲为例，以历年的《世界投资报告》《中国对外直接投资统计公报》等官方数据为基础，对中国企业分别在东盟、欧盟和非洲的直接投资的现状、分布情况、投资特点进行了分析，并在此基础上对中国企业未来直接投资发展趋势做出预测。

3.3.1 中国企业对东盟投资

由于历史、地缘、文化等因素，中国与东盟国家有着近 2 000 年的双边贸易传统。1949 年至 20 世纪 80 年代中期，中国与东盟虽是近邻，但由于政治环境因素，双边经济贸易合作处于空白期。20 世纪 80 年代中期后，中国企业开始投资东盟，但投资规模受到两国投资环境限制。直到 2002 年《中国-东盟全面经济合作框架协议》之后，中国对东盟直接投资进入快速发展阶段，呈现出投资规模大、增速快等特点。2005—2014 年，短短 10 年间，中国对东盟对外直接投资存量翻了近 40 倍，东盟已经成为中国对外直接投资的第三大经济体。本书以历年《世界投资报告》《中国对外直接投资统计公报》及商务部等官方网站数据为基础，总结和分析了近年中国企业对东盟对外直接投资的分布与特点，并在此基础上指出中国企业对东盟对外直接投资的挑战与趋势。这有利于投资者了解东盟市场、明确投资方向、降低对外投资风险，为中国企业扩大对东盟投资提供参考，并进一步促进中国与东盟的经济合作。

(1) 中国企业对东盟直接投资的分布

商务部、国家统计局、国家外汇管理局 2015 年 9 月发布的《2014 年度中国对外直接投资统计公报》发布的数据显示，截至 2014 年年末，中国企业在东盟国家设立直接投资企业 3 300 多家，雇佣当地员工 15.95 万人，对外直接投资存量达 476.33 亿美元，占中国对外直接投资存量总额 8 826.4 亿美元的 5.4%，占亚洲地区投资存量的 7.9%，仅次于中国香港、开曼群岛和英属维尔京群岛、欧盟。

① 中国企业对东盟直接投资存流量状况。中国企业对东盟直接投资存量快速增长，但比重增速放缓。联合国贸易和发展会议 2015 年公布的数据显

示，2014年的对外直接投资中，发展中经济体领跑全球。其中，中国对外直接投资流量连续突破千亿，蝉联全球第三。自2003年以来，中国对东盟直接投资增长迅速。相比2005年，2014年中国对东盟对外直接投资存量翻了近38倍。2014年年末，中国对东盟对外直接投资存量达476.3亿美元，同比增长33.5%，与同期中国对外直接投资存量增速(33.6%)基本持平，增速位居中国企业主要投资地区前列(表3-7、图3-7、图3-8)。

表3-7　2005—2014年我国对东盟对外直接投资存流量情况　单位：亿美元

年份		2005	2006	2007	2008	2009	2010	2011	2012	2013	2014
存量	金额	12.6	17.6	39.5	64.9	95.7	143.5	214.6	282.4	356.7	476.3
	占比	2.2%	1.9%	3.4%	3.5%	3.9%	4.5%	5.1%	5.3%	5.4%	5.4%
流量	金额	1.6	3.4	9.7	24.8	27.0	44.0	59.1	61.0	72.7	78.1
	占比	1.3%	1.6%	3.7%	4.4%	4.8%	6.4%	7.9%	6.9%	6.7%	6.3%
中国对外直接投资存量		572.0	906.3	1 179.1	1 839.7	2 457.5	3 172.1	4 247.8	5 319.4	6 604.8	8 826.4
中国对外直接投资流量		122.7	211.6	265.1	559.1	565.3	688.1	746.5	878.0	1 078.4	1 231.2

数据来源：根据商务部、国家统计局、国家外汇管理局发布的2006—2015年度《中国对外直接投资统计公报》整理所得.

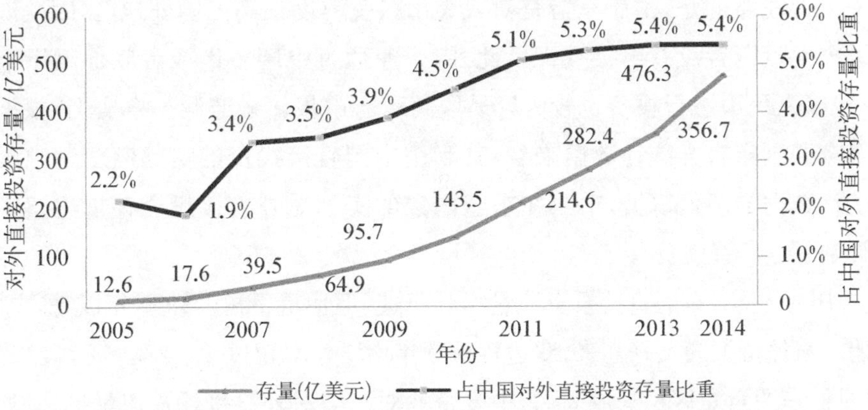

图3-7　2005—2014年中国企业对东盟对外直接投资存量状况

数据来源：根据商务部、国家统计局、国家外汇管理局发布的2006—2015年度《中国对外直接投资统计公报》整理所得.

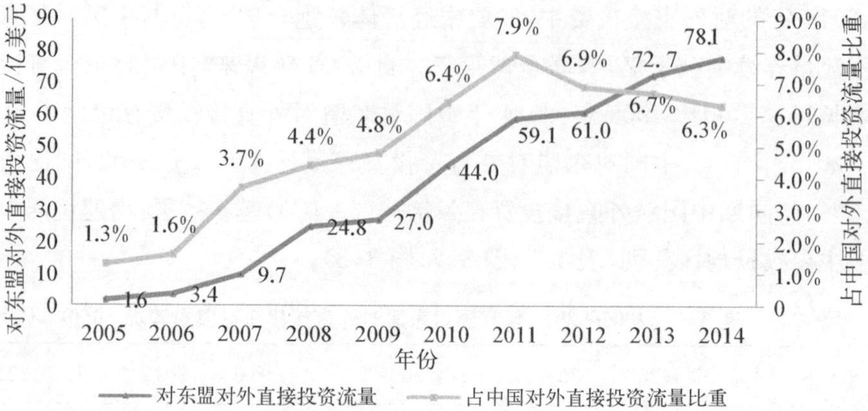

图 3-8　2005—2014 年中国企业对东盟对外直接投资流量状况

数据来源：根据商务部、国家统计局、国家外汇管理局发布的 2006—2015 年度《中国对外直接投资统计公报》。

如图 3-7 所示，2005—2014 年年末，中国企业对东盟对外直接投资存量从 12.6 亿美元增加到 476.3 亿美元，10 年内增长 37 倍多。尤其在 2010 年中国-东盟自贸区正式成立后，中国企业对东盟对外直接投资迅猛增长，2010 年年末对外直接投资存量同比增长 49.9%，至 2014 年年末仍然保持高位增长，同比涨幅达 33.5%。但同时可以看出，东盟占中国对外直接投资存量比重的增速在近三年有所放缓。

值得注意的是，由于东盟是对人民币接受程度最高的国外地区，因此许多中国内地投资者没有申报登记。此外，企业通过中国香港或者其他离岸金融中心，以人民币进行投资也较为容易脱离政府申报体系监测。事实上，根据越南等东盟国家官方统计数据来看，其利用中国直接投资的实际额度是中国官方统计数据的两倍以上，中国在东盟国家的实际对外直接投资存量远超官方统计数据。

中国企业对东盟直接投资流量增长迅速，但比重下滑。1990 年以来，中国-东盟一直保持贸易友好往来，双边贸易额年均增长率超过 20.0%。尤其在 2010 年中国-东盟自贸区正式成立后，中国企业对东盟对外直接投资流量迅速增长，2010 年对外直接投资流量同比涨幅竟达 63.3%。截至 2014 年年底，中国对东盟对外直接投资流量达 78.1 亿美元，同比增长 7.5%，占流量总额的 6.3%。

如图3-8所示，2005—2014年年末，中国企业对东盟对外直接投资流量从1.6亿美元增加到78.1亿美元，10年内增长47倍。从趋势来看，中国企业对东盟对外直接投资流量占比（占中国对外直接投资流量总额比重）逐年稳步上升，直到2012年开始出现下滑，并且2014年继续下滑。其主要原因是中国内地加大了对中国香港、欧盟、开曼群岛、美国和澳大利亚等地的投资，但2013—2014年下滑趋势明显放缓。总的来说，东盟在我国企业对外经济合作的地位与日俱增，中国企业对东盟直接投资趋势在不断加强。

② 中国企业对东盟地区直接投资的地区分布。自2000年以来，东盟国家一直都是中国名列前茅的贸易伙伴，中国对东盟的贸易增速比中国对外贸易整体增速要高。因此，近年来东盟在中国贸易伙伴排行榜上的名次不断提升。

a. 流量分布：新加坡趋稳，印尼高位增长，老挝跃居第三。

从表3-8和图3-9可以看出，中国企业在东盟的对外直接投资国别分布情况随时间而变化，形成以新加坡为主，印度尼西亚、老挝、泰国、马来西亚、柬埔寨均衡分布的格局，六国共占中国企业在东盟对外直接投资存量的88.51%。

表3-8　2006—2014年中国企业对东盟对外直接投资流量各国分布

国家	2006	2007	2008	2009	2010	2011	2012	2013	2014
新加坡	39.36%	41.12%	62.44%	52.41%	25.40%	55.36%	24.90%	27.98%	36.03%
印度尼西亚	16.96%	10.23%	7.00%	8.38%	4.60%	10.03%	22.30%	21.51%	16.29%
老挝	14.31%	15.91%	3.50%	7.52%	7.13%	7.77%	13.26%	10.75%	13.15%
泰国	4.72%	7.90%	1.80%	1.85%	15.89%	3.90%	7.85%	10.39%	10.75%
马来西亚	2.24%	—	1.38%	2.00%	3.72%	1.61%	3.26%	8.48%	6.68%
柬埔寨	2.92%	6.60%	8.25%	8.00%	10.60%	9.60%	9.20%	6.87%	5.61%
缅甸	3.76%	9.50%	9.38%	13.97%	19.89%	3.70%	12.28%	6.54%	4.40%
越南	12.96%	11.47%	4.83%	4.15%	6.92%	3.20%	5.74%	6.62%	4.26%
菲律宾	2.77%	0.52%	1.36%	1.48%	5.50%	4.50%	1.23%	0.74%	2.88%
文莱	—	0.10%	0.08%	0.20%	0.39%	0.34%	0.02%	0.11%	−0.04%

数据来源：根据商务部、国家统计局、国家外汇管理局发布的历年《中国对外直接投资统计公报》整理所得.

2006—2009年,中国在东盟对外直接投资流量很大一部分集中在新加坡,其次是缅甸、印度尼西亚、柬埔寨、老挝、越南。但从2010年开始,中国企业对各国对外直接投资流量出现较大波动,缅甸、泰国分别以19.88%、15.89%占比紧随新加坡之后。而中国企业对新加坡的对外直接投资流量占比在经过2011年反弹后,逐渐趋于稳定。至2014年年末,印度尼西亚以12.72亿美元、占比16.29%的差距居于新加坡之后,老挝和泰国近两年以迅速的增长态势跃居第三、四位。

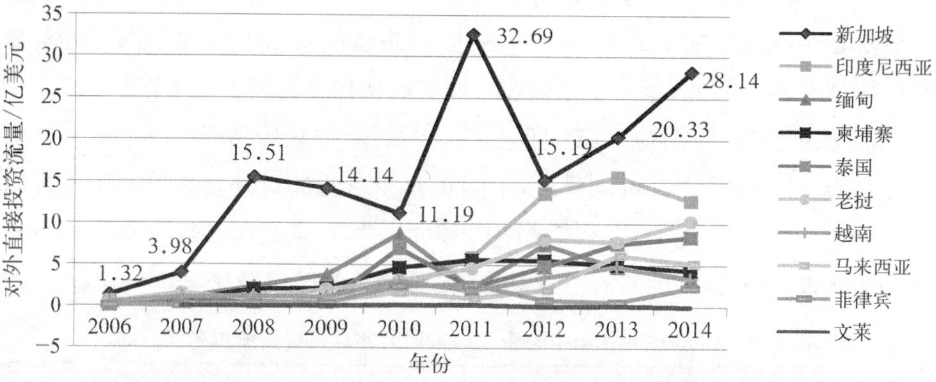

图3-9　2006—2014年中国企业对东盟十国对外直接投资流量变化

数据来源:根据商务部、国家统计局、国家外汇管理局发布的2007—2015年度《中国对外直接投资统计公报》.

如图3-9所示,2011—2014年,中国企业在以新加坡为主的同时,加大了对东盟其他国家投资,其中对印度尼西亚的对外直接投资流量增长最为迅速,在2011年就超越了缅甸、柬埔寨、泰国等跃居第二位,并一直保持快速增长态势,直到2014年增速才有所减缓。值得注意的是,老挝在近10年是对外直接投资增长最为稳定的国家,2012—2014年中国企业对老挝的对外直接投资流量稳居第三。

b. 存量分布:新加坡稳居第一,老挝超泰国。

截至2014年,中国企业对东盟十国对外直接投资存量分布主要集中在新加坡(43.33%)、印度尼西亚(14.26%)、缅甸(8.24%)、老挝(9.43%)等国,其次是柬埔寨(6.76%)、泰国(6.47%)、越南(6.02%),对马来西亚(3.75%)、菲律宾(1.60%)的对外直接投资存量相对较少，而文莱的对外直接投资存量最少，并且在2014年出现了存量下降，只占中国企业对东盟投资存量的0.15%，见图3-10、图3-11。

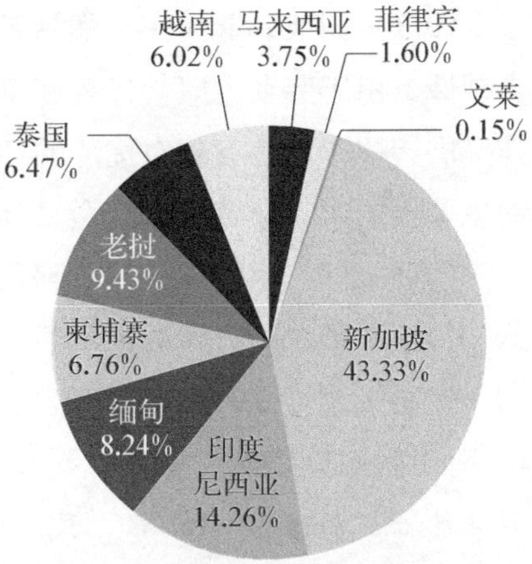

图3-10　2014年中国企业对东盟十国对外直接投资存量分布比重

新加坡作为亚洲金融中心、航运中心和贸易中心，投资环境较好，是中国企业资本密集型投资和技术密集型投资的首选。在东盟十国中，中国企业对新加坡对外直接投资存量和流量一直位居第一，尤其是2011年，中国企业对新加坡对外直接投资流量达32.69亿美元，占当年中国企业对东盟对外直接投资流量的55.4%，不论是投资流量还是所占比重都创下历史新高。直到2012—2013年中国企业对新加坡对外直接投资增幅有所减缓，但2014年又加快了投资增速，当年流量涨幅高达38.4%，存量涨幅高达39.9%。截至2014年年末，中国企业对新加坡对外直接投资存量仍然稳居第一位，新加坡仍然是中国在东盟开展直接投资的重点国家。

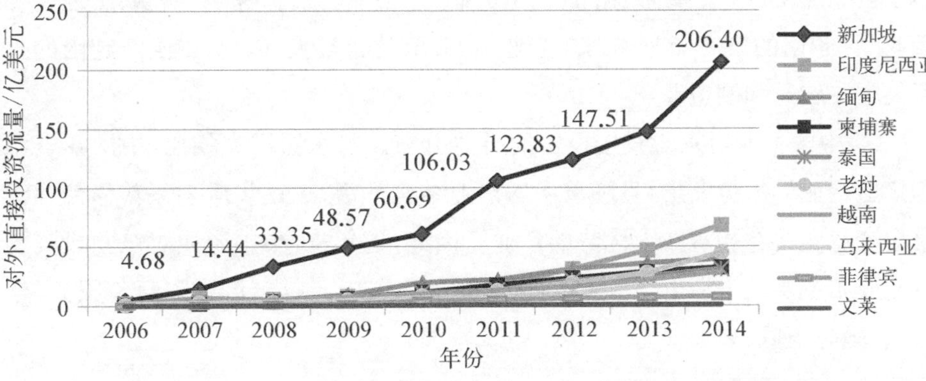

图3-11　2006—2014年中国企业对东盟十国对外直接投资存量变化

数据来源：根据商务部、国家统计局、国家外汇管理局发布的2007—2015年度《中国对外直接投资统计公报》统计所得.

印度尼西亚和菲律宾自然资源丰富，石油和天然气是中国企业的主要投资领域。由于劳动力廉价优势和市场潜力，中国企业开始向印度尼西亚、菲律宾等国转移国内具有相对优势的产业，投资规模不断扩大。在菲律宾，中国企业主要投资于农业、纺织、冶金、机电加工、建筑等领域。

缅甸、老挝、柬埔寨等属于典型的农业国家，农业资源丰富，经济发展水平低，因此，中国企业对其的投资以农业、原材料及相关产业为主。中国企业在缅甸的直接投资以石油、天然气为主，涉及木材、农业开发和水产品开发等领域；对老挝的直接投资以农业开发、电器组装为主；在柬埔寨的投资主要涉及森林开采及木材加工、制衣、纺织、电力、建筑材料、工程承包和农业开发等领域。值得注意的是，近两年对老挝对外直接投资增长较快，2013 年在老挝的对外直接投资存量甚至已经超过泰国，排名第五。

马来西亚和泰国的经济发展阶段和中国相近，产业互补性与竞争性较强，因此对马来西亚和泰国的投资领域较广泛。尤其是马来西亚长期与中国保持良好的经贸往来，根据中国海关统计，2014 年中国和马来西亚贸易总额达 1 020.2 亿美元，连续两年突破千亿美元，中国已经连续 7 年成为马来西亚在东盟国家中最大的贸易伙伴，而马来西亚也是中国第六大贸易伙伴国，仅次于美国、日本、韩国、德国和澳大利亚①。中国企业在马来西亚的投资主要集中在服务贸易业、资源开发业、制造业、信息产业和农业等行业；对泰国的投资则分布于食品加工、纺织、橡胶制品、化工品制造、酒店、银行、保险、餐饮、房地产等行业②。越南的第一产业和第二产业占 GDP 比重较大，因此，中国对越南的投资集中在农业和制造业。

③ 中国企业对东盟直接投资的行业分布。与东盟国家相比，中国在资源密集型行业的劣势突出，且随着中国产业结构升级，正逐步向东盟转移劳动密集型产业和具有相对技术优势的产业。因此，近年来，中国企业对东盟投资的行业分布主要集中在电力生产、采矿、批发和零售、制造、租赁和商务服务、建筑、金融等领域（表 3-9）。

---

① 中华人民共和国驻马来西亚大使馆. http://www.fmprc.gov.cn/ce/cemy/chn/sgxw/t1230098.htm,2015-1-21.

② 郑磊. 中国对东盟直接投资研究[D]. 大连：东北财经大学博士学位论文，2011.

表 3-9　2008—2014 年我国对东盟对外直接投资流量主要行业分布

单位：亿美元

行　业	2008	2009	2010	2011	2012	2013	2014
制造业	2.37	2.75	4.86	5.69	9.88	11.9	15.22
租赁和商务服务业	1.61	1.52	1.56	5.67	4.40	6.21	12.39
批发和零售业	0.92	9.10	1.71	7.53	6.83	12.34	11.18
建筑业	1.63	1.82	3.46	4.43	6.01	6.98	7.97
农林牧渔业	0.42	1.10	1.68	1.91	3.00	5.43	7.83
采矿业	2.42	4.66	8.98	4.46	17.14	12.34	6.74
金融业	0.41	1.42	10.79	6.20	0.94	5.42	6.73
电力、热力、燃气及水的生产和供应业	11.76	3.49	7.91	10.06	10.82	8.22	6.46
交通运输、仓储和邮政业	2.80	0.61	0.82	10.88	0.93	1.46	1.11

数据来源：根据商务部、国家统计局、国家外汇管理局发布的历年《中国对外直接投资统计公报》整理所得.

2011 年以前，从我国对东盟对外直接投资流量主要行业分布来看(表 3-9)，对电力、热力、燃气及水的生产和供应业的投资相对保持较高位增长。但 2011—2014 年，对外直接投资流量增长最快的分别是农林牧渔业、制造业、租赁和商务服务业，涨幅分别达 312.1%、167.5%、118.5%，批发和零售业和建筑业也有较大幅度增长。但交通运输、仓储和邮政业在经历 2011 年投资高潮后，出现明显停滞。2014 年年末，中国对东盟直接投资排名前三的分别是制造业、租赁和商务服务业、批发和零售业。

从投资存量的行业分布来看(图 3-12)，截至 2014 年年末，中国企业对东盟对外直接投资行业分布中，电力、热力、燃气及水的生产和供应业占比 15.2%，比重虽下滑 1.7%，但仍然稳居第一。租赁与商务服务业以 14.4%的占比居于第二，较之 2013 年上涨 3.4%。采矿业、批发和零售业和制造业投资水平相当，分布以占比 12.7%、12.4%和 12.9%紧随其后，投资量同比有所上涨，但较 2013 年占比均有小幅度下滑，分别下滑 2.1%、1.0%和 0.2%。而金融业以12.3%的占比保持稳健增长，同比上浮4.4%，是2014年度投资存量同比涨幅最大的行业。2014年投资比重下滑最严重的是交通运输、仓储和邮政业，2013年同比下降3.5%，2014年趋于稳定（占比3.1%）。

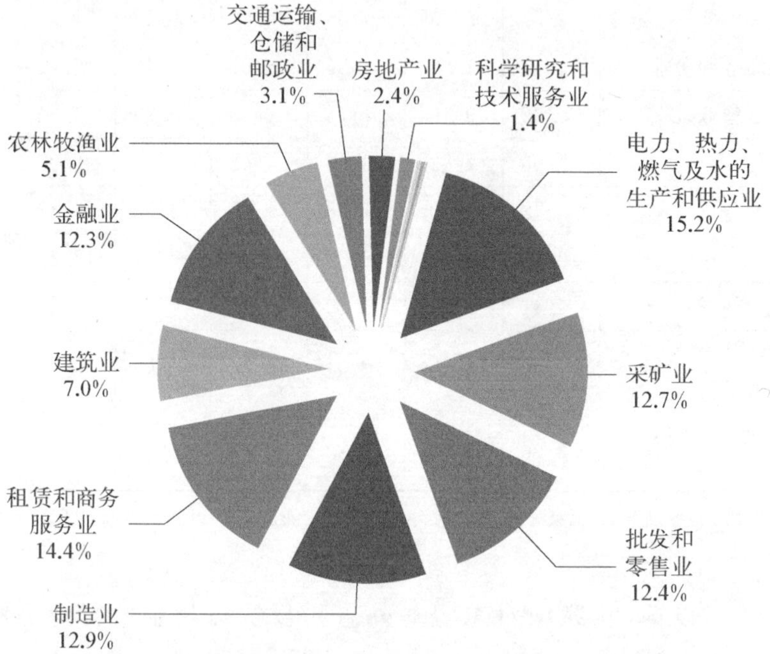

图3-12　2014年中国企业对东盟直接投资存量行业分布

数据来源：根据商务部、国家统计局、国家外汇管理局发布的《2015年度中国对外直接投资统计公报》整理所得.

制造业是中国对东盟投资涉及国家最广泛的行业，而且由于国内产业转移和利用东盟市场潜力、劳动力优势等资源，2014年中国企业明显加大了对制造业的投资。制造业是吸引中国企业投资流量最高的行业，并且投资存量跃居第三位。

(2) 中国企业对东盟直接投资的特点

自2002年中国与东盟达成合作意向后，十多年来，中国企业对东盟直接投资迅速发展。中国与东盟文化相通，交往密切，经济互补性强，使得中国企业对东盟投资不同于对发达国家技术寻求型为主的投资，也不同于对非洲地区资源寻求型为主的投资。中国企业对东盟的投资主要呈现出以下特点。

① 比重不大，但范围广、增速快。截至2014年年底，在中国企业对外直接投资地区构成中，以亚洲、拉丁美洲和欧洲为主，其中对亚洲投资存量占比过半，达到68.1%。虽然中国企业对东盟对外直接投资所占比重很小(仅5.4%)，但投资覆盖率达到100%，且增长迅速。

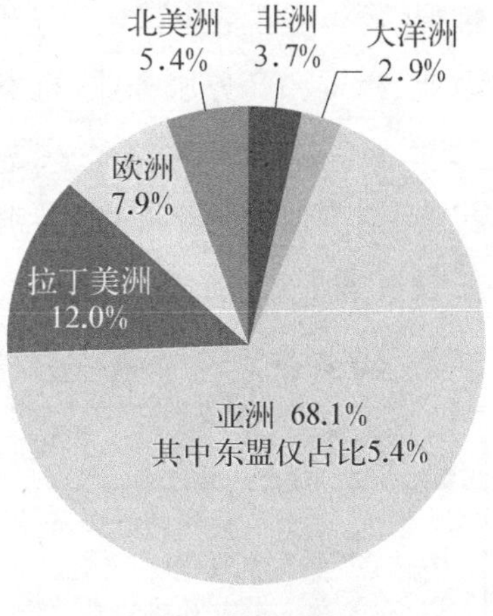

图3-13　2014年中国企业对外直接投资存量地区分布情况

数据来源：根据商务部、国家统计局、国家外汇管理局发布的《2015年度中国对外直接投资统计公报》整理所得.

如图3-13所示，截至2014年年底，中国企业对东盟对外直接投资存量为476.33亿美元，占比5.4%，远低于亚洲其他地区的68.1%，低于拉丁美洲的12.0%和欧洲的7.9%，但高于非洲的3.7%及大洋洲的2.9%。尽管比重不大，但2003—2014年，中国对东盟对外直接投资存量增长60多倍，2014年年末对外直接投资存量同比增长33.5%，增速居中国企业主要投资地区前列。

② 投资地区以东盟发达国家为主，其他资源丰富地区均衡分布。中国企业对东盟对外直接投资的地域相对集中，主要分布在新加坡(存量占43.33%)，印度尼西亚、缅甸、柬埔寨、老挝、泰国等国均衡分布。这些地区呈现以下特点：

一是新加坡经济发达，技术较先进。新加坡作为亚洲金融中心、航运中心和贸易中心，投资环境稳定，政策优惠，是中国企业资本密集型投资和技术密集型投资的首选。二是其他国家能源、矿产资源丰富。东盟其余各国有色金属、石油、天然气、水力资源、森林资源等储量丰富，农业资源也较丰富，其中橡胶和油棕产量居世界首位。三是投资行业以第二产业为主，体现出产业梯度转移特点。中国经济发展水平高于东盟大多数国家，与之相比，中国企业对东盟直接投资具有比较优势和竞争优势。目前中国企业对东盟直接投资分布广泛，但主要集中在电力生产、采矿、批发和零售等行业。

由表3-10“中国内地企业对世界主要经济体对外直接投资存量行业分布

情况”可以发现：中国内地企业对美国、欧盟、中国香港的投资行业集中在金融业、租赁和商务服务业、批发和零售业等第三产业，其中 2011—2014 年由于 2008 年金融危机，对这些发达经济体的金融业投资增长迅速。且由于次贷危机，美国房地产价格暴跌，导致中国企业在 2011—2014 年对美国房地产业直接投资翻了 27 倍。

表 3-10 中国内地企业对世界主要经济体对外直接投资存量行业分布情况

主要经济体	2014 年存量前三的行业	2011—2014 年增长前三的行业
中国香港	租赁和商务服务业 金融业 批发和零售业	租赁和商务服务业(↑150%) 采矿业(↑87%) 批发和零售业(↑79%)
欧盟	租赁和商务服务业 金融业 制造业	建筑业(↑983%) 批发和零售业(↑514%) 金融(↑512%)
美国	金融业 制造业 采矿业	房地产(↑2 715%) 采矿业(↑1 803%) 金融(↑911%)
东盟	电力、热力、燃气及水的生产和供应业 租赁和商务服务业 制造业	房地产(↑705%) 农林牧渔业(↑245%) 采矿业(↑154%)

数据来源：根据商务部、国家统计局、国家外汇管理局发布的 2012—2015 年度《中国对外直接投资统计公报》整理所得.

与之相比，中国企业对东盟的投资行业则主要集中在第二产业。东盟国家农业、能源、矿产资源丰富，与中国产业互补性较强，同时经济发展水平相对较低，劳动力价格低廉，因而吸引大批中国企业纷纷投资。且投资行业主要集中在中国具有比较优势的第一、二产业，体现中国企业资源寻求的动机，也表现出中国企业产业梯度转移的特点。

③ 投资方式多样化，经贸合作区模式成主流。中国企业对东盟高收入水平国家(如新加坡)直接投资属于技术寻求型投资；对东盟中等收入水平国家投资属于市场寻求型投资；对东盟低收入水平国家投资属于资源寻求型投资和贸易壁垒规避型投资。基于不同投资动机，所采取的投资方式也呈现出多样化特点。

a. 绿地投资型。这种投资方式主要体现在制造业与批发和零售业，这些行业具备规模技术、产品和人才等相对优势，通过绿地投资既可以利用当地原材料、劳动力、市场开发等资源，也可以促进当地技术、就业等经济发展，是中国企业、东道国政府共赢的投资方式。事实上，该投资方式投入成本高，风险大，所以很多中国企业都会采取不同程度与东道国当地企业合作经营的模式。

b. 跨国并购型。跨国并购通常是为了在高新技术行业中吸取国外先进技术经验，但中国企业对东盟的跨国并购，除了投资新加坡技术型行业是基于技术寻求型动机，对其他国家的跨国并购主要是为了在获得国外能源、矿产资源的同时，降低进入成本、政治风险和投资障碍。

c. 经贸合作区。2010年正式建立的中国-东盟自由贸易区，是世界上由发展中国家组成的最大的自由贸易区。随着自贸区合作的深入和优惠政策的不断开放，通过自贸区获得更快的投资增长和更大的规模经济效益成为中国企业的首选途径。

d. 技术投资BOT。在经济发展水平较低，技术较落后的东盟国家，技术投资BOT既可以帮助东道国经济建设和发展，又可以降低中国企业的进入壁垒。但这种投资方式主要适用于大型工程建设，投入成本高，面临风险大，通常基于国家战略考虑，具有政治背景的国有企业才具备雄厚的资本、技术能力和强大的抗风险能力。

e. 国有企业和知名企业是投资东盟市场的主力军，小企业正在加快投资东盟市场的步伐。在中国企业对东盟直接投资的投资主体中，国有企业和知名企业的投资占投资的五成以上，体现出国有企业或国有控股企业对外直接投资的规模优势。与此同时，伴随着产业边际优势和小规模技术优势的积累，中小企业纷纷加快进入东盟市场的步伐[①]。

(3) 中国企业对东盟直接投资的趋势

自20世纪90年代中期以来，世界经济发展呈现出两大主要趋势：一是经济全球化；二是区域经济一体化[②]。在这样谋和平、促合作、求发展的国际背景

① 张岩，王丽．中国对东盟国家直接投资的决定因素研究[J]．经济问题探索，2013(7)：163-171.

② 刘卉．中国-东盟自由贸易区的外商直接投资效应与中国的引资策略研究[M]．北京：经济科学出版社，2014.

下，中国与东盟建立了面向和平与繁荣的战略伙伴关系。自2002年中国-东盟自由贸易区成立到2010年正式建成发展至今，中国对东盟直接投资经历了从投资起步到稳步发展，再到快速增长三个阶段。到目前为止，中国与东盟经贸合作呈现出以下特点：区域经济一体化进程逐步深入，双方贸易规模迅速扩大，双向投资不断增加，经贸合作持续深化，合作成效显著等。

从长远来看，中国是世界上最大的发展中国家，东盟主要是由发展中国家组成的最成功的经济联盟，这两大经济体都是目前全球经济发展最活跃的地区之一。在资源禀赋和产业结构方面，两大经济体之间经济互补性大于竞争性，双边贸易和投资发展潜力巨大①；在地缘政治方面，推动中国企业对东盟直接投资，保持良好的政治经贸关系，既有利于我国经济长期稳定发展，强化经济强国地位，也有利于东盟国家借助中国庞大的市场，实现区域经济资源整合，从而积累经济、政治和外交资本。因此，结合中国企业对东盟对外直接投资现状与发展背景来看，中国企业对东盟对外直接投资未来发展潜力很大，具体表现在以下几个方面。

① 投资规模将继续增长，投资合作领域将继续扩大。尽管目前东盟和中国都不是对方投资的主要市场，但随着双方贸易合作和市场开放的深入，双边投资规模都处于持续增长的态势。在我国“走出去”战略中，东南亚国家是投资的重点区域，特别是周边的越南、老挝、柬埔寨和缅甸等东盟新成员国。随着双方自由贸易区协定谈判的正式启动和实施，双方经济合作将进入一个全面深化发展的新阶段，一些较发达的东盟成员国将扩大对我国的投资，中国企业对东盟投资规模也将继续增长。

同时，中国在东盟的投资领域从传统资源行业向消费性需求产业多元发展，投资合作方式将更加多元化。由于东盟基础设施落后于经济发展要求，双方将加快基础设施领域合作步伐，这有利于带动相关区域经济合作进展。随着《清迈协议》的实施和“电子东盟”的启动，我国与东盟在金融、保险与电信领域将展开更大规模的合作。此外，我国民营企业“走出去”的意愿和力度不断加大，以中小企业为主体的经贸往来将为双方合作注入新活力，并推动各领域

① 郑磊.中国对东盟直接投资研究[D].大连：东北财经大学博士学位论文，2011.

合作发展。

② 投资产业结构将更趋合理，投资地区分布将更趋平衡。基于资源寻求型和市场寻求型的投资，将使中国企业对东盟的投资产业结构更趋合理化。从成本结构来看，在食品、农矿产品、能源和电子产品等方面，东盟具有天然比较优势。而与东盟相比，我国企业在纺织品、服装、鞋、食品、谷物、建筑材料等领域具有明显的比较优势，在机械电子设备、精密仪器、钟表手表、车辆、金属产品和化工领域也具有潜在优势。因此，以投资石油、天然气、棕榈油、天然橡胶、热带木材等资源性初级产品及电子电器等机电产品零部件及半成品为主的资源寻求型投资，以及转移具有技术比较优势产业的市场寻求型投资，既有利于中国企业降低生产成本，也符合我国产业结构转型升级的发展需要。伴随着双边贸易增长及出口产品结构合理化，中国企业对东盟的投资产业结构将更趋合理。

③ 投资地区由单极化趋向多极化格局，对东盟各国对外直接投资将趋向均衡。2010 年以前，中国企业对东盟对外直接投资存量一半以上流向经济发达的新加坡，但 2010 年后，投向新加坡的对外直接投资流量占比明显下降并趋稳，流向其他资源丰富国家的对外直接投资流量明显增多。到 2014 年，流向新加坡的对外直接投资存量比重明显回落，对印度尼西亚、缅甸、柬埔寨、老挝、泰国的对外直接投资存量相当(图 3-14)，且呈递增趋势。预计在未来，随着中国与东盟合作关系的密切发展，对东盟主要国家的对外直接投资也将由单极化趋向多极化均衡发展。

④ 东盟形势整体平稳，但政治因素多变，风险防范任务艰巨。当前，中国与东盟不断推进双边合作，但东盟内部缺乏核心国主导和协调，成员国之间摩擦和矛盾频繁。在泰国政局动荡、柬埔寨政局不稳、印度尼西亚大选、缅甸修宪及美国退出 QE 政策等影响下，中国企业对东盟对外直接投资面临动荡不安的政治风险与挑战。这种政治风险主要来自东盟成员国间的矛盾，体现在成员国之间主权争端、成员国内部政局不稳、民族宗教差异等。此外，在“中国威胁论”等谬论引导和大国因素干扰下，东盟各国在加强与中国经贸联系的同时，贸易保护主义也在滋长。在投资条件日趋成熟的今天，投资环境安全性已经成为中国企业对东盟投资的主要顾虑。

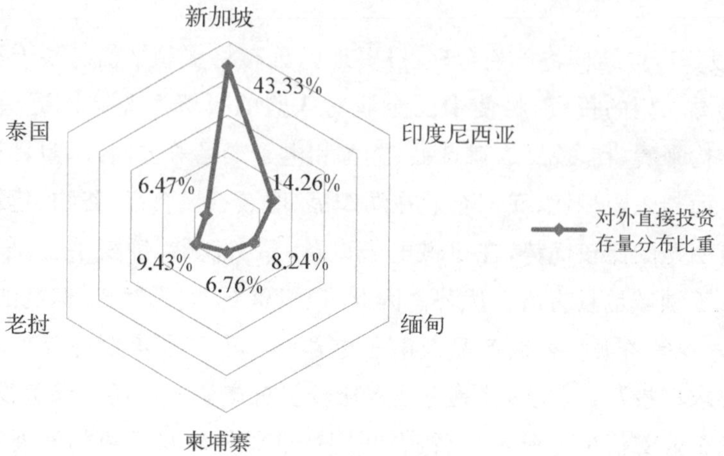

图 3-14　2014 年中国企业对东盟主要国家对外直接投资存量分布比重

数据来源：根据商务部、国家统计局、国家外汇管理局发布的《2015 年度中国对外直接投资统计公报》整理所得.

3.3.2　中国企业对欧盟投资

伴随着中国企业对外直接投资的迅速发展，中国企业的投资范围不断扩大，其中欧盟已经日益成为中国企业对外投资的焦点。从早期的海尔收购意大利迈尼盖蒂冰箱厂，到 2012 年三一重工收购德国普茨迈斯特、2013 年万达集团收购英国圣汐游艇、2014 年复星集团斥资 9 850 万欧元收购德国 BHF 银行 19.18%的股份、2014 年光明集团成功收购意大利知名橄榄油企业 Salov 集团 90.00%股权，这些并购事件都说明了中国企业对欧盟投资的日益重视。有关数据表明，截至 2014 年年底，中国对外直接投资已经覆盖了欧盟 28 个成员国，且 2014 年中对欧盟的投资流量金额高达 97.87 亿美元，同比增长 116.30%。通过研究中国企业对欧盟投资现状，有助于投资者了解欧盟市场，明确投资方向，降低对外投资的风险，为中国企业进一步扩大对欧盟国家的投资提供参考依据。

(1) 中国企业对欧盟投资的特点

① 中国企业对欧盟投资的流量、存量不断增加，但所占比重较小(表 3-11)。

2008 年爆发的全球性金融危机和 2009 年爆发的欧洲主权债务危机导致各成员国经济都不同程度遭受困难，在此背景下，欧盟需要引进更多外资刺激经济发展，增加就业岗位（王铁南，2014），这有利于中国企业对濒临倒闭企业进行并购，进一步扩大对欧盟的投资规模。截至 2013 年，中国企业对欧盟的投资存量已经达到 542.1 亿美元，同比增长 35.2%，投资流量为 97.9 亿美元，同比增长 116.3%。

表 3-11　2005—2014 年中国对欧盟直接投资情况　单位：亿美元

年份		2005	2006	2007	2008	2009	2010	2011	2012	2013	2014
存量	金额	7.7	12.7	29.4	31.7	62.7	125.0	202.9	315.4	401.0	542.1
	占比	1.3%	1.4%	2.5%	1.7%	2.6%	3.9%	5.9%	6.1%	6.1%	4.8%
流量	金额	1.9	1.3	10.4	4.7	29.7	59.6	75.6	61.2	45.2	97.9
	占比	1.5%	0.6%	3.9%	0.8%	5.3%	8.7%	7.0%	4.2%	7.9%	10.1%
中国对外投资存量		572.0	906.3	1 179.1	1 839.7	2 457.5	3 172.1	4 247.8	5 319.4	6 604.8	8 826.4
中国对外投资流量		122.6	211.6	265.1	559.1	565.3	688.1	746.5	878.0	1 078.4	1 231.2

资料来源：商务部、国家统计局、国家外汇管理局发布的 2006—2015 年度《中国对外直接投资统计公报》。

中国企业对欧盟投资起步较晚，并且又是发展中国家对发达国家的投资，企业在进入和竞争的过程中难免会遇到很大的困难，所以尽管中国对欧盟的投资数额在不断增长，但是占对外直接投资总额的比重并不大。2014 年对欧盟直接投资的流量仅占投资总流量的 10.1%，而存量仅占 4.8%。随着中国企业技术的不断进步，管理水平的不断提高，中国企业对欧盟的投资还有很大的发展空间。

② 中国企业对欧盟投资行业主要集中于租赁和商务服务业、金融业和制造业。从 2014 年中国对欧盟直接投资的流量情况来看（表 3-12），对租赁和商务服务业的投资流量为 42.3 亿美元，占对欧盟总投资流量的 43.2%，主要分布在卢森堡、荷兰、德国、英国等；金融业 8.5 亿美元，占 8.7%，主要分布在英

国、法国、卢森堡、德国、荷兰、意大利、丹麦等;制造业12.9亿美元,占13.1%,主要分布在德国、瑞典、英国、荷兰、法国、意大利、卢森堡、匈牙利、奥地利、波兰、西班牙等。

中国企业在欧盟的直接投资主要集中于租赁和商务服务业、制造业和金融业(表3-12)。截至2014年年底,中国企业对这三个行业的投资存量占同期对欧盟投资存量总额的67.2%,其中对租赁和商务服务业的投资存量为149.0亿美元,对金融业投资存量为127.6亿美元,对制造业投资存量为87.7亿美元,分别占对欧盟投资存量总额的27.5%、23.5%和16.2%。2010年,中国企业对这三个行业的投资大幅增长,其中制造业同比增长两倍。制造业投资增加主要原因是以出口为主的中国中小企业受欧债危机的影响,丧失了价格优势,出口订单大幅减少,同时欧洲制造产业的价格大幅缩水,面对这一挑战与机遇,中国的中小企业选择了直接投资、并购等方式来取得欧洲制造产业的原有人才、资源和营销网络。

同中国在其他地区直接投资行业分布不同,在对欧盟的直接投资中,对于资源类的投资无论在企业数还是投资金额上都比较少。近年来,中国对欧盟投资的行业呈多元化发展的趋势,开始向科学研究和技术服务业、地质勘探业、住宿和餐饮业、电力、煤气及水的生产和供应业等行业发展。

表3-12 2013—2014年度中国对欧盟直接投资的主要行业分布情况

单位:万美元

行业	2014年				2013年			
	流量	比重	存量	比重	流量	比重	存量	比重
租赁和商务服务业	423 041	43.2%	1 490 329	27.5%	67 614	14.9%	1 032 779	25.8%
金融业	84 812	8.7%	1 275 714	23.5%	144 726	32.0%	863 051	21.5%
制造业	128 584	13.1%	877 439	16.2%	180 549	39.9%	802 680	20.0%
采矿业	87 278	8.9%	510 205	9.4%	19 082	4.2%	407 382	10.2%
批发和零售业	76 990	7.9%	497 150	9.2%	31 189	6.9%	416 495	10.4%
房地产业	99 697	10.2%	238 398	4.4%	5 955	1.3%	35 094	0.9%

续　表

行　业	2014 年				2013 年			
	流量	比重	存量	比重	流量	比重	存量	比重
交通运输、仓储和邮政业	4 455	0.5%	124 716	2.3%	3 565	0.8%	122 646	3.1%
建筑业	4 074	0.4%	101 509	1.9%	310	0.1%	97 824	2.4%
科学研究和技术服务业	24 318	2.5%	95 631	1.7%	3 349	0.7%	76 542	1.9%
电力、煤气及水的生产和供应业	3 948	0.4%	75 212	1.4%	5 527	1.2%	73 828	1.8%
住宿和餐饮业	2 884	0.3%	36 493	0.7%	434	0.1%	27 507	0.7%
农、林、牧、渔业	16 757	1.7%	40 364	0.7%	−12 362	−2.7%	23 752	0.6%
居民服务、修理和其他服务业	17 645	1.8%	26 996	0.5%	1 054	0.2%	8 610	0.2%
文体、体育和娱乐业	2 369	0.2%	5 648	0.1%	666	0.2%	3 397	0.1%
其他	1 864	—	25 236	—	692	—	18 047	—

资料来源：商务部、国家统计局、国家外汇管理局发布的 2014—2015 年度《中国对外直接投资统计公报》.

③ 中国对欧盟直接投资的地域分布不均，主要集中于市场规模较大的欧盟核心国家。《中国企业境外投资的现状和动机》报告显示，中国企业投资欧盟首先看重市场规模，据商务部统计，截至 2014 年年底，中国企业对欧盟直接投资存量排名前十的国家分别是卢森堡、英国、法国、德国、荷兰、瑞典、意大利、匈牙利、比利时、西班牙，这十国的投资存量占对欧盟投资总额的 90%以上(图 3-15)。在这十国中欧盟的最初六国，尤其是德国一直是中国对欧盟直接投资国家的重点，近年来由于卢森堡避税地的关系，中国加大了对卢森堡的投资(姚铃，2011)，甚至超过了德国，成为投资的首选国家，主要投资租赁和商务服务业与金融业。2014 年对卢森堡的投资流量为 45.78 亿美元，占当年对欧盟投资流量的 46.78%。自 2011 年后对法国的投资增长最为迅速，2010 年对法国的投资存量为 2.44 亿美元，而 2014 年中国在法国的投资存量达到了

84.45 亿美元，四年内达到 33.6 倍，对比利时的投资也在不断增加，到 2014 年对比利时的投资存量为 49 347 万美元，同比增加 56.66%。

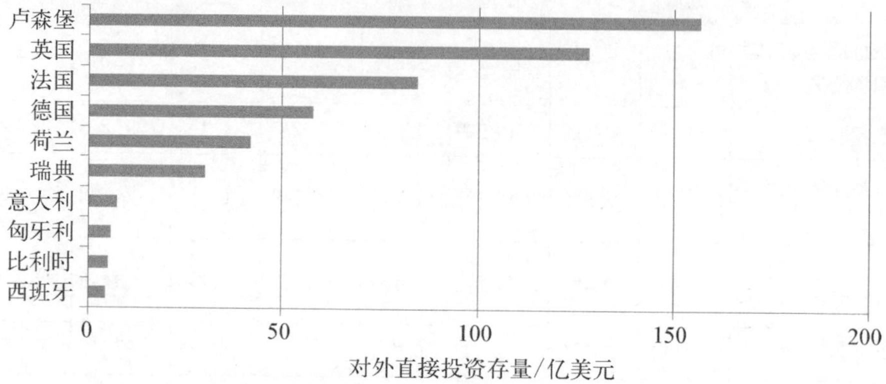

图 3-15　2014 年末中国对欧盟对外直接投资存量排名前十位的国家

数据来源：商务部、国家统计局、国家外汇管理局发布的 2014 年度《中国对外直接投资统计公报》.

对于新增的欧盟 12 国，波兰、匈牙利在 2004 年加入欧盟之后，中国开始加大对其投资，2014 年对匈牙利的投资流量为 3 402 万美元，较 2011 年增长 32.53%，而对其他新增的欧盟国家投资则极少，比如 2014 年对立陶宛等国的投资为零。

近些年来，欧盟继续保持着与中国密切的贸易合作伙伴关系，双方经贸关系总体向好。尽管中国对欧盟的投资还处于发展阶段，无论是在投资总额、国家分布上，还是在投资行业分布上，都有待进一步完善，这恰好说明中国对欧盟的直接投资还有很大的发展空间，尤其是新增的欧盟成员国，他们是潜在的投资区域。

(2) 中国企业对欧盟投资的主要模式

第一种是并购模式。并购模式是中国对外直接投资的主要方式，中国对欧盟企业的并购始于 21 世纪初期。2001 年 6 月，海尔集团对意大利迈尼盖蒂冰箱厂的收购掀开了中国公司在欧盟并购的历史篇章。表 3-13 是 2003—2015 年中国企业在欧盟的重大并购事件，从中我们可以明显看出，除了国有大中型企业外，越来越多的中国民营企业也加入了跨国并购的行列。

表3-13 2003—2015年中国企业在欧盟的重大并购事件

年份	事件
2003	德隆集团收购了德国仙童多尼尔拥有的728型新款客机制造项目
	TCL与法国汤姆逊公司合并重组，成立一家净资产超过4.5亿欧元的新公司
2004	上工股份收购德国FAG下属一家子公司股权
2005	南京汽车公司收购英国老牌汽车企业罗孚公司
	钱江集团收购了有95年历史的生产电动车和摩托车的意大利贝内利公司
2006	蓝星集团并购法国罗地亚公司有机硅业务
	吉利汽车以6亿元人民币收购英国锰铜控股公司
2007	中国商人庞玉良在德国耗资10亿元人民币买下什未林-帕希姆机场的永久经营权
	中国国际集装箱集团以超过10亿元人民币的代价完成了对荷兰博格公司的收购
	中国国家开发银行以98亿欧元购买英国巴克莱银行7.7%的股权
2008	中国平安21.5亿欧元收购富通投资50%股份
	中联重科完成对意大利机械企业CIFA的收购
2009	中国西安飞机工业(集团)有限责任公司并购奥地利未来先进复合材料股份公司
2010	吉利收购沃尔沃
	中国石化以71.09亿美元收购西班牙雷普索尔40%股份
2011	中国卧龙控股集团有限公司基本完成了对欧洲第三大电机生产商ATB驱动技术股份集团的并购，并购额约1.05亿欧元
	均胜并购德国普瑞
	宁波一舟投资集团正式完成了对德国威运高(Vivanco)股份公司的收购、控股
	金亚科技并购英国哈佛国际
	海航并购西班牙NH
	复星国际收购希腊著名品牌FolliFollie 9.5%的股权
2012	三一重工收购德国普茨迈斯特
	山东重工3.74亿欧元获得意大利法拉帝集团75%的控股权
	广西柳工斥资3.35亿元人民币收购波兰企业HSW的工程机械事业部
	国家电网以3.87亿欧元收购葡萄牙国家能源网公司25%的股份
	江西华意压缩以800万欧元并购运营西班牙Cubigel公司

续 表

年份	事 件
2013	中石油以255亿元人民币收购了意大利石油集团埃尼运营的关键区块20%的权益
	万达集团以3.2亿英镑收购英国圣汐游艇91.8%的股权
2014	绿地集团收购位于伦敦Wandsworth镇、总投资规模为6亿英镑的Ram啤酒厂
	复星集团斥资9850万欧元收购德国BHF银行19.18%的股份
	弘毅投资斥资15亿美元收购英国知名快餐连锁企业Pizza Express
	2014年12月16日光明集团成功收购意大利知名橄榄油企业Salov集团90%股权
2015	中国化工集团77亿美元收购意大利倍耐力集团大部分股权
	南昌工业控股集团和金沙江资本等公司33亿美元收购飞利浦Lumileds照明业务80%股权
	复星集团11.91亿美元收购法国Club Med集团

资料来源：根据上述各公司官方网站的资料整理.

第二种是绿地投资模式。绿地投资是中国企业对外直接投资的另一种重要模式。绿地投资也称新建投资，是指跨国公司等投资主体在东道国境内投入资金及其他生产要素设立新的企业，形成新的生产能力。绿地投资主要适用于经济欠发达、工业化程度较低的东道国投资或者投资者拥有最先进的技术和其他垄断性资源的情况。

目前大部分中东欧国家经济发展水平比较落后，产业结构不合理，家电产业基本上处于空白，而中国是继美国和日本之后的世界第三大电器生产国，有些指标并不低于德国、荷兰和意大利等欧洲厂商，在欧盟市场上也有一定的优势。因此，有很多制造型企业在这些地区用绿地投资的模式进行投资活动。例如，在捷克，长虹建立了自己的家电生产基地及研发机构，开发适合当地消费者需求的高品质产品；上海梅林拟在捷克投资814万美元建立午餐肉罐头生产加工厂，主要销往欧盟国家、美洲及东欧非欧盟国家。

对于大型的企业集团，为了获取欧盟国家的先进技术，也会选择对欧盟发达国家采用绿地投资的模式。

在法国，温州康奈集团采用建立海外营销网络的模式，成功地为自己打开了国际市场，如今已经在世界20多个国家开设了200多家专卖店，而且已经实现了以ERP软件管理全球供应链的康奈集团能够自豪地在巴黎的专卖店中挂出“本店货品与中国最新款同步上市”了(肖文，殷宝庆，2010)。这是中国民营企业在发达国家绿地投资的成功案例。

在德国，由于投资环境相对宽松，无论投资方是私人企业还是国有企业，德国都给予欢迎，所以中国的大型企业，包括海尔、三一重工、中钢、中远、华为、宝钢、中兴通讯、中国海洋运输集团等，都选择在德国进行绿地投资。

(3) 中国企业对欧盟投资的未来发展趋势

通过上述分析，我们可以发现：中国企业对外直接投资的规模在不断扩大，对欧盟投资的存量也在不断增加，但是总体规模仍然较小；中国企业对欧盟的投资主要集中在卢森堡、德国、荷兰、意大利等老牌的欧盟国家，区域分布不均匀；中国企业对欧盟的投资以租赁和商务服务业、制造业和金融业为主。根据中国企业对欧盟投资的特点以及欧盟当前的经济环境，我们认为中国企业对欧盟直接投资的未来发展趋势将表现为以下两大方面。

① 中国企业对欧盟直接投资的规模将继续扩大。由前面的分析可以看出，中国对欧盟的直接投资净额总体不断上升，存量几乎每年都以较大的比重增加(表3-14)，按照这样的趋势，中国企业对欧盟直接投资的规模必将继续扩大。

表3-14 2007—2014年中国企业对欧盟直接投资存量增长表

单位：亿美元

年 份	2007	2008	2009	2010	2011	2012	2013	2014
投资存量	29.42	31.74	62.78	124.97	202.91	315.38	400.97	542.10
同比增长率	131.5%	7.9%	97.8%	99.1%	62.4%	55.4%	27.1%	35.2%

资料来源：商务部、国家统计局、国家外汇管理局发布2008—2015年度《中国对外直接投资统计公报》.

中国企业对欧盟直接投资的规模将继续扩大的原因有以下四条：

a. 欧盟的主权债务危机为中国的投资带来了机遇。欧盟受主权债务危机的影响，需要外来资金的支持，部分国家会降低门槛；中国与欧盟贸易增长势头良好，围绕贸易的一些基础设施需求较大；欧盟中部分国家的税率较低。

b. 中国企业自身发展的需要。随着国际、国内竞争的日益加剧，“走出去”成了更多企业的选择。欧盟作为世界上重要的经济体，拥有先进的科学技术及管理经验、完善的市场制度，以及极大的市场需求，基本可以满足中国企业投资发展的需要，因此，扩大对欧盟的直接投资是中国企业发展的必然趋势。

c. 中国“十二五”规划与欧盟“2020 战略”深度对接。中国“十二五”规划纲要提出绿色发展、清洁发展，建设资源节约型、环境友好型社会，积极应对全球气候变化；纲要还要求促进区域协调发展和城镇化健康发展。欧盟“2020 战略”则提出要努力促进欧盟建设一个资源利用效率更高、更为环保和更具竞争力的经济，主张与中国等国在能源和气候变化等领域进行高层次战略对话。中欧政策的高度一致，为中国企业对欧盟的投资提供了宏观的支持。

d. 中国企业将扩大对欧盟新成员国的投资。由前面的分析可知，中国对欧盟新成员国的大部分国家投资非常少(表 3-15)，而这些地区是中国扩大对欧盟投资的潜在区域。原因在于这些国家加入欧盟之后，其商业法律环境以及市场机制日益完善，投资风险较低；这些国家在传统制造业方面具有比较优势和相对低廉的劳动力；通过对欧盟这些国家的投资，可以享受一体化内部更多优惠和便利条件，还可以以此为跳板进入欧盟发达国家，规避各种贸易壁垒；这些地区轻工业、家电业发展落后，产业结构存在一定缺陷，中国企业投资具备比较优势，如波兰微波炉几乎全部为进口，马耳他、匈牙利等国空调基本靠进口，而中国家电业目前国内市场已趋于饱和，正好可以开拓新的市场。

表 3-15　2007—2014 年中国对部分新增欧盟国家投资流量　单位：万美元

国　家	2007	2008	2009	2010	2011	2012	2013	2014
波兰	1 175	1 070	1 037	1 674	4 866	750	1 834	4 417
匈牙利	863	215	821	37 010	1 161	4 140	2 567	3 402
捷克	497	1 279	1 560	211	884	1 802	1 784	246

续 表

国 家	2007	2008	2009	2010	2011	2012	2013	2014
斯洛伐克	—	—	26	46	594	219	33	4 566
马耳他	−10	47	22	−237	27	—	12	193
拉脱维亚	−174	—	−3	—	—	—	—	—
罗马尼亚	680	1 198	529	1 084	30	2 541	217	4 255
保加利亚	—	—	−243	1 629	5 390	5 417	2 069	2 042

资料来源：商务部、国家统计局、国家外汇管理局发布 2008—2015 年度《中国对外直接投资统计公报》。

② 中国企业以并购方式实现对欧盟投资的比例将继续提高。并购模式是中国企业投资欧盟的主要模式，在今后的投资中这种模式将得到进一步的发展，原因在于：

a. 跨国并购自身的优点。并购可以迅速进入东道国市场并占有市场份额，有效地降低了进入新行业的壁垒，减少了对外投资的风险；并购可以有效地利用被并购企业的相关经营资源，包括销售渠道、技术优势、管理制度和人力资源等；并购享有对外直接投资的融资便利，因为同新建方式相比，并购的风险较小、投资收益实现较快。

b. 欧盟的经济环境。欧洲债务危机让国际市场流动性捉襟见肘，欧洲资产价格大幅缩水，政府渴求外资注入增加收入和就业。而据国际四大会计师事务所之一的安永会计师事务所发布的《资本信心晴雨表》显示，42%的中国受访企业希望抓住欧洲债务危机带来的机遇，考虑参与并购。近七成的中国受访者认为全球经济正在改善，相比欧元区的债务问题，中国企业的高层管理人员更加关注危机所带来的机遇（子非，2011）。一切有利于完善上下游产业链的并购会成为关注焦点，如金融、矿产等行业。中国企业尤其对英、德两国的风力发电以及其他环保行业最感兴趣，其次为德国的重工业以及汽车制造业，因此，中国企业对欧盟的并购规模将进一步扩大。

3.3.3 中国企业对非洲投资

自 20 世纪 50 年代开始，中国与非洲各国家始终保持着良好的政治经济合作关系。在过去的10年里，世界对非洲的直接投资不断增加，非洲已经成为全球经济增长最快的地区之一。中国企业在非洲的直接投资也呈快速增长态势，非洲已经成为中国对外直接投资的重要区域。

对中国企业在非洲投资现状的分析，有助于中国企业了解非洲市场，准确把握投资方向，降低对外直接投资风险发生的可能性，为中国企业进一步扩大对非洲的投资提供参考。

(1) 中国企业对非洲投资的发展阶段

随着政治、经济及对外政策的变化，中国企业对非洲的直接投资大致可以分为以下四个阶段。

第一阶段是以政治外交为目的的政府援助阶段(1956—1978)。20世纪50年代出于国家政治合作的原因，中国开始援助非洲国家，并且在60年代初提出对非洲关系“五项立场”和经济援助“八项原则”。期间，中国向36个非洲国家提供了超过24.76亿美元的经济援助，约占中国对外援助总额(42.76亿美元)的57.9%[①]。该阶段主要是以政府为主体的无偿经济援助。

第二阶段是以经济效益为目的的小规模投资阶段(1979—1987)。1978年中国开始经济体制改革，对非洲的单一经济援助开始逐步转为具有经济效益的生产性项目建设，合作性质也从单一的经济援助转变为强调经济性。这一时期国有企业在非洲共投资102个项目，投资总额5 119万美元。

第三阶段是以合资合作为主的多元合作阶段(1988—1999)。1987年开始外贸体制改革后，中国对非洲的援助方式转变为援外项目合资合作方式，资金来源从政府单一的无偿援助变为优惠贴息贷款援助方式，一些非国有企业开始进入非洲市场。

第四阶段是以互利共赢为目的的快速增长阶段(2000年至今)。2003—2014年，中国对非洲投资以企业为主。企业性质不同，所投资的行业和领域也存在差别，国有企业的投资集中于基建和采矿业，而非国有企业的投资则专注

① 李安山.论中国对非洲政策的调适与转变[J].西亚非洲，2006(8)：11-20.

于制造业和服务业。非洲以其资源供给和市场开发承接中国相关产业、技术转移，实现了中非互利发展的共赢局面。

(2) 中国企业对非洲直接投资的分布与特点

① 非洲吸收外资规模的变化。根据联合国贸易和发展会议公布的《世界投资报告 2015：国际投资治理的改革》显示，2014 年全球的对外直接投资总额为 1.23 万亿美元，同比下降 16.00%，而非洲国家吸收外资规模达 540 亿美元，同比下降 5.00%①。

21 世纪之前，非洲整体吸收对外直接投资存量仅约 100 亿美元。但是进入 21 世纪以后，世界对非洲的对外直接投资规模直线上升，在 2008 年达到历史最高水平 720 亿美元。2008 年以后至 2014 年流入非洲的对外直接投资流量虽有回落，但基本上呈稳定增长态势(图 3-16)。

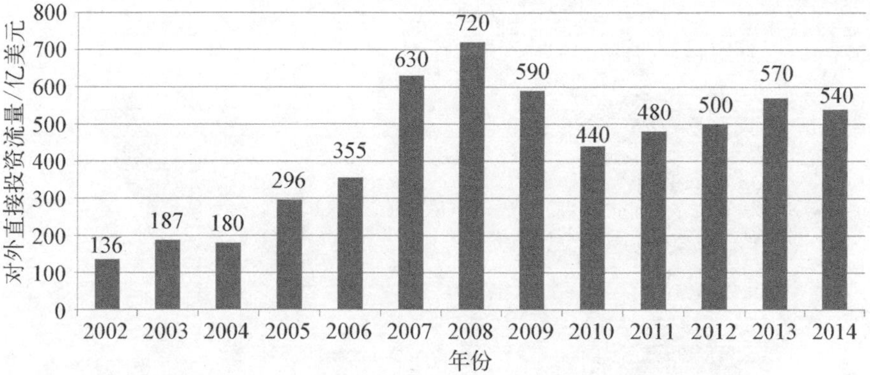

图 3-16　2002—2014 年非洲国家对外直接投资流入规模

资料来源：联合国贸易和发展会议. 世界投资报告 2015：国际投资治理的改革，2015.

② 非洲吸收对外直接投资的地区分布。2014 年，中国对非洲的投资主要集中在能源、矿产资源丰富地区以及经济较发达、政局较稳定地区，其中非洲东部经济增长高于非洲其他地区。具体分布情况如图 3-17 所示。

从图 3-17 中可以看出，2014 年中国在非洲地区 31.70% 的对外直接投资流量流入北非地区，尤以阿尔及利亚、苏丹和埃及为主；东非吸引外国直接投资规模增长迅速，占比 20.46%；中部非洲地区自 2012 年创 100 亿美元纪录以

① 联合国贸易和发展会议. 世界投资报告 2015：国际投资治理的改革，2015.

来，一直保持稳定增长态势，对外直接投资流量占比 20.30%；流入西非的对外直接投资流量占比 12.78%，以尼日利亚为主；南部非洲地区呈继续缓减态势，占比 11.65%，其中流入赞比亚和津巴布韦的流量超过了当年流入南非的对外直接投资流量。2014 年中国在非洲的对外直接投资流量中，超过一半发生在赞比亚、肯尼亚、尼日利亚、阿尔及利亚、安哥拉。2014 年，中国在非洲对外直接投资流量（32 亿美元）中，流入阿尔及利亚的对外直接投资流量最高，以 6.66 亿美元占比 20.79%；其次赞比亚以 4.25 亿美元占比 13.27%、肯尼亚以 2.78 亿美元占比 8.69%，分别排名第二、第三。相反，2014 年中国企业撤走了大量对安哥拉（4.49 亿美元）和尼日尔（0.45 亿美元）的直接投资。此外，值得注意的是 2014 年流入南非的对外直接投资流量以 0.42 亿美元结束了连续三年的负流量值。

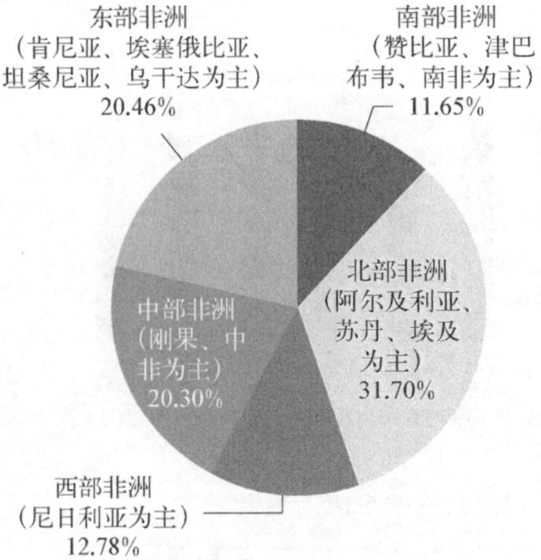

图 3-17　2014 年中国企业在非洲直接投资流量区域分布图

资料来源：根据商务部、国家统计局、国家外汇管理局发布的《2015 年度中国对外直接投资统计公报》整理所得.

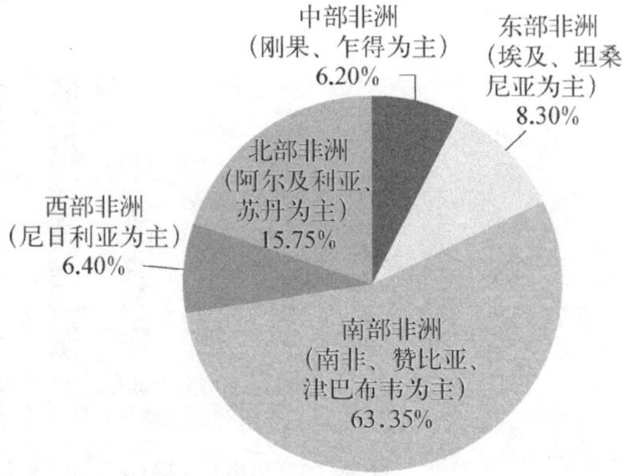

图 3-18　2014 年中国企业在非洲直接投资存量区域分布图

资料来源：根据商务部、国家统计局、国家外汇管理局发布的《2015 年度中国对外直接投资统计公报》整理所得.

从图 3-18 中可以看出，截至 2014 年，中国在非洲的对外直接投资存量主要集中在南部非洲地区，以占比 63.35%吸引了中国企业超过一半的对外直接投资，其中以南非、赞比亚和津巴布韦为主，分别以 59.54 亿美元、22.72 亿美元、16.96 亿美元占流入非洲对外直接投资存量的 18.40%、7.02%、5.24%；

西非吸引外国直接投资规模增长迅速，占比6.40%，其中尼日利亚、加纳分别以23.23亿美元、10.57亿美元吸引了大部分投资；北非地区仍然吸引了大量中国企业直接投资，对东部和中部非洲地区的直接投资存量分别占比8.30%、6.20%。

值得注意的是，尽管自2011年开始，中国企业对南非的对外直接投资流量持续了三年的负流量，直到2014年才出现正流量(0.42亿美元)，但是，南非依然是中国企业在非洲地区投资最多的国家。此外，阿尔及利亚、赞比亚、尼日利亚、肯尼亚、津巴布韦和加纳是2011—2014年吸引中国企业对外直接投资流量增长较快的国家。

③ 非洲吸收对外直接投资的行业分布。非洲地区矿产资源和能源非常丰富，吸引着不少国外企业前来投资。近些年来，随着经济的发展，非洲国家的工业和服务业也取得一定的发展。基础设施落后是制约非洲经济发展的重要因素之一，但是近些年状况有所好转，2012年南非地区有超过800个基础设施项目在建设，总投资额超过7 000亿美元。2008—2012年，国外企业对非洲在消费行业的直接投资规模占总行业投资规模的比重已经从7.00%上升到23.00%[①]。截至2013年年底，中国已经在非洲各国共设立2 955家境外企业。投资行业主要分布在采矿业、建筑业、金融业、制造业和科研技术行业，这些行业共占中国对非洲直接投资存量的85.00%[②]。

美国安永会计师事务所发布的《2015年非洲吸引力调查报告》显示，2014年流入非洲的外国直接投资达1 280亿美元，同比增长136.00%，提供了18.84万个就业岗位，创造了68.00%的就业增长率，成为仅次于亚太地区的全球第二大对外直接投资目的地[③]。在这些投资国中，西欧和非洲内部国家继续保持在非洲对外直接投资主要国家的地位，而北美和中东等传统投资“大户”再次掀起对非洲的投资热情，尤其是美国、阿联酋。2014年英国对非洲投资出现回落，而法国和葡萄牙对非洲投资开始回升。中东的公司和北非各国

---

① 中华人民共和国国务院新闻办公室. 中国与非洲的经贸合作(2013)，2013.

② 中国社会科学院西亚非洲研究所. 非洲发展报告(2014—2015)，2015.

③ 美国安永会计师事务所. www. ey. com/attractiveness. EY's attractiveness surveys Africa 2015.

(尤其是埃及和摩洛哥)长年保持密切的经济、文化往来,其中以沙特为主,2014 年其在非洲开展了 11 个对外直接投资项目。2014 年中国继续保持对非洲的直接投资增长势头,在非洲投资了 32 个对外直接投资项目,占总数的 4.40%。

④ 中国企业对非洲直接投资状况与特点。

a. 中国企业对非洲直接投资的存流量情况。

2009 年以来,中国对非洲的直接投资呈现快速增长态势,截至 2014 年年底,中国对非洲直接投资存量为 323.5 亿美元,占比 3.67%,非洲地区已经成为中国对外直接投资增长最快的地区之一。从表 3-16 可以看出,2008 年中国企业对非洲投资增长速度最快,投资流量为 54.9 亿美元,规模创下历史最高水平。虽然后面的发展相比 2008 年增长速度放缓,但是对非洲的投资存量由 78.0 亿美元增至 323.5 亿美元。

表 3-16　2006—2014 年中国企业对非洲直接投资的情况

年　份		2006	2007	2008	2009	2010	2011	2012	2013	2014
存量	金额/亿美元	25.6	44.6	78.0	93.3	130.4	162.4	217.3	261.9	323.5
	占比	2.8%	3.8%	4.2%	3.8%	4.1%	3.8%	4.1%	4.0%	3.7%
流量	金额/亿美元	5.2	15.7	54.9	14.4	21.1	31.7	25.2	33.7	32.0
	占比	2.5%	5.9%	9.8%	2.5%	3.1%	4.3%	2.9%	3.2%	2.6%
中国对外投资存量/亿美元		906.3	1 179.1	1 839.7	2 457.5	3 172.1	4 247.8	5 319.4	6 604.8	8 826.4
中国对外投资流量/亿美元		211.6	265.1	559.1	565.3	688.1	746.5	878.0	1 078.4	1 231.2

资料来源:商务部、国家统计局、国家外汇管理局发布的 2006—2014 年度《中国对外直接投资统计公报》。

b. 中国企业对非洲直接投资的行业分布情况。

2015 年非洲投资报告数据显示,2014 年共有 464 家外资企业在非洲投资,占当年全球投资公司总数的 13.00%,占总项目的 5.00%。其中,中国公司在非洲投资了 32 个对外直接投资项目,项目数量排名第七。根据《中国与非洲的经贸合作(2013)》报告显示,2008—2012年,中国企业对非洲直接投资了152个建设项目,在全球排名第九。中国企业在对非洲投资总量扩大的同时,企业的投资层面也在不断提升。如图3-19所示,中国对非洲的投资已经从能源、矿产资源逐步延伸到制造业、金融业、物流业以及房地产业等行业①。

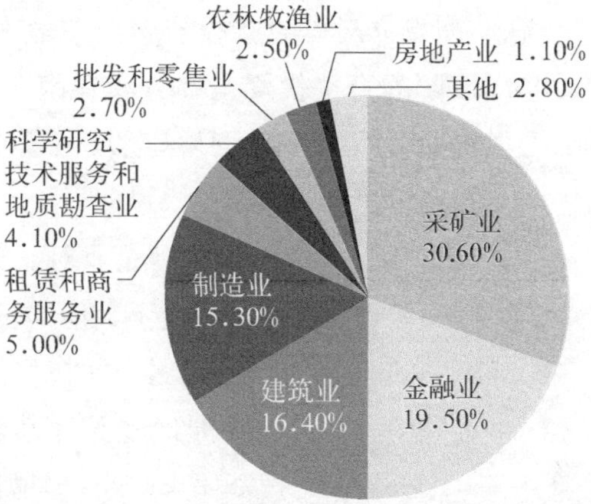

图3-19　中国企业对非直接投资行业分布图

从图3-19可以看出,截至2012年年底,中国企业对非洲采矿业投资的比例达到了30.60%,远远高于其他行业,处于第一位;中国企业对金融业投资占比19.50%,仅次于采矿业;制造业投资迅速增长,占比达到了15.30%;随着中国企业对非洲投资结构的转变,也越来越重视服务业,占比达到了5.00%;另外科技和地质勘查方面的投资占比为4.10%,比重有所上升。除此之外,中国企业对其他行业的投资也在逐渐增加,但是所占比例较少。

服务业逐渐成为中国对非洲投资的新领域。例如,中国企业与安哥拉当地公司合作开发建设西南部非洲最大的商贸物流中心、投资服务中心以及会展中心。2014年年底,中国企业在非制造业投资存量达44.1亿美元,占存量的13.6%,制造业已经成为中国企业对非投资的重点行业之一。

① 中华人民共和国商务部,中华人民共和国国家统计局,国家外汇管理局. 2013年度中国对外直接投资统计公报[M]. 北京:中国统计出版社,2014.

另外，中国企业积极在非洲开展农产品种植和生产活动，并且取得了良好的经济效益。2009—2012年，中国企业对非洲农业领域直接投资额从3 000万美元增长到8 247万美元，这既为中国企业带来了良好的经济效益，同时也有力推动了当地农业生产的发展，提高了当地人民的经济收入。

c. 中国企业对非洲直接投资地区分布。

目前，中国投资者在非洲设立对外直接投资企业覆盖率达到了86.70%，与去年持平。中国对非洲地区的直接投资主要分布在南非、苏丹、尼日利亚、赞比亚、阿尔及利亚、毛里求斯、津巴布韦、刚果(金)、尼日尔、埃塞俄比亚、坦桑尼亚、埃及等国。

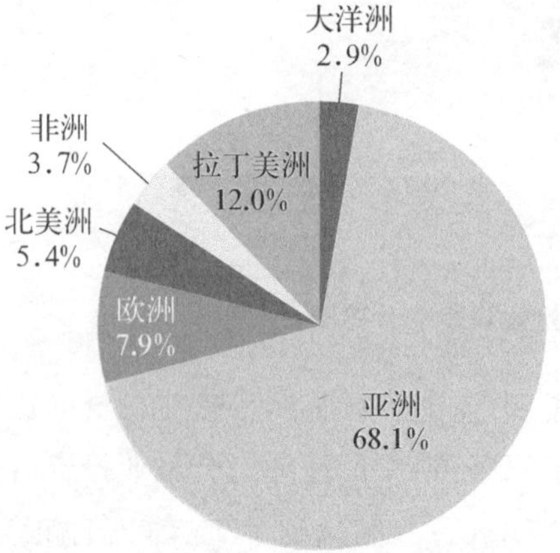

图3-20　中国对外直接投资存量地区分布情况

资料来源：《2015年度中国对外直接投资统计公报》。

d. 中国企业对非洲直接投资的特点之一是比重不大但增长迅速。

目前，中国的对外直接投资主要分布在亚洲以及拉丁美洲等区域，对非洲的投资比重较小，但增长迅速(图3-20)。

如图3-21所示，截至2014年底，中国对非洲直接投资存量仅为323.5亿美元，占3.7%。这一数据远远低于中国对亚洲、欧洲、北美洲等地区的投资。但是近年来中国对非洲直接投资增速明显并且投资存量不断增加。图3-21列示了2003—2014年，中国对非直接投资的存量变化。

如图3-21所示，中国对非洲直接投资的增长速度一直呈现快速发展态势并且在2014年达到了最高值，总投资存量达到323.5亿美元，是2003年中国对非洲直接投资的66倍。

如图3-22所示，虽然中国对非洲直接投资所占比重不大，但是增长速度很快。2008年中国企业对非洲直接投资流量创下历史最高54.9亿美元。尽管受到全球金融危机的影响，中国企业对非洲的直接投资有点回落，但是

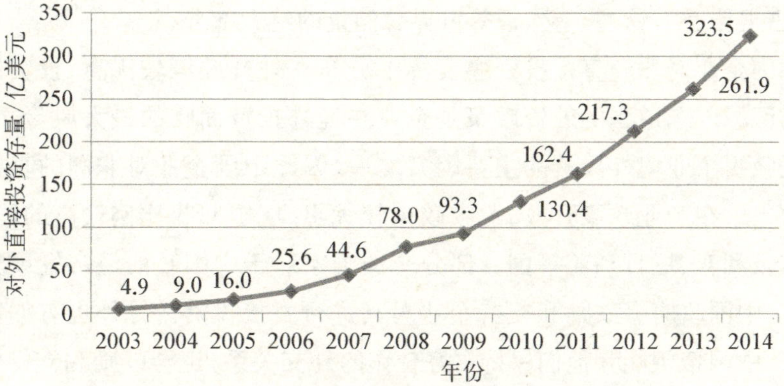

图 3-21　2003—2014 年中国对非洲直接投资存量

资料来源：2004—2015 年度《中国对外直接投资统计公报》.

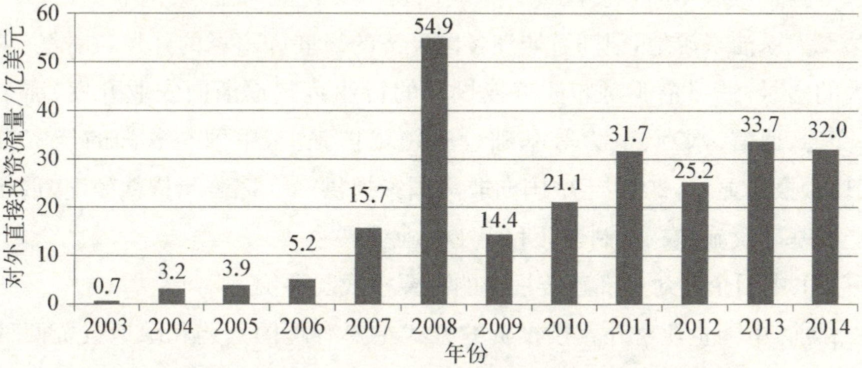

图 3-22　2003—2014 年中国对非洲直接投资流量

资料来源：2004—2015 年度《中国对外直接投资统计公报》.

2009—2012 年，中国对非洲的直接投资流量年均增长 20.50%。

e. 投资地域以资源丰富、政局稳定地区为主。

中国企业对非洲直接投资主要集中分布在政局较为稳定的区域。部分非洲国家局势动荡直接影响到中国企业在非投资，因此中国企业对非洲的直接投资主要集中在政局较为稳定、投资环境相对较好的区域，如南非、坦桑尼亚等，而政局较稳定的国家，一般经济发展程度相对较高。

中国企业对非洲直接投资主要集中分布在能源矿产资源丰富的区域。非洲不仅拥有丰富的油气资源，产量居世界首位的黄金和金刚石，在稀有金属方面，也占据铬、钴、钛、钽、锗、锂等世界总储量的绝大部分。

中国企业对非洲直接投资主要集中分布在外资政策较优惠、投资回报率较高的区域。东道国的外资政策是企业在境外投资面临的最大风险之一，同时也是吸引企业境外投资的主要因素之一，因此中国企业对非洲的直接投资也多数集中在产业政策开放、税收政策较优惠、成本回收比例较高的国家，例如阿尔及利亚、尼日利亚等国。部分非洲国家对于中国政治经济发展具有重要意义，中国政府会鼓励和支持企业对其进行直接投资。另外也有如塞舌尔等国家，中国希望能和他们保持友好合作的外交关系，也会鼓励和支持中国企业对其进行投资。

f. 投资行业以资源类为主，向制造业、建筑业和农业拓展。

中国企业对非洲直接投资的行业以资源类行业为主，目前非洲已成为我国第二大原油来源地，但随着非洲各国经济的发展和市场的开发，在投资总量扩大的同时，中国企业对非洲直接投资的行业范围逐渐向农业开发、加工制造、交通、通信、水利、电力等基础设施领域扩张。《中国与非洲的经贸合作(2013)》报告显示，2013 年中国向非洲国家提供 200 亿美元贷款额度，重点支持非洲基础设施、农业、制造业和中小企业发展①。

(3) 中国企业对非洲直接投资的主要模式及评价

目前，中国企业对外直接投资的方式主要有跨国并购和绿地投资两种模式。企业选择何种投资模式，除了要考虑公司所处环境以及投资模式的特性影响，还要考虑如何使经济利益最大化②。绿地投资主要适用于资产专用性程度较高并且与本国经济联系紧密的产业，或制度质量③相对较低的国家；投资规模较大的能源和资源类产业，或制度质量相对较高的国家，采用更多的是跨国并购④。中国企业对非洲的直接投资主要是以价值链低端环节的投资为主，而且非洲地区经济相对欠发达、基础设施落后及政治风险较大，因此，在结合东道国国情及投资行业特点的情况下，中国企业对非洲的直接投资模式的发

---

① 中华人民共和国国务院新闻办公室. 中国与非洲的经贸合作(2013)，2013.

② 林莎，雷井生，杨航. 中国企业绿地投资与跨国并购的差异性研究——来自 223 家国内企业的经验分析[J]. 管理评论，2014，26(9)：139-148.

③ 制度质量是指制度的好坏及程度的总称。

④ 张娟，刘钻石. 中国对非洲直接投资与资源寻求战略[J]. 世界经济研究，2012(3)：75-80.

展趋向多样化，目前主要的直接投资模式有以下五种。

第一种是以政府援助带动企业投资的“安哥拉”模式。2004年中安两国政府签署的石油贷款框架协议，开启了被世界银行认为的“以资源换取基础设施”的“安哥拉”模式①。在这一模式下，中国金融机构向安哥拉提供巨额贷款，中国企业通过招标参与安哥拉机场、港口等基础设施建设，而安哥拉则用未来开采出来的石油进行偿付。该模式合作便利，见效快，符合双方利益，是一种双赢的关系，成为后来众多对非洲直接投资的企业所采纳的主要方式。但该模式投资量大，通常适用于大型的能源、资源型国有企业。

第二种是绿地投资模式。中国企业在非洲的投资活动除了在能源资源领域采用并购方式外，在以制造业为主的其他领域更多地采用绿地投资模式。海信公司1996年在南非建立了第一个海外生产基地，到目前全面实现了本土化经营。绿地投资模式一方面有利于企业将自主品牌与本土化战略有机结合，另一方面也可充分利用当地廉价劳动力等资源，但该模式投入成本高，资本回收期长，风险大，且要求企业拥有一定品牌知名度及相当高的市场把握能力。

第三种是与东道国当地企业合作经营模式。中国企业与非洲当地企业的合作经营采取的主要形式是：由中方提供资金、设备、技术和管理人员，非洲当地企业负责提供土地、厂房、可利用的基础设施和雇佣当地劳动力。例如2009年年底，中兴通讯完成了埃塞俄比亚为期3年、合同总金额达15亿美元的电信项目工程。这种投资模式一方面可借助合作企业的当地资源优势实现资源互补，另一方面较大程度上减少了中国企业与当地的劳务纠纷，比较容易被当地政府和民众接受，但是也有可能会因为合作企业双方目标不一致而导致利益冲突。

第四种是境外经贸合作区模式。通过经贸合作区建设，建立集群式合作可以有助于降低中国企业境外投资的风险，同时也有助于中国各级政府机构掌握本国企业在当地的投资动向。目前，中国已经在埃及、埃塞俄比亚、南非、尼日利亚等国家建立了多个工业园区及经贸合作区。比如，浙江越美集团有

① Alden C. China in Africa[J]. Journal of Survival, 2005(3): 165-171.

限公司在尼日利亚着手建立“越美(尼日利亚)纺织工业园区”,为中国与非洲的纺织贸易搭建了平台;中国与尼日利亚拉各斯州政府共同组建了“莱基自由区开发公司”,共同投资开发莱基自由贸易区,着力将其发展成为基础设施健全、企业集群、产能突出、经贸繁荣、服务周到、安全有序、辐射带动能力强的现代产业集聚区。但这种模式的建设资金投入量大,政治经济不稳定因素很多,故很容易产生政治风险。

第五种是以工程承包带动企业投资模式。非洲已连续四年成为中国第二大海外工程承包市场,2012年,中国企业在非洲完成承包工程营业额408.3亿美元,比2009年增长了45%,占中国对外承包工程完成营业总额的35.02%[①]。从价值链关联的角度来看,现代国际工程承包项目往往要求承包商同时承担施工之外的采购、勘察、咨询、设计、试运行等非施工业务,所以,对中国企业而言,这种带资工程承包的模式又通过专业从事采购、进出口的分支机构等形式带动中国对外贸易的发展。但除了华为、中兴通讯等少数大型工程承包企业外,在非直接投资的中国承包企业普遍存在国际化起点低、投资规模相对小等问题[②]。

上述五种投资模式各有利弊,主要目的都是获得非洲的市场和资源。不同的投资模式所适用的行业也不同:“安哥拉”模式以能源、资源类投资为主;制造业则以绿地投资模式为主;以工程承包带动企业投资模式主要发生在建筑业;境外经贸合作区模式推动商贸服务业发展;与东道国当地企业合作经营模式普遍应用于各行业。综上所述,这五种投资模式符合中国企业对非投资的环境要求以及投资行业的发展要求,而且随着参与投资的非国有企业日益增加,对非洲直接投资模式的多样化趋势将持续上升。

(4) 中国企业对非洲直接投资发展趋势

非洲是世界人口第二多的大洲,人口总量达到了8亿,但是非洲的GDP总量及外贸总额仅占世界总值的2%左右。随着非洲各国政治经济发展日趋稳定,其巨大的市场潜力将会不断得到开发,推动中国企业对非洲进行投资是中国与非洲历年来的友好合作,更是经济发展的必然趋势。因此,中非双方在

① 何帆,姚枝仲等.中国对外投资:理论与问题[M].上海:上海财经大学出版社,2013.
② 安永会计师事务所.2013年非洲吸引力调查报告,2013.

确立新型战略伙伴关系的基础上，深化务实合作，继续推动中非合作论坛机制的发展。从产业发展角度来看，非洲拥有非常广阔的消费市场和劳动力市场，是中国产业转移的重要投资市场。中国企业对非洲投资的投资规模和投资区域将会持续扩大，这不仅符合中非政治经济合作的战略伙伴关系，也符合产业转移规律，同时也给非洲带来了技术、资金、人才、税收、就业等。中国企业对非洲直接投资的未来发展趋势表现为以下五个方面。

第一，投资规模将持续扩大。中国企业对非洲的投资动机主要是基于资源进口、寻求潜在市场和部分产业转移。非洲已经成为中国能源、矿产等重要资源的进口来源地，并且随着中东局势的紧张，巴以关系冲突，中国对非洲的能源、资源进口规模还将持续扩大，与此同时，中国企业对非洲的投资也将会进一步提高。截至 2014 年年底，中国已经连续 6 年成为非洲最大贸易伙伴国，非洲也已经成为中国第四大投资目的地和第二大海外工程承包市场。中非合作领域的不断扩大体现出中非经济合作的互补性，也表现出非洲强大的市场潜力和投资吸引力。

第二，投资地域进一步扩张。非洲政治局势日趋稳定，经济形势日益好转，这为中国企业对非洲的直接投资创造了良好的投资环境。在政治发展方面，建立起具有非洲特色的“多党民主体制”，并创造性提出建立“非洲互查机制”；在解决冲突方面，非洲联盟以积极姿态主动介入，依靠非洲整体力量解决地区安全问题；在经济发展方面，非洲各国着力发展经济，纷纷出台各项优惠政策吸引外国投资，经济改革卓有成效[①]。因此中国企业对非洲直接投资地域也在不断扩张。截至 2014 年年底，中国企业对非洲的直接投资已经扩展到 52 个国家，涵盖能矿资源开发、制造业、零售业等多个领域。伴随着民营企业的不断涌入，中国企业对非洲投资的地域范围还将进一步扩张。

第三，投资行业进一步拓展。目前中国正努力使劳动密集型和自然资源密集型的产业向国内欠发达地区转移，部分产业也将从产品的低端环节向高

① Dunning J H. Trade, Location of Economic Activity and the MNE: a Search For an Eclectic Approach[C]//Ohlin et al. (eds.) The International Location of Economic Activity. London: Macmillan, 1977.

端环节转化，非洲已经成为中国企业产业转移重要的投资地，且这种转移趋势将会愈发明显。中国企业对非洲直接投资由以前的资源能源类行业为主，逐步延伸到了国内具有相对竞争优势的产业。近年来，制造业、服务业以及电信业已经成为中非投资合作的新亮点。在金融领域，截至 2014 年年底，中国对非洲金融业直接投资存量已达 53.2 亿美元，占全部对非投资的 16.4%；在商贸领域，中国企业与当地公司合作开发的安哥拉国际商贸城项目已经开工，这将会成为非洲西南部地区最大的商贸物流中心、会展中心以及投资服务中心；除此之外，还有很多中国中小企业投资者在非洲从事农副产品加工、小商品生产等。中国对非洲多元化投资趋势正在形成，也将会得到进一步拓展。

第四，投资主体多元化。过去中国企业对非洲的直接投资大多是以政府为主导，以国有企业为主体。伴随着民营企业实力的不断提升，以及“走出去”战略的深入推进①，特别是在国内发展增速放缓、经济寻求转型的背景下，一些民营企业开始着眼于海外市场的开发。非洲拥有发展经济的巨大潜力，近年来已经成为世界上经济增长最迅速的地区之一。巨大的发展空间吸引着中国企业的投资，民营企业数量增长。从投资领域来看，民营项目和国有企业项目显示巨大差别。民营投资项目主要集中在制造业和服务业，国有投资项目则集中在建筑业和资源开采上。随着中国经济结构的转型和调整，中国企业对非洲投资的主体日趋多样化。

第五，投资模式趋于多样化。以前出于对能源资源的需求，中国企业对非洲的直接投资大多是以资源类行业投资为主，其他行业投资涉及很少，投资主体和领域都比较单一，因此，在这一阶段，投资方式以“安哥拉”模式为主，这种模式符合非洲资源丰富但发展落后的特点。随着中国企业对非洲投资领域的拓展，投资模式也在不断发生变化。例如，目前中国正在加大对非洲制造产业的投资力度，绿地投资就成为中国制造企业普遍选择的方式。大型企业共同建设的境外经贸合作区也带动了中小企业的对非投资，成为商贸服务业在非洲的主要投资模式，这种模式有利于中国企业在非洲实现

① 李平，徐登峰.“走出去”战略：制度形成与改革展望[J]. 国际经济合作，2008(5)：4-8.

本土化经营。因此，伴随着投资领域的不断拓展，投资模式多样化的趋势必将继续增强。

3.3.4　中国企业对“一带一路”沿线国家的投资

2013年中国国家主席习近平在访问中亚和东南亚时，分别提出了推动建设“丝绸之路经济带”和“21世纪海上丝绸之路”的战略性倡议，并且中国共产党的十八届三中全会通过了《中共中央关于全面深化改革若干重大问题的决定》，此决定正式地将“推进丝绸之路经济带、海上丝绸之路建设，形成全方位开放新格局”作为统筹中国全面对外开放的国家战略，因此，“一带一路”的构想正式上升到国家战略高度，引起了全球广泛关注。2015年3月28日，国家发展改革委、商务部、外交部联合发布《推动共建丝绸之路经济带和21世纪海上丝绸之路的愿景与行动》，这标志着“一带一路”倡议已经进入了正式实施阶段。

自“一带一路”倡议被提出来以后，中国企业对沿线相关国家的直接投资进入快速发展阶段，呈现出投资规模大、增速快等特点。据商务部统计，截至2015年，中国企业对“一带一路”沿线相关的共49个国家采取了直接投资的措施，投资额总计148.2亿美元，同比增长18.2%。“一带一路”沿线国家已经成为中国重要的对外直接投资区域。本书基于历年《世界投资报告》《中国对外直接投资统计公报》及商务部等官方网站数据，总结和分析了近年来中国企业对“一带一路”沿线国家对外直接投资流存量、地区行业分布，并在此基础上指出中国企业对“一带一路”沿线国家对外直接投资的挑战与趋势，有利于投资者了解沿线国家经济状况，降低对外直接投资风险，为中国企业扩大对沿线国家的投资提供参考，进一步深化中国同沿线国家经贸合作，实现地区经济的繁荣发展。

(1) “一带一路”沿线空间分布格局

“一带一路”包括“丝绸之路经济带”辐射国和“21世纪海上丝绸之路”辐射国[①]。“一带一路”以中国为辐射中心，地理区域横跨亚欧大陆、印度洋以及西

① 钟飞腾，朴珠华，刘潇萌等. 对外投资新空间——“一带一路”国别投资价值排行榜[M]. 北京：社会科学文献出版社，2015.

太平洋，西北方向可达波罗的海的三个国家（立陶宛、爱沙尼亚、拉脱维亚），东北方向可到达蒙古和俄罗斯，西南方向延至也门和埃及，东南方向可达印度尼西亚，其辐射国家范围相当广泛，是目前世界上发展潜力最大、跨度最长的经济大走廊①。

"一带一路"没有明确划定地理界线，本质是一个国际合作的倡议，向所有志同道合的国家和地区开放。从地域分布来说，参与"一带一路"建设的国家和地区主要在中亚、东南亚、北非、南亚、中东欧和西亚等区域，具体如表 3-17② 所示。

表 3-17 "一带一路"沿线主要国家和地区

区　域	主要国家和地区
东盟 10 国	柬埔寨、老挝、马来西亚、新加坡、越南、文莱、印度尼西亚、泰国、菲律宾、缅甸
西亚 18 国	伊朗、伊拉克、土耳其、叙利亚、约旦、黎巴嫩、以色列、巴勒斯坦、沙特阿拉伯、也门、阿曼、阿联酋、卡塔尔、科威特、巴林、希腊、塞浦路斯、埃及的西奈半岛
南亚 8 国	孟加拉国、印度、巴基斯坦、不丹、尼泊尔、马尔代夫、阿富汗、斯里兰卡
中亚 5 国	乌兹别克斯坦、土库曼斯坦、哈萨克斯坦、吉尔吉斯斯坦和塔吉克斯坦
独联体 7 国	俄罗斯、乌克兰、白俄罗斯、格鲁吉亚、阿塞拜疆、亚美尼亚、摩尔多瓦
中东欧 16 国	波兰、立陶宛、爱沙尼亚、拉脱维亚、捷克、斯洛伐克、匈牙利、斯洛文尼亚、克罗地亚、波黑、黑山、塞尔维亚、罗马尼亚、保加利亚、马其顿、阿尔巴尼亚
东亚	蒙古

目前，"一带一路"沿线国家除中国外，人口规模达到 30.8 亿，占世界人口比重的 44%，国民经济总量约 12.8 万亿美元，占全球经济总量的 17%，是世界当前经济发展最活跃的地区之一。"一带一路"沿线以发展中国家为主，大部分国家和地区后发优势强劲，发展空间巨大。一旦"一带一路"理念被绝大多数国家认同，并且落到实处，该地区将会成为世界上东西跨度最

① 周五七."一带一路"沿线直接投资分布与挑战应对[J].改革，2015(8)：39-47.

② 邹嘉龄，刘春腊，尹国庆等.中国与"一带一路"沿线国家贸易格局及其经济贡献[J].地理科学进展，2015，34(5)：598-605.

长、发展潜力最大的经济走廊，能够有效提升沿线国家和地区的全球竞争力和影响力。

(2) 中国对“一带一路”沿线国家直接投资格局

根据商务部、国家统计局、国家外汇管理局2015年发布的《2014年度中国对外直接投资统计公报》数据显示，2014年中国对“一带一路”沿线国家的直接投资存量为924.6亿美元，大约是2004年的48倍，直接投资流量为136.6亿美元，是2004年中国对沿线国家投资流量的36倍左右，从中可以看出，中国对沿线国家的直接投资增长迅速。但是从全球投资角度来看，2014年中国对沿线国家的直接投资存量仅占中国对外投资存量的10.5%，直接投资流量也仅仅只占到中国对外投资流量的11.1%，未来发展潜力巨大。加大对“一带一路”沿线国家的投资是中国推动“一带一路”实施的重要环节。

① 中国对“一带一路”沿线国家投资存量分析。中国对“一带一路”沿线国家投资存流量也呈现快速增长态势，具体见表3-18。

表3-18　2006—2014年中国对“一带一路”沿线国家对外直接投资存流量情况

年　份		2006	2007	2008	2009	2010	2011	2012	2013	2014
存量	金额/亿美元	52.0	96.1	200.5	201.5	290.3	412.3	567.6	720.2	924.6
	占比	5.7%	8.1%	10.9%	8.2%	9.2%	9.7%	10.7%	10.9%	10.5%
流量	金额/亿美元	11.9	32.5	45.3	45.2	77.4	99.3	133.2	126.3	136.6
	占比	5.6%	12.2%	8.1%	8.0%	11.3%	13.3%	15.2%	11.7%	11.1%
中国对外直接投资存量/亿美元		906.3	1 179.1	1 839.7	2 457.5	3 172.1	4 247.8	5 319.4	6 604.8	8 826.4
中国对外直接投资流量/亿美元		211.6	265.1	559.1	565.3	688.1	746.5	878.0	1 078.4	1 231.2

资料来源：根据商务部、统计局、外汇管理局联合发布的2007—2015年度《中国对外直接投资统计公报》整理所得.

截至2014年底，中国对“一带一路”沿线国家投资存量达到924.6亿美元，较2013年增长28.4%，增速位居中国企业主要投资地区前列，具体如图3-23所示。

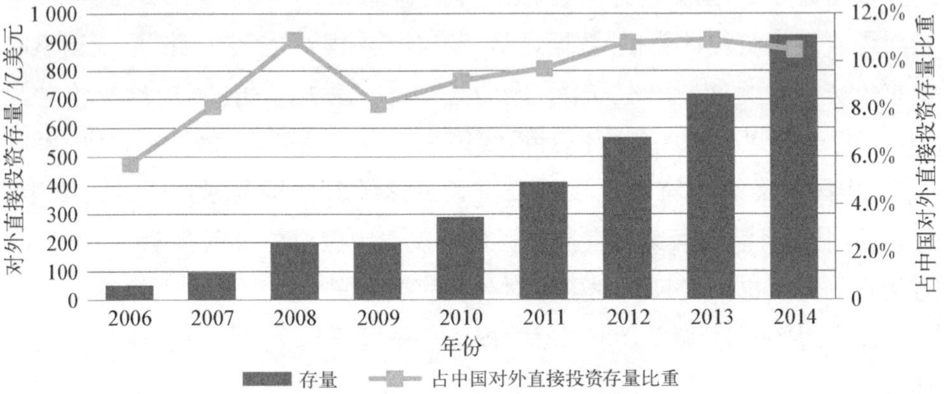

图3-23 中国企业对“一带一路”沿线国对外直接投资存量状况

注：此资料系从2007—2015年度《中国对外投资统计公报》数据整理得来.

2006—2014年中国对“一带一路”沿线国家投资存量从最初的52.0亿美元增长到924.9亿美元。自从中国提出“一带一路”倡议之后，中国对沿线国家的投资规模迅速扩大，2013—2014年投资存量增长了200多亿美元。虽然中国对“一带一路”沿线国家投资规模扩大迅速，但是同时也能看到，中国对“一带一路”沿线国家投资存量占中国整个对外直接投资存量比重的增速近两年正在放缓。因此，中国对“一带一路”沿线直接投资存量的总体特点是存量规模迅速扩大，但是比重逐渐放缓。

② 中国对“一带一路”沿线国家投资流量分析。“一带一路”沿线国家是全球投资热门国家，中国对“一带一路”沿线国家的直接投资额也在迅速增长。

如图3-24所示，截至2014年中国对“一带一路”沿线国家的直接投资流量已经达到136.6亿美元，是2006年投资流量的11倍多，尤其是在2009年金融危机以后中国对“一带一路”沿线国家的投资流量呈井喷式增长，直到2013年受欧洲债务危机以及其他方面因素影响出现短暂下滑，之后基本上维持稳定增长。从对沿线国家投资流量占中国对外直接投资流量的比重来看，2008年以前，中国对沿线国家流量占比波动幅度较大，2008年以后中国对沿线国家流量占比呈现不断增长态势，直到2012年出现了下滑，之后一直保持稳定。总体来说，“一带一路”的沿线国家在中国企业对外直接投资的地位不断上升，这反映了中国企业对“一带一路”沿线国直接投资的趋势正在不断加强。

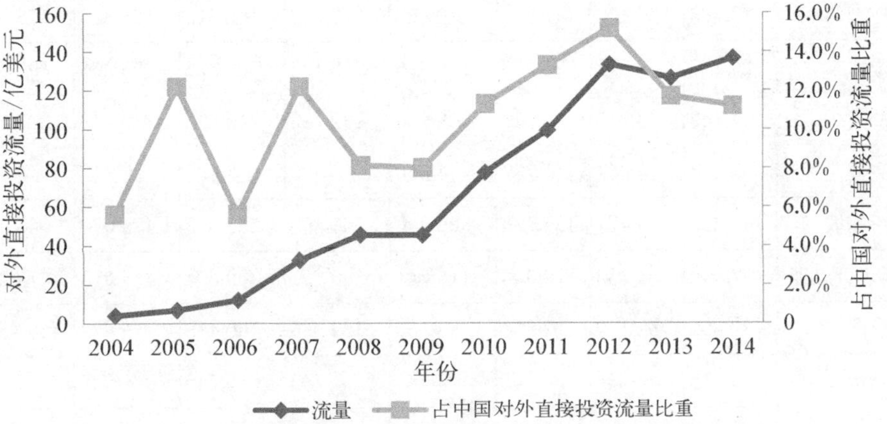

图3-24 中国企业对“一带一路”沿线国家对外直接投资流量状况

注：此资料系从2005—2015年度《中国对外投资统计公报》数据整理得来.

(3) 中国对“一带一路”沿线投资地区分布

① 中国对东南亚地区的投资。中国与东盟的经济交往日益密切，并且东盟已经成为中国企业对外直接投资的重要区域之一[①]。中国连续6年都是东盟的第一大贸易伙伴，东盟已经连续4年为中国的第三大贸易伙伴。东盟也是中国的第二大进口来源地和第四大出口市场。

从存量上看，2014年，中国对东南亚地区的投资存量达到了476.48亿美元，首次突破了400亿美元大关，其中对新加坡投资存量最多，达到了206.40亿美元，对东帝汶投资存量最少，投资存量仅为0.16亿美元，具体如表3-19所示。

① 赵晓峰.李虹含.中国对东盟直接投资的现状、问题与对策探析[J].现代管理科学，2015(10)：79-81.

表 3-19　2007—2014 年中国对东南亚直接投资存量情况　单位：万美元

国　家	2007	2008	2009	2010	2011	2012	2013	2014
菲律宾	4 304	8 673	14 259	38 734	49 427	59 314	69 238	75 994
柬埔寨	16 811	39 066	63 326	112 977	175 744	231 768	284 857	322 228
老挝	30 222	30 519	53 567	84 575	127 620	192 784	277 092	449 099
马来西亚	27 463	36 120	47 989	70 880	79 762	102 613	166 818	178 563
缅甸	26 177	49 971	92 988	194 675	218 152	309 372	356 968	392 557
泰国	37 862	43 716	44 788	108 000	130 726	212 693	247 243	307 947
文莱	438	651	1 737	4 566	6 613	6 635	7 212	6 955
新加坡	144 393	333 477	485 723	606 910	1 060 269	1 238 333	1 475 070	2 063 995
印度尼西亚	67 948	54 333	79 906	115 044	168 791	309 804	465 665	679 350
越南	39 699	52 173	72 850	98 660	129 066	160 438	216 672	286 565
东帝汶	45	45	745	745	745	745	905	1 578
合　计	395 362	648 744	957 887	1 435 766	2 146 915	2 824 499	3 567 740	4 764 831

资料来源：根据 2008—2015 年度《中国对外投资统计公报》整理所得.

如表 3-19 所示，2007—2014 年中国对东南亚地区投资存量绝大部分集中在新加坡、老挝、缅甸、印度尼西亚、柬埔寨等国家，而对其他地方投资较少。值得注意的是，2014 年中国对老挝的直接投资存量已经超越了柬埔寨、缅甸，跃居第三，仅次于新加坡和印度尼西亚。从图 3-25 中可以看出，中国对东南亚直接投资存量的规模呈现不断增长态势。

从流量上看，2014 年，中国对东南亚地区投资流量达到 78.20 亿美元，对新加坡投资流量最多，达到了 28.14 亿美元，见图 3-26。

从图 3-26 中可以明显看出，中国企业近几年来投资的重心一直放在新加坡，主要是因为新加坡投资环境良好，法律制度比较健全，吸引了大批中国投资商前去投资。2011—2014 年，中国企业在以新加坡为主的同时，也加大了对东盟其他国家的投资，其中增长较快的主要有印度尼西亚和老挝等国家。

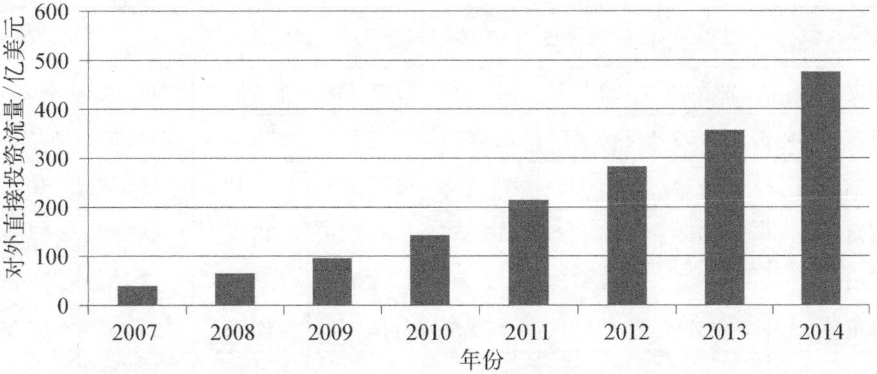

图 3-25　2007—2014 年中国对东南亚对外直接投资存量趋势

资料来源：2008—2015 年度《中国对外投资统计公报》数据整理得来.

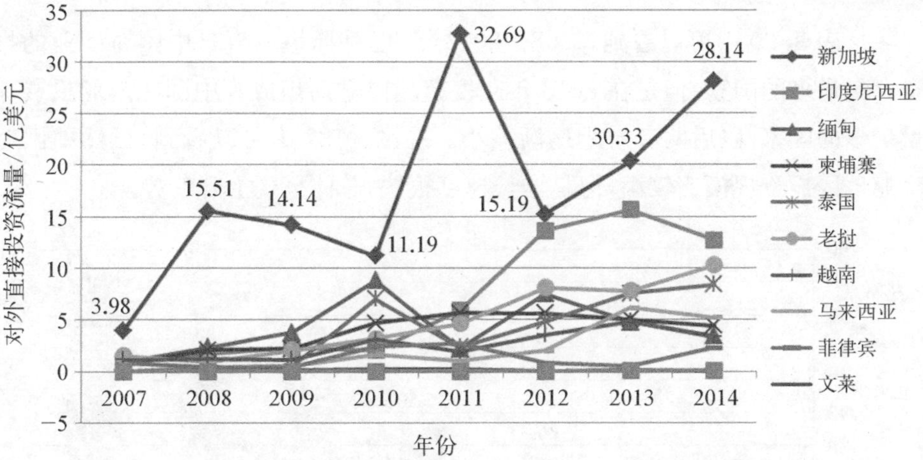

图 3-26　2007—2014 年中国企业对东盟十国对外直接投资流量变化

资料来源：根据 2008—2015 年度《中国对外投资统计公报》数据整理得来.

② 中国对南亚地区的投资。从存量上看，2014 年，中国企业对南亚地区的投资存量已经达到 83.27 亿美元，南亚地区中对巴基斯坦的投资存量最多，高达 37.37 亿美元；投资存量第二是印度，为 34.07 亿美元；对马尔代夫的投资存量相对最少，为 0.02 亿美元。具体如表 3-20 所示。

表 3-20　2008—2014 年中国对南亚地区投资存量分布　　单位：万美元

国　家	2008	2009	2010	2011	2012	2013	2014
印度	22 202	22 127	47 980	65 738	116 910	244 698	340 721
巴基斯坦	132 799	145 809	182 801	216 299	223 361	234 309	373 682
孟加拉国	4 814	6 030	6 758	7 668	11 725	15 868	16 024
阿富汗	11 469	18 132	16 859	46 513	48 274	48 742	51 849
尼泊尔	867	1 413	1 594	2 480	3 358	7 531	13 834
斯里兰卡	1 678	1 581	7 274	16 258	17 858	29 265	36 391
马尔代夫	—	—	—	—	—	165	237
不丹	—	—	—	—	—	—	—
合　计	173 829	195 092	263 266	354 956	421 486	580 578	832 738

资料来源：根据 2009—2015 年度《中国对外投资统计公报》整理得来.

从表 3-20 中可以看到，2008—2012 年，巴基斯坦一直是中国对南亚的投资存量最多的国家，但是在 2013 年印度超越巴基斯坦成为中国在南亚投资存量最多的国家，以后两者差距逐渐缩小。在图 3-27 中可以看到，虽然中国对南亚地区投资规模比较小，但是增长速度很快，总体呈现上升趋势。

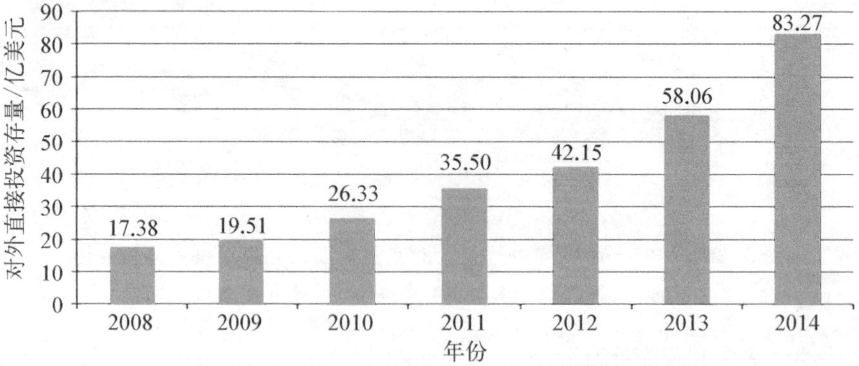

图 3-27　2008—2014 年中国对南亚对外直接投资存量趋势

资料来源：根据 2009—2015 年度《中国对外投资统计公报》数据整理得来.

从流量上看，截至 2014 年，中国对南亚地区投资流量为 15.2 亿美元，其中对巴基斯坦投资流量最多，为 10.1 亿美元；其次是印度，投资流量为 3.2 亿美元，如图 3-28 所示。2008—2014 年，中国对南亚的投资流量总体上呈现上升趋势，受金融危机和欧债危机影响，2009 年和 2012 年中国对南亚地区投资流量都有大幅度下滑。

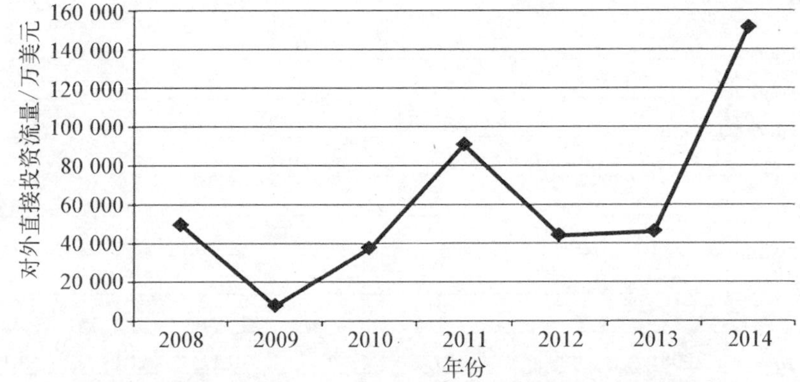

图 3-28　2008—2014 年中国对南亚对外直接投资流量趋势

资料来源：根据 2009—2015 年度《中国对外投资统计公报》数据整理得来.

③ 中国对中亚地区的投资。从存量上看，2014 年，中国对中亚地区投资存量为 100.9 亿美元。其中，对哈萨克斯坦投资存量最多，达到了 75.4 亿美元，占到了将近四分之三；其次是吉尔吉斯斯坦，投资存量为 9.8 亿美元。中国对乌兹别克斯坦的投资存量最少，仅仅为 3.9 亿美元，具体见图 3-29。

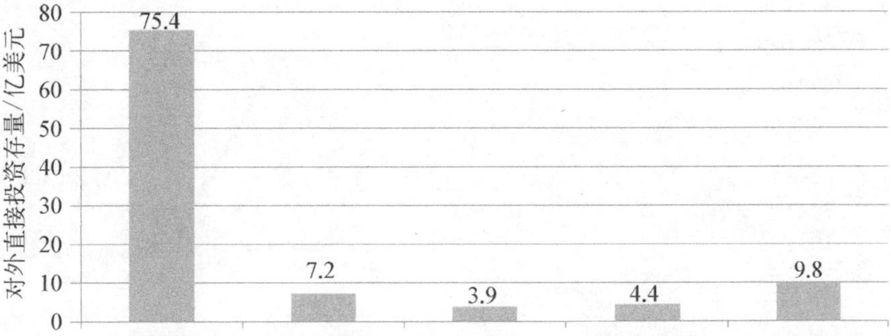

图 3-29　2014 年中国对中亚地区对外直接投资存量分布

资料来源：2015 年度《中国对外直接投资统计公报》.

从流量上看,2014 年中国对中亚地区投资流量为 5.5 亿美元。其中,对土库曼斯坦投资流量最多,为 19 515 万美元;其次是乌兹别克斯坦,投资流量为 18 509 万美元;对哈萨克斯坦的投资流量为负值(—4 007 万美元)(图 3-30)。

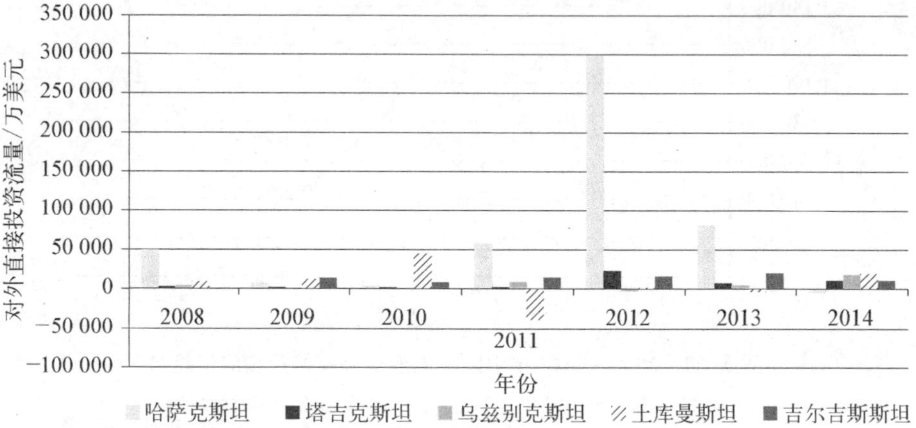

图 3-30　2008—2014 年中国对中亚对外投资流量分布

资料来源:根据 2009—2015 年度《中国对外投资统计公报》数据整理得来.

如图 3-31 所示,总体上来看,2008—2012 年,中国对中亚投资流量呈现上升趋势,尤其是 2011—2012 年,中国对中亚投资流量呈现井喷式增长,并且在 2012 年达到峰值。但在 2012 年以后又开始急剧下跌,并且这种趋势还没有止

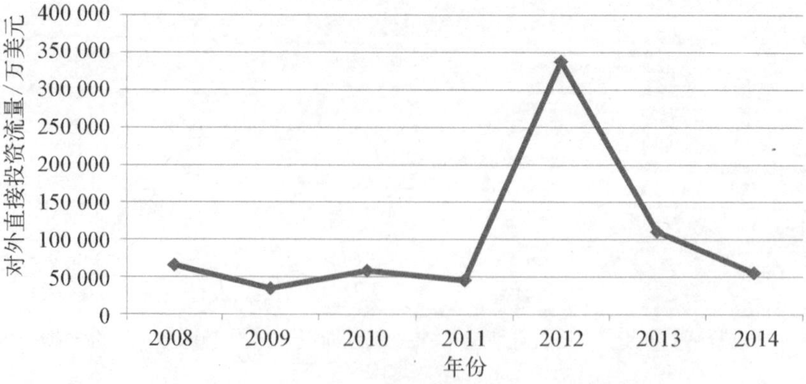

图 3-31　2008—2014 年中国对中亚对外直接投资流量趋势

资料来源:根据 2009—2015 年度《中国对外投资统计公报》数据整理得来.

住，总体来说中国对中亚地区投资流量波动幅度非常大。

④ 中国对西亚和中东地区的投资。从存量上看，2014 年，中国对西亚和中东地区的投资存量达到了 91 亿美元，并且中国对西亚和中东地区的投资主要集中在伊朗、沙特、阿联酋和土耳其等国家。其中，对伊朗的投资存量达到了 28.5 亿美元，对巴勒斯坦投资存量最少，仅仅只有 4 万美元。

从图 3-32 中可以看到，2008—2014 年，中国对西亚和中东地区投资存量整体呈现上升趋势，并且增长速度一直保持稳定。

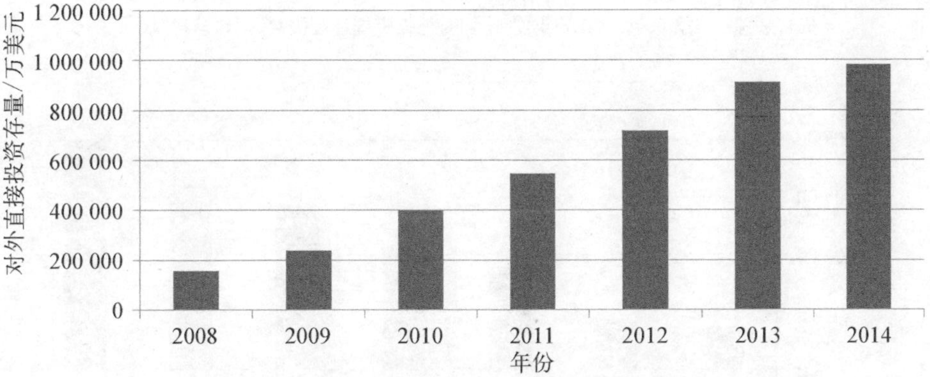

图 3-32　2008—2014 年中国对西亚和中东地区对外直接投资存量变化

资料来源：根据 2009—2015 年度《中国对外投资统计公报》数据整理得来.

从流量上看，2014 年中国对西亚和中东地区投资流量为 23.6 亿美元，其中对伊朗投资流量最多，达到了 5.9 亿美元，对巴林、巴勒斯坦以及亚美尼亚均没有投资。如图 3-33 所示，2008—2014 年中国对西亚和中东地区投资流量呈现稳步上升的态势。

⑤ 中国对中东欧地区的投资。从存量上看，2014 年，中国在中东欧地区的投资存量达 20.2 亿美元。在此地区中对匈牙利的投资存量最多，高达 5.7 亿美元，其中，对黑山投资存量最少，仅仅只有 32 万美元。如图 3-34 所示，中国对中东欧地区投资存量虽然很少，但是总体呈现增长的趋势。

从流量上看，2014 年，中国对中东欧地区投资流量仅为 2.7 亿美元，是中国在“一带一路”沿线投资最少的地区。如图 3-35 所示，中国对中东欧地区的

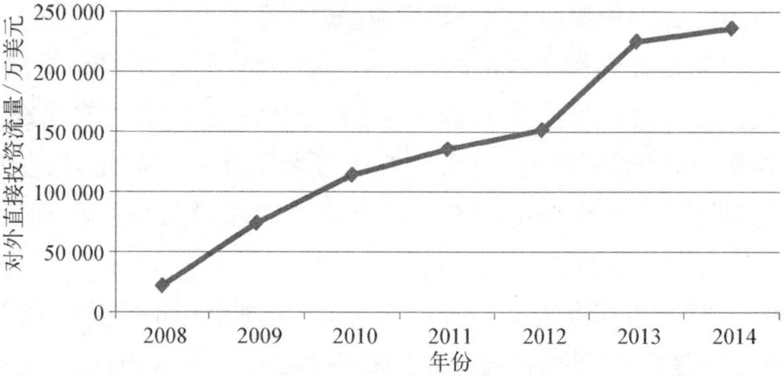

图 3-33　2008—2014 年中国对西亚和中东地区对外直接投资流量趋势

资料来源：根据 2009—2015 年度《中国对外投资统计公报》数据整理得来.

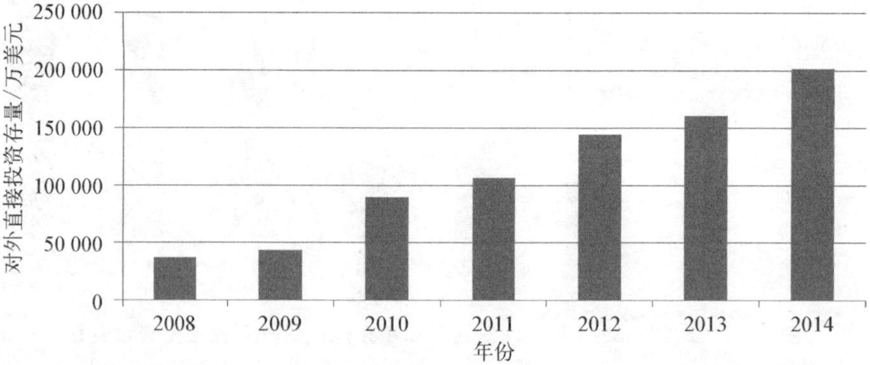

图 3-34　2008—2014 年中国对中东欧地区对外直接投资存量变化

资料来源：根据 2009—2015 年度《中国对外投资统计公报》数据整理得来.

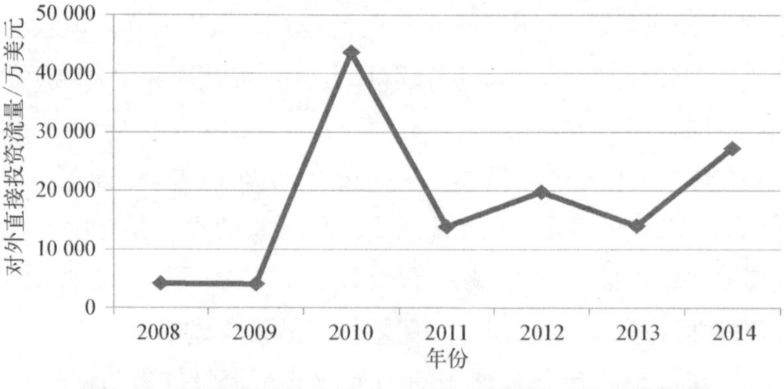

图 3-35　2008—2014 中国对中东欧对外直接投资流量趋势

资料来源：根据 2009—2015 年度《中国对外投资统计公报》数据整理得来.

投资流量整体规模偏小，且部分年份波动幅度较大。

⑥ 中国对蒙俄的投资。从存量上看，2014 年，中国对蒙俄的投资存量达到 124.6 亿美元，其中对俄罗斯投资存量为 86.9 亿美元，对蒙古国的投资存量为 37.6 亿美元。如图 3-36 所示，2008—2014 年中国对蒙俄地区投资存量表现为稳步增长态势。

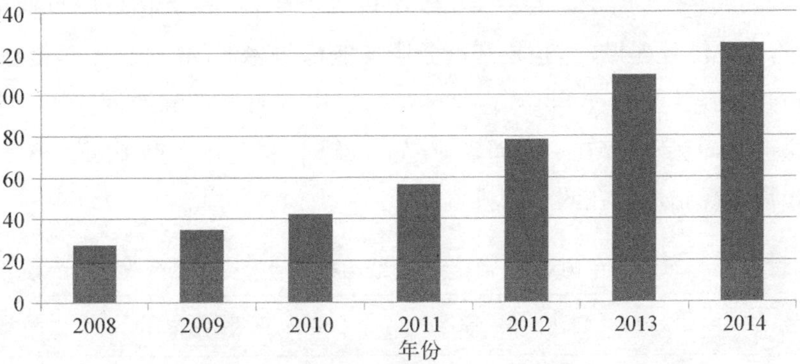

图 3-36　2008—2014 年中国对蒙俄对外直接投资存量变化

资料来源：根据 2009—2015 年度《中国对外投资统计公报》数据整理得来.

从流量上看，2014 年，中国对蒙俄投资流量为 11.4 亿美元，较 2013 年的 14.0 亿美元有所下降，其中，对俄罗斯的投资流量为 6.3 亿美元，对蒙古国的投资流量为 5.1 亿美元。如图 3-37 所示，2008—2012 年，中国对蒙俄投资流

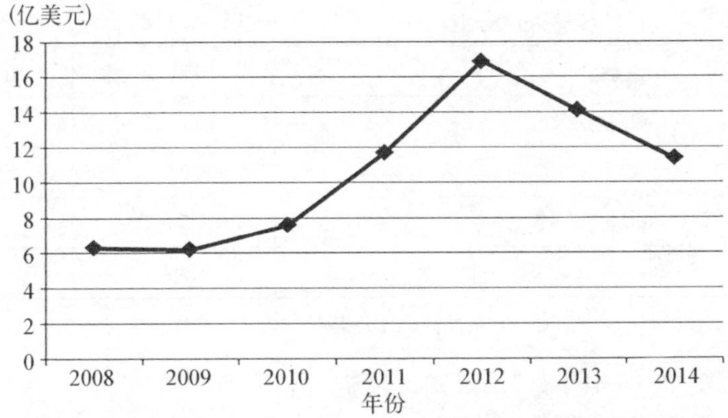

图 3-37　2008—2014 年中国对蒙俄对外直接投资流量变化

资料来源：根据 2009—2015 年度《中国对外投资统计公报》数据整理得来.

量呈现快速增长态势，受国际经济大环境影响，在2012年以后中国对蒙俄投资流量逐渐减少。

(4) 中国对“一带一路”沿线国家投资行业分布

中国当前对“一带一路”沿线国家的投资行业高度集中，主要分布在租赁和商务服务业、批发和零售业、金融业、仓储和邮政业、采矿业以及交通运输等，具体如表3-21所示。在表3-21中可以看到，从投资存量的行业分布来看，不管在亚洲还是欧洲，租赁和商务服务业都是稳居第一位，尤其是在亚洲，租赁和商务服务业超过了40%。总体来说，中国对亚洲和欧洲投资行业的分布大同小异，但是也存在一些差别，比如在欧洲，制造业占据了第三位，这表明中国非常重视制造业在欧洲的投资。

表3-21　2014年中国对“一带一路”沿线国家直接投资存量行业分布示意图

地区	行业名称	存量/亿美元	比重
亚洲	租赁和商务服务业	2 408.2	40.1%
	批发和零售业	812.9	13.5%
	金融业	809.6	13.5%
	采矿业	742.7	12.4%
	交通运输、仓储和邮政业	283.5	4.7%
	合　计	5 056.9	84.2%
欧洲	租赁和商务服务业	161.8	23.3%
	金融业	137.5	19.8%
	制造业	117.2	16.9%
	采矿业	107.9	15.5%
	批发和零售业	54.7	7.9%
	合　计	579.1	83.4%

资料来源：《2014年度中国对外直接投资统计公报》.

(5) 中国对“一带一路”沿线国家投资特点

① 比重较低，但投资规模增长迅速。2014年中国对外直接投资存量为8 826.4亿美元，但是，对“一带一路”沿线国家的对外直接投资存量仅仅为

924.6亿美元，只占中国对外直接投资存量的10.5%；2014年中国对外直接投资流量为1 231.2亿美元，对“一带一路”沿线国家对外直接投资流量仅为136.6亿美元，只占中国对外直接投资流量的11.1%，所以整体来看，无论是流量还是存量中国对“一带一路”沿线国家的投资比重相对来说比较低。

虽然当前中国对“一带一路”沿线国家投资比重相对较低，但是随着“一带一路”倡议的逐渐推进，中国对沿线国家的投资规模会迅速增长。《中国对外直接投资统计公报》数据显示，2006—2014年中国对沿线国家的投资存量增加近48倍。截至2014年年底，中国对“一带一路”沿线国家投资存量达到924.6亿美元，较2013年增长28.3%，增速位居中国企业主要投资地区前列；2014年中国对“一带一路”沿线国家的直接投资流量是2006年直接投资流量的36倍。尤其是在2009年金融危机以后中国对“一带一路”沿线国家的直接投资流量呈井喷式增长，直到2013年受欧洲债务危机影响以及其他方面因素影响出现短暂下滑，之后基本上维持稳定增长。

② 投资行业分布高度集中。中国对“一带一路”沿线国家投资行业特征为高度集中，投资的主要行业集中在：金融业、租赁和商务服务业、采矿业、交通运输、仓储和邮政业、批发和零售业等。从投资存量的行业分布来看，不管在亚洲还是欧洲，租赁和商务服务业都是稳居第一位，尤其是在亚洲，租赁和商务服务业超过了40%。除此之外，采矿业在欧洲占据第三的位置，在亚洲也占据第四，这表明对资源的需求依然是中国企业对外直接投资的重要方向。

③ 投资的地区分布不均匀。当前，中国对“一带一路”沿线国家的投资最主要分布在东南亚地区，2014年中国对东南亚的对外直接投资存量首次突破了400亿美元大关，达到了476.49亿美元，占同期中国对“一带一路”沿线投资存量的51.5%，这主要得益于该地区政治经济环境比较稳定，并且与中国在文化方面差异较小。另外，中国对蒙俄地区以及中亚的投资存量分别占据中国对“一带一路”沿线国家投资存量的13.5%和11.0%，中国在这些地区的投资主要是基于资源能源需求的动机。受地理位置和文化差异的影响，中国对中东欧地区的投资环境还不是很熟悉。截至2014年，中国对沿线中东欧国家

的投资仅占中国对“一带一路”沿线国家投资存量的 2.2%，是中国对“一带一路”沿线投资最少的地区。

(6) 中国对“一带一路”沿线投资趋势

“一带一路”倡议并非偶然提出，而是根据当前中国经济的发展形势以及国际经济大环境提出来的。目前中国经济正处于转型升级的关键阶段，如何实现国民经济的平稳快速发展和产业结构的转型升级，从而避免落入“中等发达国家陷阱”成为当前中国经济发展的重要议题。

在国际金融危机和欧债危机爆发后，全球经济格局正面临着调整和变革，以中国为代表的新兴经济体逐渐提升在世界经济环境中的国际影响力，并成为推动世界经济发展的强大引擎。

在这样的背景下，“一带一路”倡议的提出既有利于构建全方位开放新格局，为中国经济的发展开辟新的市场空间，也有助于增加中国与沿线国家的交流和沟通，促进双边和多边互利共赢，提升区域经济的发展实力。

“一带一路”沿线是当前世界上最具活力和发展潜力的地区，由于沿线国家资源禀赋各异，且经济发展水平存在较大差异，因此经济互补性强，彼此间合作的潜力和市场空间都很大。

① 投资规模不断扩大，投资领域趋于多元化。虽然目前对“一带一路”沿线国家投资总量还比较小，但是中国正在处于推进产业升级和改造以及社会转型的重要阶段，将我国过剩的产能和优势产业技术向周边国家进行转移，共同推进纺织、轻工业、基础设施建设和钢铁等产业体系方面的建设正成为中国经济发展的一个重要特征。“一带一路”倡议涉及 60 多个国家、44 亿人口，并且这些国家绝大多数都是发展中国家，市场空间广阔，投资潜力巨大，因此是中国未来实现产业转移和增加对外投资量的重要方向。

与此同时，中国对“一带一路”沿线国家投资领域也逐渐由传统的资源行业向其他行业多元化发展。目前的“一带一路”倡议已经涉及经济合作、外交、互联互通、区域治理等领域，这就凸显了中国对“一带一路”沿线国家的投资正在向全方位、立体化方向发展。随着亚洲基础设施投资银行和丝路基金的相继成立，中国与“一带一路”沿线国家的投资领域也逐渐扩展到金融服务方面，未来随着双方经济合作领域的不断深化，中国政府将致力于实现“一带一路”

沿线国家多元化、全方位的投资格局。

② 对“一带一路”沿线国家投资环境的评估不断强化。“一带一路”沿线的许多国家当前的国内政局不稳定，政局动荡和执政党的频繁更替会影响招商引资政策的连续性，而且对拟建项目或在建项目以及外国投资者的相关利益以及合法权益会带来无法确定的影响。因此对东道国投资环境的评估，构建完善的风险预警和防范体系将是中国未来投资的重要任务。

近年来中国信用保险公司开始发布专门针对海外投资企业的《国家风险分析报告》，评估和分级了世界上主要国家的风险，这为中国企业对“一带一路”沿线国家投资提供了相关的参考信息，但是随着中国对“一带一路”沿线国家投资规模的扩大，需要设立专门对“一带一路”国家进行风险评估的机构，加强建设对“一带一路”沿线国家投资相关的信息数据库，为中国企业深化开展对外直接投资及时提供业务指导和信息咨询。相关行业商会、协会和中介组织等应该尽力为对外直接投资企业提供风险预警平台和投资信息交流平台，及时向投资企业发布相关的投资风险预警信息。

③ 投资地域逐渐由周边国家向沿线地区辐射。由于文化因素和地理位置的影响，中国目前对“一带一路”沿线国家的投资主要还是集中在东南亚地区。据相关统计，截至 2014 年，中国对东南亚地区的投资存量占到了 51.5%，远远高于中国对沿线其他地区的投资，这主要得益于东南亚地区较为稳定的政治经济环境以及地理文化因素。但是自 2012 年以后中国对东南亚地区的投资逐渐减少，与此同时对南亚、中亚、西亚以及中东欧地区的投资流量呈现稳步增长态势，尤其是在中东（西亚）地区，中国的投资增长最为迅速，这主要是因为中国对资源能源的需求日益加大，而该地区能源资源非常丰富。预计在未来，随着中国与“一带一路”沿线国家的合作关系愈发密切，中国对“一带一路”投资地区也会逐渐由周边向沿线其他地区辐射，形成投资地域多极化的投资格局。

第 4 章

中国企业对外直接投资风险的理论阐释

近年来,经济全球化趋势不断加强,中国企业海外投资的步伐不断加快。经济环境复杂多变,国际经济环境具有更多复杂性和不可预测性,我国企业在对外直接投资过程中面临着众多风险。

本章首先分析了中国企业对外直接投资的动机,也就是中国企业为什么要"走出去"的问题,然后分析了企业对外直接投资的共性风险,中国企业由于所在国家政治制度差异、投资区位特征、投资动机特征、投资主体特征,以及"后进者"角色所导致风险的类型及表现形式的特殊性,最后综合一般性和特殊性风险分析,从宏观、中观和微观三个层面得出中国企业对外直接投资风险分析的综合框架。

4.1 中国企业对外直接投资的动机与特征

4.1.1 中国企业对外直接投资的动机

对于是什么原因促使中国企业"走出去"的问题,国际政治、经济以及管理领域的学者从不同的视角进行了分析。国外的学者侧重于提出一个有别于发达国家的理论来解释发展中国家的海外投资,如罗尔和桑贾亚(Lall, Sanjaya,

1983)提出了“技术地方化理论”,用来解释发展中国家对发展中国家的投资。坎特威尔(Cantwell,1990)则提出对外直接投资技术创新升级理论,阐述发展中国家在对外直接投资过程中对地理区位和行业分布的选择。

国内学者的研究则主要从两个方面展开,一是基于企业自身的发展需要方面的动因;二是基于外部的推动和促进方面的动因。例如,刘新民(1999)以华为为例,提出中国企业对美国进行投资的原因是为了进军国际市场,充分利用发达国家技术、人力、资本方面的优势,有效规避关税和非关税壁垒;王志乐(2004)认为,我国当时正处在企业跨国经营的初级阶段,中国企业海外投资的目的是获取能源、先进技术以及扩大海外市场;顾乃康(2001)认为,中国企业“走出去”是中央政府推动的结果,目的在于弥补国家缺口和进一步推进企业国际化经营,打造大型跨国企业集团。综观现有的研究,我们认为,中国企业对外直接投资的动机主要有以下几种。

(1) 为了获得更低的成本

企业通过海外直接投资获取相比于国内价格更低的原材料和各种其他生产要素,使公司的综合成本降低,以此获得更高的经济效益,进而提高公司的全球竞争能力。一般来说可以通过以下方式获得更低的成本。一是获取更廉价的劳动力或者土地等生产要素。随着中国经济的增长,原材料、土地以及劳动力价格日趋上涨。一些劳动密集型企业则通过向生产要素价格更低的国家投资以保持相对较低的成本,进而获取竞争优势。二是对货币汇率的考虑。对于以出口为导向的企业来说,汇率的变动能直接影响企业的利润率。如果人民币升值,则会影响中国产品的对外出口。通过对海外的直接投资可以在一定程度上克服本币升值所带来的不利影响。三是可以利用不同国家之间关税税率的不同来降低成本。当一国的关税税率比较高的时候,他国企业存在为了降低产品的成本而在这个国家直接投资设厂进行生产的动机;相反,当一国的关税税率比较低的时候,就会促进本国企业到生产成本更低的国家进行投资。四是出于获得相对廉价的自然资源的考虑。一些企业为了获得稳定的原材料、能源以及矿产的供应,选择在资源丰富的国家投资,建立原材料开采企业,以满足本企业的需求。五是充分利用未充分使用的技术、设备和专利。通过向海外直接投资的形式,对国外输出闲置或者没有充分利用的设备与技术资源,可以摊薄企业的综合生产与经营成本，并且可以实现扩大生产，实现规模效应，提高经营效益。

(2) 为了获得海外市场

这种动机也称为“市场导向型”动机，也就是为了获得东道国的市场而在该国进行直接投资。一般来说，市场导向型投资主要基于以下几个考虑。一是将一些在本国市场处于饱和状态的产品，通过海外投资转移到对该产品需求相对滞后的国家和地区。二是通过海外投资巩固和开拓国外市场以提升企业的整体竞争力。三是考虑到他国的贸易保护主义压力，企业不得不把生产设施转移到东道国或限制比较少的第三国，通过第三国曲线进入目标市场。

(3) 为了获得先进技术和管理经验

发达国家一般具有相比发展中国家更先进的技术和管理方法，企业通过并购等方式在发达国家直接投资，从而获得比较先进的技术、产品设计、生产工艺，并且以此为平台，与其分布在全球各地的子企业共享。目前，这一类投资主要发生在发展中国家向发达国家投资或者发达国家之间的投资。

(4) 为了获得东道国的优惠政策

一些企业进行对外直接投资的目的是利用东道国政府的优惠政策以及所在国家政府的促进性政策。通常为了获得更多的外国直接投资，东道国政府会在税收、金融、土地使用等方面设立相比本国企业更多的优惠政策，通过创造良好的投资软件和硬件吸引海外投资。同样的，母国政府为了促进更多的本国企业到海外投资，也会出台一些鼓励性政策，例如优惠的税收政策、金融与保险政策。

(5) 为了获得垄断优势

当企业的生产要素和信息不能完全流动、市场不完善的情况下，一家具有独特垄断资源和技能(比如独特的技术、管理、组织经验等隐性知识)的企业就有可能选择到国外进行生产。其目的在于利用这些独有的优势，在其他国家的市场获取有利的地位，从而获得垄断利润。内部化理论解释了这个问题，也就是一家在国内具有垄断优势的企业，通过对外直接投资的方式建立企业内部的生产、供应和销售体系，从而将资源优势内部化，以便减少企业由于市场运作或者其体系在功能结构上的缺陷而造成的损失。

中国企业对外直接投资的动机可总结如表 4-1 所示[①]。

---

① 方建文，李啸尘. 国际事务领导全书(第四卷)[M]. 北京：国际文化出版公司，2002：669-672.

表4-1　中国企业对外直接投资的动机分析

一般动机	财务目标	行业倾向	东道国投资环境的关键因素
开拓海外市场	增加收入	制造业	市场容量大、成长快(投资周期理论)
取得规模经济效益	降低成本	固定成本高的行业	市场容量大,且易进入第三国市场(垄断优势理论)
利用生产要素	降低成本	劳动及技能密集型产业	丰富而廉价的劳动力和土地资源(比较优势理论)
利用自然资源	降低成本	资源开发及利用型产业	丰富的自然资源且允许外资进入(比较优势理论)
利用先进技术	增加收入,降低成本	技术密集型产业	信息、技术集聚,工业现代化程度高(比较优势)
开发垄断优势	增加收入	资本及技术密集型产业	基础设施完备、相关产业及市场成长迅速(垄断优势理论、产业内双向投资理论)
国际分散化经营	增加收入	制造业和服务业	当地政治、经济、社会环境稳定,经济富有活力(内部化理论)

4.1.2　中国企业对外直接投资的特征

中国企业对外直接投资与发达国家相比,起步晚、发展历程短。发达国家对外直接投资始于19世纪中期,中国对外直接投资真正起步是在改革开放以后。中国与发达国家相比,在对外直接投资方面又呈现出不同的特征,具体如表4-2所示。

表4-2　中国与发达国家在对外直接投资方面的特征比较

	发达国家	中　国
目的地	全球	投资地区更加多样化,距离和种族联系的影响不大
动机	自然资源、市场、效率和战略资产寻求型	对发展中国家:市场、自然资源、效率型投资;对发达国家:市场寻求、维持和战略资产寻求型

续　表

	发达国家	中　国
行业分布	以避税性投资以及进出口贸易的零售、批发和金融业等服务业，房地产等服务业，以及重化工业、知识密集型行业	以避税性投资以及进出口贸易的零售、批发和金融业等服务业，以及组装型制造业为主
所有权优势的来源	企业所有权优势	主要来源于国家或者区域特有优势
所有权优势列举	① 规模经济；② 金融市场渠道；③ 先进的技术；④ 市场商业秘密；⑤ 跨国经营管理能力；⑥ 对要素和产品市场垂直控制	① 生产环节的高效性；② 适用性生产技术；③ 小规模、劳动密集型
区位优势列举（全球、东道国和母国）	发展中国家：① 廉价劳动力；② 东道国政府的支持；③ 母国政府的支持；④ 转移母国的污染产业。 发达国家：① 目标市场的规模；② 东道国政府的支持；③ 母国政府的支持	① 全球化；② 东道国政府的支持；③ 技术变革与进步；④ 贸易保护抬头；⑤ 汇率升值；⑥ 母国政策的支持
进入方式	注重速度和规模、高控制权	追求速度和规模

(1) 在能源和矿产领域投资比较集中

根据商务部等有关部门的统计，2014 年，中国对外直接投资企业分布在全球 186 个国家和地区，数量上总共达到了 2.97 万家，并且对外直接投资流量达到 1 231.2 亿美元，连续三年位列世界第三大对外投资国。2015 年我国对外直接投资流量再创历史新高，2016 年，在全球外国直接投资流出流量 1.45 万亿美元、较上年下降 2.0%的背景下，中国对外直接投资流量创下 1 961.5 亿美元的历史新高，同比增长 34.7%，在全球占比达到 13.5%。

但是中国企业对外直接投资领域比较集中，国有企业尤其是中央企业是中国对外直接投资的重要组成部分，以大额的并购交易成为主要的投资方式，特别是在能源、矿产、原材料等少数几个行业集中度非常高，而这些行业往往关系到东道国的能源、资源安全，敏感度非常高，很容易导致投资风险。

(2) 投资区位高度集中

中国企业对外直接投资主要分布在亚洲和拉丁美洲，存在着投资区位分布不均衡的问题。截至 2014 年年底，中国企业在亚洲设立的境外企业数量达 1.7 万家，占境外企业总数的 57.1%，中国企业在亚洲设立的境外企业占总的境外投资企业数量的一半还多。2014 年，中国企业在亚洲的投资存量占中国当年海外投资总额的 68.1%，其中，中国香港、新加坡排名靠前。中国企业对拉丁美洲的投资存量为 1 061.1 亿美元，占中国当年海外投资总额的 12.0%；中国企业对欧盟等国家的投资存量为 694.0 亿美元，仅占当年中国对外投资总额的 7.9%；中国企业对大洋洲国家的投资存量为 258.6 亿美元，占中国当年海外投资总额的 2.9%。对非洲国家的总投资占中国当年海外投资总额的 3.7%。

(3) 投资方式以并购为主

在投资方式选择上，绿地投资和并购是两种主要方式。随着中国经济的不断发展与成熟，海外投资方式更加灵活。一般来说，兼并、投资、收购、交换股等方式被普遍采用，合作建设境外的外贸合作区开始兴起。直接并购国外的目标企业能加速企业的国际化步伐和进程，对于中国企业而言，这种方式能够较快地帮助中国企业实现市场、品牌以及技术的跨越式发展。据统计，仅 2014 年一年，我国企业实施的海外并购项目达 595 起，涉及交易总额达 569 亿美元，占当年中国企业对外直接投资总额的 26.4%。并购这种方式涉及的范围广泛，对于走出国门不久的中国企业而言，并购过程中隐藏的风险巨大。

4.2　企业对外直接投资风险的来源

中国企业对外直接投资既有与其他国家企业所共有的一般性风险，又有基于自身投资特点所导致的特殊性风险。本节首先列出一个一般性风险分析框架，然后针对中国企业的特点，从五个方面分析其特殊性并对其风险进行分析。图 4-1 为一个企业对外直接投资的一般性风险来源框架。

一般来说，根据风险的来源从三个层面上来分析，分别是宏观层面、中观层面和微观层面。

从宏观层面来看，政治、经济、社会和文化层面的风险是企业对外直接投资风险的主要来源。企业对外投资时不仅要考虑东道国政府政策的变动，还

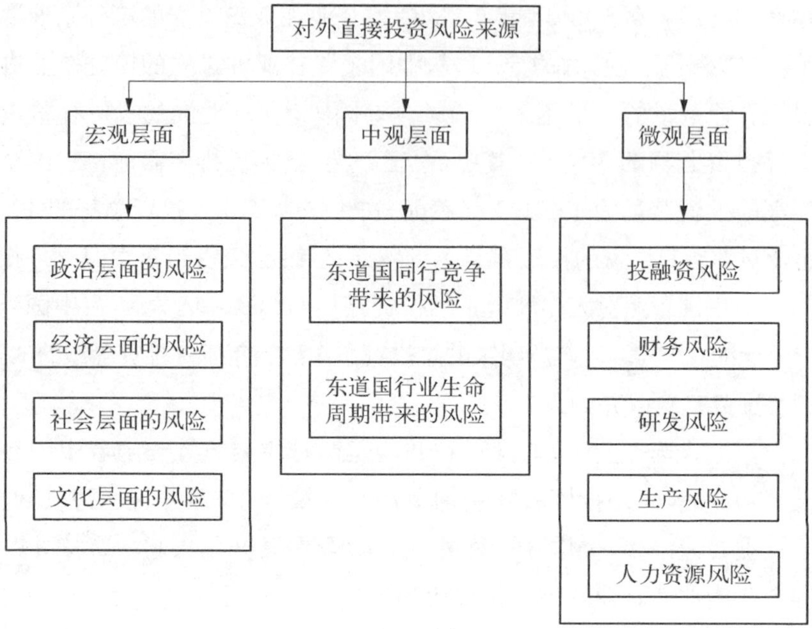

图 4-1　企业对外直接投资风险来源框架

应及时关注东道国经济发展水平、与母国的经济联系以及社会文化因素，以便企业能及时规避投资风险。

从中观层面来看，企业对外直接投资可能出现的风险主要有由于东道国同行业竞争带来的风险以及东道国行业生命周期带来的风险等。

企业对外直接投资的微观风险主要是与企业密切相关的运营方面的风险。一般来说，主要有投融资风险、财务风险、研发风险、生产风险、人力资源风险等类型。对于不同的企业，这些风险体现出来的强度和影响范围各不一样。

4.2.1　宏观层面的风险

(1) 政治层面的风险

政治风险源于对国家风险研究的细分，虽然有关政治风险的研究经常出现在国际期刊当中，但是目前尚未形成一个有关政治风险统一而公认的定义，其中比较具有代表性的定义有以下几种：① 罗特(Root，1972)认为政治风险是指东道国内外引起跨国商业运作的潜在利润或资产损失的各种政治事件发生的不确定性；② 杰夫瑞(Jeffrey，1982)则认为政治风险源于东道国内外的原因而产生的政府或社会的行动和政策，并且这些行动和政策会对外国投资经营产生不利的影响；③ 世界银行投资担保机构(MIGA)于2009年指出，政治风险指的是企业在跨国经营过程中由于国际环境变化或者东道国、母国的政治力量或事件，导致经营中断或者遭受损失的一种可能性[①]。从目前的情况来看，中国企业在对外直接投资过程中所面临的政治风险表现在如下几个方面：

① 资产被征用、没收或者国有化的风险。一些东道国出于本国利益的需要，通过无偿或者以非常小的代价来占有外国企业在本国投资的财产，有些甚至通过制定法令将外国企业财产收归本国控制和使用。

上述这种东道国直接进行征收的风险自20世纪80年代以后就很少出现了，但这并不意味着征收风险已经消失，企业仍然面临着“蚕食式征用”风险，按照经合组织开发援助委员会投资保证专门委员会《关于保护外国人财产的条约》第三条注释，“蚕食式征用”是指用不适当的独断性征税、限制汇款、禁止解雇、拒绝批准进出口原材料等。实际上就是东道国通过种种措施限制国外投资者作为股东的权利，从而构成了事实上的征用。

在所有的投资风险中，没收、征用以及国有化风险可以说是企业面临的最高风险之一。这种风险一旦发生，外国投资企业很有可能会失去对企业的所有权和控制权。

② 战争及政治暴乱。这是指因东道国境内发生战争与动乱而给外国投资企业造成损失的可能性。战争与动乱是中国企业在对外投资中面临的最为传统的政治风险。虽然当今世界总体趋势是和平与发展，但是世界上仍然有不少国家由于宗教矛盾、文化冲突、民族纠纷、政权争夺等因素依然处于战争和动乱之中。

随着中国经济的快速发展，中国企业对资源和能源的需求越来越大，导致对各种能源和资源的需求缺口在不断扩大，因此不少中国企业在进行海

① Multinational Investment Guarantee Agency. 2009 world Investment and Political Risk. World Bank Group，2010.

外投资时都选择了能源和资源领域，而世界上绝大部分能源和资源都集中在上述地区，因此中国企业在这些国家和地区进行投资将会面临很大的风险①。

③ 东道国歧视性干预风险。所谓歧视性干预是指东道国政府为了适应本国产业结构调整，维护本国的经济利益，或是为了保护本国的企业或者产业，通过行政命令或者立法的方式改变原来施行的政策，要求境外投资企业不准进入该行业或者是限制性进入某些行业。其主要措施包括税收歧视、政策歧视和立法歧视②。

国有企业尤其是中央企业作为中国对外投资的主力军，由于其特殊的经济背景，经常遭到东道国的严格审查。受此影响，不少民营企业在进行海外投资过程中也遭到东道国的歧视和干预，不允许中国企业进入诸如资源能源行业、高科技产业等。欧美等发达国家早在 20 世纪 80 年代就针对中国企业设置了相关机构，经常以国家安全为由干预中国企业在海外的正常投资行为，因为中国产品物美价廉，在各国市场上竞争力都很强，导致东道国本土企业的发展空间越来越小，从而引起了东道国政府的不满。很多国家针对中国在税收、外汇等方面采取歧视性政策，全力干扰中国企业在海外的投资和生产活动，给中国企业带来了严重的损失。

④ 恐怖袭击。由于意识形态、宗教和文化冲突以及民族矛盾等因素，部分国家各种势力相互交错，从而使得不确定性大大增加。自“9·11”事件以后，恐怖袭击就成为世界各国的头号威胁。在当代国际投资活动中，外国投资者在东道国遭遇的恐怖袭击风险呈现增长态势。由于中国对外投资目前还是处于起步阶段，国际上大部分市场都已经被欧美等发达国家占领，所以大部分中国企业只能选择一些西方等发达国家尚未涉及或者涉及不深的区域和国家，然而这些国家或区域往往由于宗教、民族、地缘政治等因素时而处于动乱或者是恐怖袭击之中，因此中国企业在这些国家或地区进行投资将会面临许多投资风险。近些年来中国对外投资的主要领域都集中在石油、天然气和矿

① 梁静波. 中国企业海外投资的政治风险与对策[J]. 求实，2013(4)：40-44.

② 姚凯，张萍. 中国企业对外投资的政治风险及量化评估模型[J]. 经济理论与经济管理，2012(5)：103-111.

产资源开发行业，由于世界上大部分石油矿产资源都集中在发展中国家，其中有些国家政治经济局势一直处于动荡之中，中国企业在这些地区投资极易受到恐怖分子的袭击①。

恐怖袭击活动不仅给在海外投资的中国企业带来严重的经济损失，而且还威胁了在海外从事经营活动的工作人员的生命安全。如何应对恐怖袭击活动，成为中国乃至全世界都要重视的问题。

⑤ 东道国政府可能出现腐败及效能低下。有些东道国自身法律制度非常不完善，从而导致政府部门和政府官员不作为，甚至贪污腐败。企业在对外直接投资过程中由于这些原因而造成成本上升甚至带来损失。这一类风险通常是隐形的，但是如果不加控制的话就会影响企业的正常运作。

企业在跨国经营过程中无论是在东道国还是在母国，同样会面临政府政策改变所带来的风险。通常来说，政府政策改变的风险主要来源于两个方面：一方面东道国社会经济形势出现新情况而打破了政策的连续性。在中东和非洲某些地区，由于国家法律制度不够健全、法治落后或者政治经济形势长期动荡不安等，导致东道国政府政策出现非连续性。另一方面，东道国出于对本国企业或者生态环境的保护，认为外来投资企业可能会存在威胁本国产业或者生态环境的可能性，会通过改变现行的法律政策以限制跨国企业的经营活动。

(2) 经济层面的风险

宏观经济风险指的是东道国的经济活动或者物价水平的波动可能导致的企业利润损失。一般来说，经济风险是不同因素作用的结果，既有国际经济大环境的影响，又有政府管理不善的原因。中国企业对外投资宏观经济层面风险主要包括以下几个方面：

① 汇率波动带来的风险。汇率波动风险指的是一个企业在一定时期内对外经营与管理活动当中，以外币计价的资产和负债由于外汇汇率的波动引起的价值增加或者减少的一种可能性。

企业在对外直接投资的过程中必然会面临多国货币之间的兑换问题。国

① 聂名华. 中国企业对外直接投资的政治风险及规避策略[J]. 国际贸易，2011(7)：45-48+61.

际汇率的波动使企业面临更多不确定性，并且直接对企业的经营收益、税收以及企业的发展战略产生重要影响，同时加大了企业财务预算的困难，间接地增加了企业的经营成本，影响企业跨国经营的战略选择。

② 利率变化导致的风险。利率风险是指实际的利率水平与预期利率水平之间存在差距，从而造成企业负债或资产暴露而带来损失的概率。简单来说，利率风险主要体现在投资风险和收入风险两方面。在投资方面，实际市场利率的波动会导致资产负债表内或表外的用预期或固定利率计算利息的负债和资产的市场发生变动，从而可能会造成企业损失；在收入方面，收入风险是指由于借款利率发生变动，从而可能会导致企业投资收入损失。

③ 东道国主权债务带来的风险。东道国主权债务指的是一个国家以本国的主权作为担保，向国际组织或者其他国家借的债务。政府的债务负担超过了自身的承受范围而引发的违约风险被称为主权债务风险。

以欧洲债务危机为例，希腊财政赤字远超财政收入，随后全球三大信用评级机构纷纷下调希腊的主权信用评级，导致欧洲债务危机率先在希腊爆发。欧洲债务危机带来的影响是全球性的，直接导致欧美等主要经济体经济减速和衰退，严重挫伤了投资者的信心。主权债务危机会引起国内经济出现紊乱，影响国家经济的稳定，使国外投资者面临更加复杂的经济环境。

④ 金融危机所带来的系统性风险。自 2008 年以来，全球经济增长速度降低，进而股市暴跌、资产价格下跌、经济形势恶化，由此导致全球企业的系统性损失。一般来说，经济的周期性波动和宏观经济变量的变动会引起价格或生产水平的波动，影响商品的价格、供求。物价上涨所带来的直接后果就是商品和劳动力价格上升，导致生产成本增加，企业利润变少，甚至会引发产品滞销，严重损害企业发展。一旦发生恶性通货膨胀，就可能导致货币购买力不足，金融秩序发生紊乱，更会造成外向型企业经营困难。

(3) 社会层面的风险

所谓社会风险，指的是由于一个国家的社会文化、社会风俗等方面的因素对在这个国家境内从事商业活动的企业，带来的各种潜在的不利的影响。一般认为，发展中国家具有比较高的社会风险。发达国家因其自身的市场机制比较成熟,法律制度比较完善,国民素质比较高,所以社会风险相比发展中国家来说要低。

(4) 文化层面的风险

文化风险指的是由于东道国与母国之间文化环境的差异性,导致企业在跨国经营的过程中,企业经营并未产生预期的收益目标,甚至导致企业经营失败的一种可能性。

国际跨文化研究领域的权威霍夫斯多德教授提出文化维度理论,这个理论将文化分为权利距离、个人主义和集体主义、不确定性回避、长期导向和短期导向以及男性化和女性化五个维度。文化之间的差异可能会导致文化之间的沟通障碍甚至产生文化冲突,这些结果都将会直接影响企业经营目标的实现。

具体来说,文化风险在企业国际经营过程中主要体现在以下几个方面:

① 由于沟通产生的风险。所谓沟通风险指的是不同的国家和民族之间,由于文化沟通的误会和障碍所造成沟通失败的可能性。企业在对外直接投资和海外经营过程中会面临更加复杂的沟通环境。首先就是语言情境的差异。不同国家和民族之间文化背景的差异导致最直接的问题就是语言沟通的差异,即便有些国家和地区通用一种语言,但是由于文化和地域的差异,其沟通的情景还是存在很大的不同,这就使得企业在对外直接投资过程中前期的信息收集、投资规划和投资后的整合阶段,沟通都会变得较为困难。企业如果不能够有效应对沟通情境和沟通对象,就可能导致东道国政府和人民的误解,甚至会引发冲突。

② 由于管理风格差异带来的风险。不同国家不同文化背景下的企业管理风格是不一样的,由于各国企业管理风格的差异而导致企业管理人员和员工之间不能够建立起和谐的关系,也会导致管理失败,进而为企业带来损失。这些差异可能体现在决策方式、管理模式、管理制度等方面,而这些差异需要在较长的时间内才能有效融合。一般来说,来自母国企业的决策者会按照自身的价值标准对不同文化背景下的信息进行判断,这可能导致决策的偏差。此外,来自母国的管理者会倾向于将原来在本国适用的管理方法运用到投资东道国的企业。在不同的文化价值观和背景下,这些方法并不能被当地

员工全盘接受，从而导致决策和执行的有效性大打折扣，导致企业的绩效下降。

③ 商务文化风险。商务文化风险指在商务合作中，由于习惯、方式等方面的文化差异而导致交易失败的风险。不同的国家和地区之间存在文化差异，从而导致企业在对外直接投资的过程中面临商务文化方面的风险。一般来说，商务文化的差异会导致母国企业与东道国企业对同一事物或现象的认知和应对的方式不同，从而导致双方企业在合作过程中容易产生误解甚至是合作的失败[①]。中国企业在进行对外直接投资时应考虑到不同国家在商务礼仪方面的差别而加以区别对待，以避免由于商务文化方面的差异而导致投资的失败。例如，研究表明，谈判桌的形状不同会影响来自不同国家的判断对象，进而影响谈判结果。比如，如果你的谈判对象来自欧洲，那么最好选择圆桌；如果签约的对象是来自阿拉伯国家的企业，那么可能就要选择在一个非正式的场合签订合约。

4.2.2 中观层面的风险

所谓中观层面，主要是指区域和行业层面可能给企业对外投资和运营带来的风险。一般来说，它主要由以下两种因素引起。

(1) 同行竞争带来的风险

所谓竞争风险，指的是企业可能遭受的来自本国竞争对手或者同行业的竞争压力。同行竞争主要来自以下几个方面：

① 东道国当地企业阻击风险。跨国企业在进入东道国境内进行投资时，由于市场、利益等方面的因素，企业必然会面临东道国当地企业的挑战和竞争。然而相比跨国企业，东道国的当地企业对当地的市场和文化更熟悉，并且能够获得本国政策保护，可对海外投资企业形成强有力的挑战。

② 来自母国竞争对手挑战的风险。由于存在共同的目标市场和类似的产品类型，企业在进行对外直接投资时往往也会面临母国企业强有力的挑战。来自母国的竞争对手对企业的技术、管理、市场了解得更为透彻，当这种竞争

① 陆彤. 中国企业海外并购中的文化风险及其规避策略[J]. 中国经贸导刊，2014(11)：4-9.

由国内延伸到国外时就表现为一种微妙的博弈关系。

(2) 东道国产品生命周期不同带来的风险

产品生命周期理论把产品的生命周期划分为三个阶段：创新阶段、成熟阶段和标准化阶段。在产品生命周期的不同阶段，各个国家在国际贸易中的地位不相同，并且把企业的区位选择与海外生产及出口结合起来进行系统的动态分析。这个理论把世界上的国家大体上分为三种类型，即创新国（一般是发达国家）、次发达国家和欠发达国家。产品生命周期理论首次将对外直接投资与国际贸易、产品生命周期纳入一个分析框架，同时将静态分析和动态分析有效地结合起来。一个企业在对外投资的过程中，如果对一个产品在另一个国家所处的生命周期判断错误可能给企业带来风险。

4.2.3　微观层面的风险

企业是对外直接投资的主要参与者，也是风险防范和规避的主体。因此，从微观层面即企业的角度来分析是企业对外直接投资的风险理论的重要组成部分。本章主要从筹资、投资、人力资源、运营、信誉等方面分析企业投资风险的来源和构成。

(1) 筹资风险

企业在投资过程中，首先要进行资金筹措，在企业的经营过程中，筹资也是其中重要的职能。筹资风险是指由于使用负债的筹资方式，当资金的供需情况以及宏观环境发生变化，企业很有可能会无法偿还相关债务，从而导致企业破产的风险。

企业采用负债方式筹集的资金越多，企业的筹资风险就越大。按照所采用筹资方式的不同，筹资风险一般可以分为银行借贷风险、债券融资风险、项目融资风险、股票融资风险等类型。

(2) 投资风险

投资是企业财务管理活动中一个最重要的环节，投资是否得当将直接影响企业的经营和发展。一般来说，投资环境、项目可行性、管理经验多寡以及项目规模等都会影响企业的投资风险。研究表明，企业的国际化经营经验越丰富，其对外投资的风险相对越小。

对于在海外进行投资的中国企业来说，国内外环境的差异加大了对外投资风险，我们所说的投资环境主要包括东道国的经济、政治以及政府的政策等[①]。

(3) 人力资源风险

当一国进行对外投资时，一般会进行不同程度的本土化，雇佣一部分当地人员。由于国外环境的差异和不确定性，对人力资源的使用和管理也会带来风险。并且在企业对外投资的不同阶段，人力资源风险的表现各不相同，可能造成的损失也不尽相同。

企业在对外投资过程中呈现的人力资源管理方面的风险，具体包括这些类型：由于人员配备不当所造成的风险；由于员工绩效评估和薪酬管理不慎所造成的风险，例如员工绩效评估和薪酬管理等方面的问题可能会导致内部员工出现不满意的情况，进而出现消极怠工的现象，甚至还可能导致关键员工流失等风险；人力资源制度设计与当地的法律、政策、习俗不一致甚至相冲突的时候还可能引发法律纠纷风险。

(4) 运营风险

西蒙斯认为，战略风险的来源主要有四个，即运营风险、资产减值的风险、竞争的风险、经营权风险。企业在对外直接投资的过程中可能出现的运营风险是企业战略风险的重要组成部分。莫伯瑞(Mowbray)认为运营风险是指由于企业生产经营的不确定性所造成的风险，具体表现为企业的利润和预期收益的波动[②]。也有学者认为运营风险的产生是由于企业在运作、流程和制造等核心环节出现了问题，只要是通过制造或者服务活动来创造价值的企业，都会不同程度地面临由运营风险带来的损失[③]。彭韶兵、邢精平则认为，经营风险是一种无法卖出产品并且收回本金的可能性[④]。对于进行海外投资的中国企业来说，企业在跨国经营过程中必然会涉及资金的流转、汇率波动等原因所造成的运营风险。

---

① Harks T. What's China's investment in Africa? [J]. Black Enterprise, 2007(137): 34.
② Mowbray A, Blanchard R H. Insurance. [M] 4th ed. New York: McGraw-Hill, 1995: 342.
③ Simons R. How risky of is your company[J]. Harvard Business Review, 1999, 77(3): 85-95.
④ 彭韶兵，邢精平. 公司财务危机论[M]. 北京：清华大学出版社，2005：157-173.

(5) 信誉风险

当企业处于运营过程时，难免会受到客观环境的不确定以及企业自身行为所带来的各种信誉风险。信誉风险指的是由于企业自身的信誉问题而造成企业收益受损的风险。

米勒认为，信誉的不确定性问题主要是资金回收的问题。时间和空间距离的限制，导致对外投资企业对客户的控制能力相对国内企业来说要低很多。如果客户在债务的问题上不能够履行责任的话，就可能导致公司收入流变动或者减少[①]。有学者对信誉风险做了一些研究，例如，赵晓兰和马宁就在阐述企业信誉风险的基础之上，建构了一个企业信誉风险预警指标体系。他们认为，企业的信誉风险主要体现在法律信誉、产品信誉、服务信誉、财务信誉和责任信誉上面[②]。梁祺和王影则构建了一个包括 4 个维度(具体是产品和服务信誉、财务信誉、内部经营信誉、社会责任信誉)和 22 个指标在内的企业信誉风险预警指标体系，并以此为基础采用神经网络方法探讨了企业的信誉风险预警问题[③]。

4.3　中国企业对外直接投资风险的特殊性

国别的特殊性主要是指中国企业在进行对外直接投资过程中由于其投资的特点而导致某些特殊性风险或者某类风险表现得特别突出。本书主要从政治制度、投资区位特征、投资动机特征、投资主体特征以及“后进者”角色这几个方面介绍中国企业对外直接投资过程中面临的风险特殊性。

4.3.1　政治制度差异带来的风险

中国作为当今世界上最大的社会主义国家必然会受到广泛的关注。由于

① Miller K D. A framework for integrated risk management in international business[J]. Journal of International Business Studies, 1992, Second Quarter: 320.

② 赵晓兰，马宁. 企业信誉风险成因分析及预警指标体系之构建[J]. 经济问题探索，2005(8).

③ 梁祺，王影. 企业信誉风险预警的指标设计与模型应用[J]. 统计与决策，2007(4).

社会意识形态存在差异，一直以来许多欧美国家和西方媒体不能正确对待中国的和平崛起，他们认为中国的快速发展是对世界和平的一种威胁，并且在全球范围内一直鼓吹所谓的"中国威胁论"。还有部分国家故意丑化中国企业形象，认为中国企业的对外投资是经济扩张，是"新时期的殖民主义"。所以许多国家一直不能正确看待中国企业的对外投资，并且还通过各种各样的政治经济手段阻挠中国企业在海外合法的投资活动。

目前，世界上依然有不少国家出于各种各样的目的对中国企业对外投资表示怀疑。以东南亚为例，不少东南亚国家对中国的形象都存在着错误的认知，这样给中国企业的对外投资增加了投资风险。随着中国经济规模的扩大和综合国力的提升，那些不能正确看待中国崛起的国家出于政治、经济等多种利益的考量，过度解读中国企业正常的海外投资活动，使其受到不同程度的干扰或阻挠。

由于我国对外直接投资的特殊性，我国企业对外直接投资面临的风险呈现一些特殊性。何帆(2013)就曾指出，国际社会近年来对中国的对外投资快速增长普遍关注，并产生了疑虑，因而加强了对外国投资的审查和监管，美国、澳大利亚以及一些发展中国家出台的安全审查政策对中国企业影响最大[①]。

4.3.2 投资区位特征差异带来的风险

尽管中国企业已经向全球186个国家(地区)进行了直接投资，但是无论是从投资流量还是投资存量上看，投资主要流向了亚非拉等发展中国家和地区。

相对于发达国家来说，发展中国家社会存在着经济发展水平不高、产业结构单一、科学文化事业较为落后、环境破坏严重等问题。与发达国家相比较，由于自身的特点，发展中国家在对外直接投资中呈现一定的特殊性，与发达国家的企业所面临的风险也有所不同。

罗尔和桑贾亚的研究表明，发展中国家会对发展层次相近的发展中国家

① 何帆. 中国对外投资的特征与环境[J]. 中国金融，2013(1)：44-46.

进行投资，并用“技术地方化理论”对这一观点进行了解释。

我国许多学者对中国企业对外直接投资的区位选择的研究结果也证明了这一点。成惠芳(2004)通过贸易引力模型分析表明，对外投资企业在选择区位时要充分考虑东道国的经济发展水平、国民收入水平、两国的进出口贸易情况、两国地理位置上的距离等因素[①]。杜德斌和马亚华(2012)从两个层面的角度提出了区位选择的建议，在地区层面上可以选择巴基斯坦、缅甸和蒙古等亚洲国家；在全球层面上将非洲、拉丁美洲和澳大利亚作为“蛙跳战略”的重要目标[②]。

由于大多数发展中国家的企业不具备垄断优势，所以选择向同为发展中国家的地区投资。但是由于发展中国家政治性风险较高、制度不健全，导致企业在对外直接投资中面临的风险也高。综观近年来我国企业对外直接投资过程中发生的安全事件，会发现那些曾被我国企业认为具有地缘政治优势而投资踊跃的国家正成为安全事件频发的地区，如叙利亚、缅甸、埃及、苏丹、柬埔寨、利比亚等。李飞(2012)对我国企业对外投资区域的选择进行了相关的研究，他认为我国企业的海外投资区域主要集中在亚洲、非洲和拉丁美洲，而这些地区的政治经济社会环境不稳定，导致企业对外投资的政治风险和非商业性风险较高[③]。

4.3.3 投资动机特征差异带来的风险

在前文中，我们对中国企业对外直接投资的动机进行了分析，一般来说，企业对外直接投资的动机主要有市场寻求型、资源寻求型、技术寻求型及垄断优势寻求型四种。发达国家的企业在进行对外直接投资活动的过程中，会充分利用自身的所有权优势，因此他们的投资动机一般来说比较多样化，有的是为了寻求市场和资源，有的是为了寻求效率和战略资源。

近年来，中国企业对外直接投资的动机趋于多元化，但是中国企业早期在

---

① 赵晓敏. 中国对外直接投资的现状与问题研究[D]. 北京：首都经济贸易大学硕士学位论文，2013.

② 杜德斌，马亚华. 中国崛起的国际地缘战略研究[J]. 世界地理研究，2012(1)：1-15.

③ 李飞. 中央企业境外投资风险控制研究[D]. 北京：财政部财政科学研究所博士学位论文，2012.

对外直接投资过程中，很多是以资源寻求以及技术寻求为动机的。顾乃康(2001)、王乐志(2004)和乔娜(Joanna, 2006)一致认为，中国企业对外直接投资的目的是获取资源、提高技术和扩展海外市场。丹尼尔(2006)在此基础上又加上了寻求法律帮助与政策支持。胡朝晖(2006)则认为中国企业对外直接投资的动因是市场竞争、资源不足及产业结构升级等。汉尔(Hung, 2007)指出，近年来中国所持有的美元等外汇储备逐年增长，为降低风险，中国企业也随之增加对外直接投资①。

以市场和资源寻求为主的发展中国家企业，在投资中容易遭到东道国政府的审查或歧视，使企业经营面临的风险加大。以中国资源型企业为例，其对外投资主要是为了获得石油、天然气、矿产物质等具有敏感政治属性的物质，这些非可再生资源关乎一个国家的生死存亡。相对于其他投资企业来说，资源型投资更容易引起东道国的敏感，东道国甚至会采取抵制的态度，这其中的原因较为复杂，有地缘政治的原因，也有民族自尊心的原因。很多国家认为资源属于本国的固有财富，心理上不愿意与外国大规模合作。因此，中国的资源型企业在对外投资中所遭遇的政治性风险不断增加，很容易遇到各种歧视和不公平待遇。特别是近年来澳大利亚、加拿大等资源出口驱动型国家的政府，通过加强并购审核与监管、提高政府分成比例、扩大对资源型企业的控股比例、提高矿产资源税费等措施，加大了对矿产资源的掌控力度，给国际资本进入其上游矿产资源开发领域设置高门槛，并试图以矿产资源作为筹码谋取政治利益②。

此外，对于中国企业而言，作为对外直接投资的主体，响应政府“走出去”的政策，并获取政府的优惠政策也是一些中国企业“走出去”的原因。通常而言，发展中国家认为通过企业的对外直接投资可提高其自身的国际竞争力，有利于国家战略目标的实现，因此母国政府对其重视程度较高，对外直接投资也是作为一项国家政策来推行的。巴克利和沃斯(Buckley and Wales, 2006)通

① Hung G, Fung Q W. China's outward Direct and Portfolio Investments[J]. China & World Economy, 2007, 15(6): 53-68.

② 宋丽丽，刘慧芳. 我国资源型企业对外投资的政治性风险成因与规避策略[C]. 中国工业经济学会学术年会论文集，2012.

过对中国 1979—2001 年对外直接投资的数据分析发现，中国企业的对外直接投资受国家政策和社会制度的影响较大，并建议将母国的政策因素纳入中国对外直接投资理论①。

母国政府对海外投资企业决策影响较大，东道国在接受这些企业的投资时，对其资格的审查会更加严格，监督和管理也会更加严格，当涉及如资源、技术等敏感行业时，东道国政府对其的限制也会比较多。

4.3.4　投资主体特征差异带来的风险

中国对外直接投资的主体是国有企业，2014 年度《中国对外直接投资统计公报》显示，截至 2014 年年末，国有企业在中国非金融类对外直接投资存量中占 53.6%(图 4-2)，虽然较上年下降了 12.5%，但国有企业在对外直接投资中的主导地位并未发生改变。

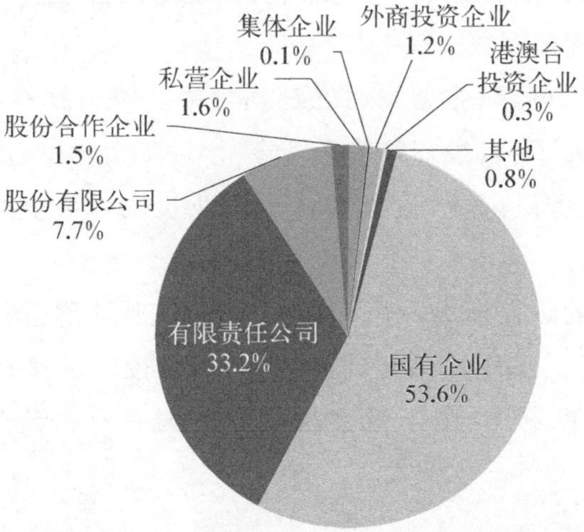

图 4-2　中国非金融类对外直接投资存量按境内投资者注册类型分布情况

资料来源：商务部，国家统计局，国家外汇管理局. 2014 年度中国对外直接投资统计公报[M]. 北京：中国统计出版社，2015.

“国有”的企业性质使中国企业对外直接投资过程中承担一些风险，例如政治风险、制度风险、管理风险、道德风险等一些特殊的风险。

① 赵晓敏. 中国对外直接投资的现状与问题研究[D]. 北京：首都经济贸易大学硕士学位论文，2013.

政治风险是中央企业对外投资不可忽略的风险之一。王景波(2008)认为政治风险是中央企业对外直接投资中面临的最主要的风险①。李飞(2012)对中央企业境外投资风险的研究表明,国有企业由于具有产权国家所有属性,面临的政治风险与其他企业相比更加巨大,国有企业的投资更容易被西方发达国家凭借政府行为、国家背景等因素予以抵制、阻拦与否决。

制度风险也一直是我国中央企业对外投资面临的风险之一。蒋长流和熊小奇(2001)认为制度风险是我国中央企业对外直接投资的最重要风险之一,其中的投资体制风险指中央企业多元化的体制以及政企不分会导致产权和权责的模糊,进而产生风险②。徐芳(2007)的研究进一步指出尽管境外的政治或其他风险都十分显著,但由于中央企业的产权和权责关系不明晰,致使国有资产流失严重③。陶短房(2007)的研究表明中央企业在非洲、东南亚和拉丁美洲等地的投资都受到严格的股权限制,最高持股不得超过49.0%,即中央企业对投资企业无决策权④。白远(2008)指出目前在跨国并购过程中,中国是由于"所有权"问题受害最多的国家⑤。

对于管理风险问题,张留禄(1997)指出中央企业在对外直接投资中面临管理制度不健全、盲目投资等管理风险⑥。钟正生和王启亮(2006)认为中央企业风险管理意识薄弱、盲目进行非主业投资导致其面临的投资风险较高⑦。

赵威(2012)的研究指出,由于国有企业的体制缺陷,国有企业一直存在"内部人控制"的现象,因此,国有企业在对外直接投资过程中还面临着道德风险。在对外直接投资中,由于道德风险导致国有资产流失的现象也较为常见⑧。

---

① 王景波.投资保险:防范海外投资风险的利器[J].国际融资,2008(8):45-47.
② 蒋长流,熊小奇.制度风险是我国海外投资的瓶颈[J].经济问题探索,2001(5):22-24.
③ 徐芳.论我国境外直接投资中国有资产管理制度的改革[J].企业经济,2007(6):65-67.
④ 陶短房.六大风险笼罩中国海外投资[J].南风窗,2007(11):48-50.
⑤ 白远.石油矿产业对外投资风险:理论与成因[J].国际经济合作,2008(1):26-30.
⑥ 张留禄.中国海外投资的风险与规范[J].河南大学学报(社科版):1997(3):60-63.
⑦ 钟正生,王启亮.中央企业风险的财务与体制根源及其有效管理[J].现代财经(天津财经学院学报):2006(12):62-66.
⑧ 赵威.中国对外直接投资的风险预警与防范[D].大连:东北财经大学硕士学位论文,2012.

4.3.5 "后进者"角色差异带来的风险

作为国际化的"后进者",与发达国家相比,中国企业在对外直接投资时,具有自身的一些特殊性。中国企业对外直接投资起步较晚,从时间和经验上讲,是国际投资的"后进者"。作为"后进者",既为企业带来一定的机遇,也会带来一些与发达国家企业对外直接投资不同的特殊性风险。

作为"后进者",中国企业相对于发达国家的跨国公司无论是国际管理经验还是人才储备都要差,由此,中国企业在对外直接投资过程中企业的营运风险加大。中国国际问题研究所特约研究员,中国曾驻伊朗、阿联酋、荷兰大使华黎明在首届外交官经济论坛上指出,2004 年以来中国共有 14 家企业在海外发生巨额亏损,14 个项目累计亏损达 950.5 亿元。这些巨额亏损显示中国企业对外直接投资经验的缺乏。此外,在整个投资格局中,"先进者"已经占据有利地位,作为"后进者",中国企业在现有的格局中抢占市场份额的难度加大,企业经营亏损的风险加大。

中国企业作为全球投资"后进者"角色所带来的优势和挑战主要表现在以下几个方面。

(1) 后发优势

国际上发达国家对外直接投资始于 19 世纪中期,而中国对外直接投资真正起步是从改革开放以后,起步比较晚,发展历程不长,因而在各个方面都与发达国家的企业之间具有相当大的差距。然而,正因为如此,中国企业也能享有某些后发优势:通过对发达国家企业成败得失的总结和梳理,为自身的发展提供借鉴。企业在借鉴国外技术和经验的基础上,结合企业自身的实际情况进行学习、消化和吸收,从而转化成自身的核心优势。

(2) 大国效应

一般来说,大国效应指的是在一个国家在国民经济增长过程中,由于本国人口规模巨大而产生的一些独特的经济运行特点和规律。

自从实行改革开放以来,中国的经济总量和质量都取得了长足的进步和发展。一些国家在经济增长的某个阶段也经历了高速的增长,在发展经济学领域将这种现象叫做经济起飞阶段。中国跟其他的国家和地区比较,在经济起飞阶段取得了较好的成绩。作为大国，在经济起飞后能够获得更高的经济增长速度，这就是大国效应的表现。随着中国市场经济的不断发展，中国的综合国力在显著增强，居民收入水平不断提升。中国凭借着庞大的人口基数和不断增强的居民购买力，从而为中国企业提供了一个广阔的消费市场。这对中国企业积累海外投资的资本、管理技能并在海外获得竞争力具有重要意义。

(3) 适应性技术优势

中国企业在四十多年的改革开放以及经济快速增长的过程中，逐渐实现了对各项资源的优化配置。在这个过程中，大量的中国企业通过引进和吸收新技术，不断改善和提高管理水平，进一步缩小了中国与发达国家之间的技术与管理差距，与此同时也提高了企业的全球竞争力。大量跨国公司在中国投资和运营，也增加了中国企业与国外的企业之间的交流机会，中国企业获得了一些技术和管理溢出。随着中国企业各项竞争力的提升，中国与一些发展中国家相比无论是技术还是管理都处于优势地位；而且由于与所投资地同为发展中国家，中国的技术和管理方式和方法相对于发达国家更为适应当地企业和市场。

4.4 中国企业对外直接投资风险分析综合框架

中国企业对外直接投资风险与中国企业的具体实践是紧密结合的。因此，本章首先分析了中国企业对外直接投资的动机以及中国企业对外直接投资所体现出来的投资领域集中、投资区位集中和投资方式不平衡的特征；然后分析了企业对外直接投资的一般性风险和中国企业由于国别体制差异和投资"后进者"角色所带来的特殊性风险；最后在此基础上提出中国企业对外直接投资风险分析综合框架。图 4-3 列示了本章的分析思路框架图。

由于中国还处于发展中国家阶段，我国企业对外直接投资的风险相对于其他国家具有一定的异质性。中国企业对外直接投资风险既有共性的风险，

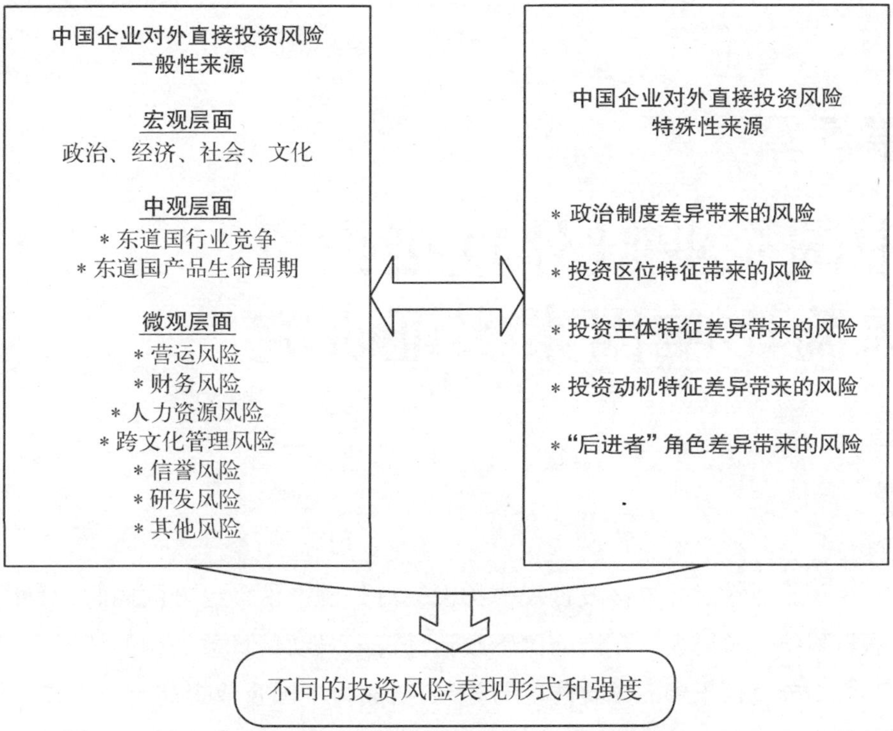

图 4-3　中国企业对外直接投资风险分析思路框架图

同时也体现出一定的特殊性。本章从宏观、中观和微观三个层面上分别分析了企业对外直接投资风险的可能来源。然后结合中国企业对外直接投资在政治制度差异、投资区域、投资动机和投资主体以及投资者“后进者”角色的特点指出了中国企业对外直接投资的特殊性。

第5章

中国企业对外直接投资风险影响因素实证研究

中国企业在对外直接投资规模扩大和海外资产份额提升的同时，对外直接投资风险日益增大。在当前国际政治经济形式动荡日益加剧的情况下，如何加强对外直接投资的风险防范与控制，已成为中国企业提高对外直接投资成效的重要议题。其中，加强对外直接投资风险控制的重要前提是剖析企业对外直接投资的风险因素及其影响程度。本章在宏观层面上对中国企业对外直接投资风险的影响因素进行实证研究。

本章的实证设计参照盖伊(Gay, 1992)提出的定量研究过程理论。其主要的步骤有四个：选择与定义、执行研究的程序、数据分析与结果探究、结论。通过构建中国企业对外直接投资风险影响因素回归模型，采用二手数据实证分析这些因素与中国企业对外直接投资风险的相关性及其影响程度。

具体来说，首先，基于现有理论研究，从政治、经济、社会和文化四个层面出发，分别提出中国企业对外直接投资风险形成的影响因素的理论假设；然后对研究变量进行操作化处理，构建涵盖政治、经济、社会、文化四个层面的中国企业对外直接投资风险影响因素回归模型；最后，以 SPSS17.0 为工具对数据进行统计处理和分析，进而对研究假设进行检验。

5.1　中国企业对外直接投资风险影响因素研究与假设

本章通过对现有文献进行分析、借鉴其他学者实证研究思路，从政治层面、经济层面、社会层面和文化层面提出了实证研究的相关假设。具体如表5-1所示。

表5-1　中国企业对外直接投资影响因素假设汇总

序号	层面	自变量	假设
1	政治层面	政府稳定性	H1：东道国政府稳定性越高，则中国企业在该国直接投资的风险越小
2		政府治理质量	H2：东道国政府治理质量越高，则中国企业在该国直接投资的风险越小
3		法治水平	H3：东道国法治水平越高，则中国企业在该国直接投资的风险越小
4	经济层面	经济规模	H4：东道国经济规模越大，则中国企业在该国直接投资的风险越小
5		经济增长性	H5：东道国经济增长性越好，则中国企业在该国直接投资的风险越小
6		经济稳定性	H6：东道国经济稳定性越好，则中国企业在该国直接投资的风险越小
7		经济开放性	H7：东道国经济开放性越好，则中国企业在该国直接投资的风险越小
8		偿债能力	H8：东道国偿债能力越高，则中国企业在该国直接投资的风险就越小
9	社会层面	劳动力素质	H9：东道国劳动力素质越高，则中国企业在该国直接投资的风险越小
10		社会冲突	H10：东道国社会冲突越严重，则中国企业在该国直接投资的风险越大

续 表

序号	层面	自 变 量	假 设
11	社会层面	社会安全性	H11：东道国社会安全性越高，则中国企业在该国直接投资的风险越小
12		经商环境	H12：东道国经商环境越好，则中国企业在该国直接投资的风险越小
13	文化层面	文化差距	H13：东道国与中国的文化差距越小，则中国企业在该国直接投资的风险越小

5.1.1 东道国政治方面因素研究假设

随着中国改革开放的深入与经济快速发展，中国企业在全球投资中占据越来越重要的地位。但在对外直接投资过程中，因为对国际商务规则复杂性和政治风险缺乏足够认识，导致很多企业在对外直接投资中遭遇东道国政治风险。

(1) 东道国政府稳定性

企业在经营过程中总是离不开稳定的经营环境和良好的社会秩序。对于中国企业对外直接投资而言，政局不稳更是一个重大的风险因素。政权更迭过程中，政府有各自的政治主张和目的，从而导致东道国的政策更迭，这会对海外投资企业造成不可估量的影响（Hill，1990；Anderson and Gatignon，1986；Erramilli and Rao，1993）。因此，我国企业在对外直接投资时应关注东道国政策法规的连续性和一致性，以及该国是否存在政变、战争、动乱和罢工等不安定因素。故而，本书提出如下假设：

H1：东道国政府稳定性越高，则中国企业在该国直接投资的风险越小。

(2) 东道国政府治理质量

皮特（Peter Rodriguez，2005）认为，东道国政府治理质量对直接投资有着重要影响，治理质量较高的政府有利于企业间展开公平竞争，减少企业国外经营压力和阻力。陈松和刘海云（2012）通过对 75 个东道国 2007—2009 年的面板数据分析发现，在控制其他变量的前提下，中国对外直接投资流入的东道国治理水平越高，对外投资风险越小。同理，如果东道国治理水平低下，腐败现象普遍，则可能产生企业采取贿赂等不正当竞争方式获得贷款审批、政府采购合同等现象，从而导致投资环境恶化，影响外商直接投资流入。魏（Wei，2000）在对20世纪90年代初期12个母国和45个东道国进行数据实证后，发现东道国腐败程度高会降低外商直接投资流入；赫宾和祖拉韦克（Habib，Zurawicki，2002）的实证研究同样验证了外商直接投资与东道国腐败程度间的显著负相关关系。为了验证以往研究，本书提出如下假设：

H2：东道国政府治理质量越高，则中国企业在该国直接投资的风险越小。

(3) 东道国法治水平

东道国法治水平是国家意志的体现，是企业对外直接投资过程中契约和产权保护的法律保障。斯考特（Scott，1995）认为，母国与东道国的法定管制制度成为企业国际化经营环境面临的最大压力。如果东道国不具备较为成熟的法律保障体系，当东道国利益与中国企业利益不一致时，东道国政府可能会出台一些对外国投资企业不利的法律法规，而这种法律法规对于投资项目而言，往往是致命性打击。因此，在同等水平条件下，对外投资企业在选择理想的投资东道国时，往往愿意选择法治水平较高的国家，因为在法治水平较高的国家做出违法行为，就很容易受到法律处罚（薛求知，2008）。据此，本书得出如下假设：

H3：东道国法治水平越高，则中国企业在该国直接投资的风险越小。

5.1.2　东道国经济方面因素研究假设

经济风险指我国企业进行海外投资可能发生的由于东道国经济不景气而导致的企业亏损或者倒闭的风险。这种风险的产生可能源于东道国的经济发展水平和债务风险水平。对于这种风险的分析，通常要考虑东道国的经济规模、经济增长性、经济稳定性、经济开放性、偿债能力。一般认为，东道国经济实力越强大，市场规则越完善，国家违约的可能性越小，则跨国企业投资风险也越小。此外，还要考虑债务风险的影响，债务水平越高，越容易爆发债务风险，中国企业对东道国的直接投资风险也就越大。

(1) 东道国经济规模

萨蒙(Sharma, 2002)的研究指出,企业对外直接投资离不开当地经济的保障和支撑,在经济发展规模较大的东道国,往往能够为其所在的产业提供良好的发展秩序和稳定的发展环境,成为其战略发展的有力保障。同时,一般情况下,经济规模越大的东道国,企业对其直接投资产业的技术含量和知识层次也更高。

基于此,本书将经济规模作为影响中国企业对东道国直接投资风险的重要因素,并提出假设:

H4:东道国经济规模越大,则中国企业在该国直接投资的风险越小。

(2) 东道国经济增长性

一个国家经济的增长速度和所达到的水平,是衡量一个国家和地区经济发展状态和潜力的重要标志。东道国经济增长越快,投资更能获得规模和范围经济,投资收益随之愈高。邓宁(Dunning, 1981)的 OIL 理论以及波特(Porter, 1990)也强调决定对外直接投资行为的关键在于经济增长性。据此,本书提出如下假设:

H5:东道国经济增长性越好,则中国企业在该国直接投资的风险越小。

(3) 东道国经济稳定性

梅兰德和米歇尔(Maynard, Michael, 1997)提出的经济发展具有不稳定性,并且呈周期性运行的结论得到国际普遍公认。当宏观经济出现波动,国家产业结构和各产业的发展均会不同程度地受其影响,进而对企业绩效产生作用。尤其是在跨国投资经营活动中,一方面,海外直接投资往往涉及的投资额度较大;另一方面,海外投资企业比国内投资面临着更多的投资不确定性。经济波动无疑增加了企业经营的风险,因而东道国的经济稳定性对海外投资企业特别重要。基于此,本书将经济规模作为影响中国企业对东道国直接投资风险的重要因素,并提出假设:

H6:东道国经济稳定性越好,则中国企业在该国直接投资的风险越小。

(4) 东道国经济开放性

经济开放性是指一个国家或地区经济运行体系与国际市场的联系程度。它是衡量一国经济在国际上参与程度的一个重要指标,是吸引国外企业直接投资的重要影响因素。一般来说，东道国各领域的开放度越高，对于外资流入投资的吸引力就越大(胡兵等，2012)。基于此，本书将东道国的经济开放性作为企业对其直接投资风险的一个重要影响因素，并提出假设：

H7：东道国经济开放性越好，则中国企业在该国直接投资的风险越小。

(5) 东道国偿债能力

一般来说，偿债能力与吸引国际直接投资的数量成正比，东道国的偿债能力越高，直接投资风险越小，直接投资规模也就越大。发达国家由于经济实力雄厚，有较多的外汇储备，偿债能力强，投资风险较小，因而能吸引大量的国际资本和直接投资。对发展中国家的直接投资则主要集中在新兴工业国家和地区，因为相对来说，这些国家和地区有较强的出口创汇能力，较于相对落后国家，直接投资风险更小。基于此，本书将东道国偿债能力作为企业对其直接投资风险的影响因素，并提出假设：

H8：东道国偿债能力越高，则中国企业在该国直接投资的风险越小。

5.1.3　东道国社会方面因素研究假设

(1) 劳动力素质

跨国公司在进行对外直接投资活动时，对东道国投资经营的软环境之关注应多于对硬环境的关注。其中，重要的关注点为当地劳动人员素质。在如今的国际投资市场中，中国对外直接投资企业的层次逐渐提升，投资行业从资源寻求型(如采矿、能源等)逐渐向技术含量和服务质量要求更高的金融类、服务类转移，投资主体从以国有企业为主到民营企业异军突起，投资地域从以发展中国家为主到加大对发达国家的投资比重。劳动者的素质高就能从事高技术含量、高层次的生产活动，这种发展趋势强化了对东道国劳动力素质的要求，而一国的教育水平能体现出其劳动力总体素质。中国企业直接投资的风险受东道国的劳动力素质的影响，故假设：

H9：东道国劳动力素质越高，则中国企业在该国直接投资的风险越小。

(2) 社会冲突

考萨(Coser，1956)指出，冲突是指人们在价值观、信仰以及对稀缺地位、权利和资源分配等的争斗中产生的社会报酬分配不均和人们对此的不满。帕森斯(2003)认为冲突是社会的“病态”,强调共同的价值取向对稳定社会秩序的重要性,并且努力寻求消除冲突的机制。尽管也有学者认为,只要不直接涉及基本价值观或共同观念,社会冲突反而有利于促进新社会与群体的形成。但是,对于企业对外直接投资而言,社会冲突不利于社会秩序的稳定,容易造成一定程度的社会动荡,对于在其境内的投资企业而言,无疑加大了投资风险。因此,本书将社会冲突作为影响中国企业在东道国投资的风险因素,并提出如下假设:

H10:东道国社会冲突越严重,则中国企业在该国直接投资的风险越大。

(3) 社会安全性

西方学者大多从社会安全的角度对社会风险进行研究,认为社会风险是由所得分配不均、天灾、政府施政对抗、失业人口增加等造成的宗教纠纷、社会不安、阶级对立、内战暴乱等因素所引起的风险(宋林飞,2007; Miller, 1992)。也有学者认为社会安全风险即危及社会稳定、平衡和持续发展的不确定性(林义,2002)。从中国企业对外直接投资角度来看,当企业进入东道国市场时,一方面企业的日常经营活动会受到东道国的社会环境安全程度的影响,另一方面如果母国与东道国价值观冲突明显,则容易激起东道国民众爆发抵制和反抗活动。因此,企业在选择理想的东道国时,往往愿意选择社会安全水平较高的国家。据此,本书提出如下假设:

H11:东道国社会安全性越高,则中国企业在该国直接投资的风险越小。

(4) 经商环境

经商环境是企业生存和成长的环境,主要衡量企业创办、运作效率和商业退出等效率问题,包括新建公司的程序难易、获得营业执照、注册资本要求、投资领域限制等一系列规定。在世界银行每年发布的《全球营商环境报告》中,根据开办企业、办理施工许可证、获得电力、登记财产、获得信贷、保护少数投资者、纳税、跨境贸易、执行合同和办理破产 10 项指标,对全球 189 个经济体的经商环境便利度进行评估,营商环境便利度排名越靠前则说明该国投资环境越好,越有利于企业经营发展。同时,出于地区保护主义,有些国家可能在部分产业中严格核准和管制外商投资领域、区位及股权。这种东道国的营商环境便利度则相对较差,不仅影响外商直接投资,也容易打击投资者积极性。

基于此，将东道国的经商环境作为企业对其直接投资发展风险的一个重要影响因素，并提出如下假设：

H12：东道国经商环境越好，则中国企业在该国直接投资的风险越小。

5.1.4　东道国文化方面因素研究假设

邓宁(Dunning，1980)认为文化因素会影响对外直接投资的区位选择。乔纳森(Johanson，1990)研究指出，由于文化差异而导致的文化误解、文化冲突可能会阻碍跨国公司与东道国市场之间的信息交流，造成双方在管理经验和技术传递的沟通障碍，甚至可能导致跨国公司管理者低估海外投资的价值。早期相关研究大都认为，文化差异与直接投资之间呈负相关关系(Li，1992；Grosse，1996；Loree，1995)。从投资模式的角度，有学者认为企业对外直接投资的进入模式受文化差异的影响，如库克特(Kogut，1988)在霍夫斯多德的文化维度理论基础上，构建了文化差异指数，通过实证研究得出结论：文化差异会影响跨国公司对外直接投资时所采取的合作模式，通过采取恰当的合作模式尽可能降低文化差异给企业对外直接投资带来的风险，其中合资经营是常见模式。当然，如果东道国与母国文化差异小，公司在投资进入时可以采用绿地投资方式最大化公司特有优势。

也有学者从交易成本的角度出发，认为文化差异会影响对外直接投资成本，差异越大，成本就越高(王皓，2014)。但 20 世纪末期以来，也有少部分学者研究的成果表明，文化差异与直接投资不一定呈负相关关系。比如劳尔(Loree，1995)发现 1982 年的数据表明文化差异对美国的外来直接投资影响并不显著，这与 1977 年的数据结果恰恰相反。汤姆斯(Thomas，2001)在墨西哥对外直接投资的研究中甚至发现，文化差异竟与投资量呈正相关关系。尽管作者并未对此结果做出具有说服力的解释，但有可能是因为经济全球化和信息技术全球化程度与日剧增，使得各国加强了信息沟通和文化交流。

总而言之，如果信任的缺失以及文化差异成为摩擦、抵触和冲突产生的诱因时，投资企业和东道国之间的文化差异在关键性投资决策中就起着重要作用。虽然在学术上，关于文化差异与对外直接投资的关系观点不统一，但较多学者认为两者存在负相关关系。文化差异所带来的沟通障碍和成本普遍存在,并且往往从决策、人际关系和沟通交流三个方面影响企业经营(赵曙明,2005)。基于此,本书提出如下假设:

H13:东道国与中国的文化差距越小,则中国企业在该国直接投资的风险越小。

5.2 样本选取与数据收集

企业对外直接投资风险既涉及投资方又涉及东道国企业,涉及双方对合作过程的感知与判断。一般来说,东道国政治、经济波动因素往往会给企业带来致命性打击,并且双方社会、文化等差异因素常常使得企业在海外投资中步履维艰。因此从东道国政治、经济、社会和文化等角度找出对中国企业海外直接投资风险的影响因素,通过权威机构公布的官方数据更能准确地说明问题。

截至 2014 年年底,中国 1.85 万家境内投资者分布在 186 个国家(地区),而本书选择样本主要有如下三个标准。

(1) 选择具有真实的投资活动的国家

本书的研究对象是中国企业对外直接投资活动,涉及企业的真实活动,如生产、研发、雇佣、经营等,而非投资中转或避税等资金运作活动。尽管 2014 年中国内地企业对外直接投资流量 1 231.2 亿美元中,近七成流向中国香港、英属维尔京群岛、开曼群岛和卢森堡,但其中较大部分最终都流向了其他地方。也就是说中国香港、英属维尔京群岛、开曼群岛和卢森堡等地区很大程度上是中国内地对外直接投资的重要中转地。例如,2013 年中海油以 151 亿美元完成对尼克森的收购,以及中石化收购美国阿帕奇埃及油气资产 1/3 的收益等海外并购活动,实际上都是通过中国香港地区转移投资完成。以投资控股为主要目的的租赁与商务服务业占内地对香港直接投资流量的 33.8%、存量的 45.7%。综上所述,本书研究样本暂不纳入中国香港、英属维尔京群岛、开曼群岛、卢森堡等。

(2) 选择 G20 国家以及中国对外投资额度较大的其他国家

从地域来看，本书所选 36 个样本国家分别来自亚洲、欧洲、北美洲、大洋洲、拉丁美洲和非洲，基本分散于世界各地，无地理位置集中趋势，地域覆盖范围较广。

(3) 基于数据可得性选择样本

本书从政治、经济、社会、文化等方面探讨中国企业对外直接投资风险的影响因素，范围较广，指标较多，因此数据的完备性和可得性十分重要。但是，由于中国企业对外直接投资涉及的地域范围广泛，行业种类复杂多样，对于各国直接投资的数据统计也困难重重，尤其是定量指标的可得性。

从投资额度来看，除了中国香港、英属维尔京群岛、开曼群岛和卢森堡等资金运作中心地，中国企业在 36 个样本国的投资额度占中国对外直接投资存量的 78%。由此可见，本书所选取的 36 个样本国与中国保持着密切的经济往来，具有广泛的代表性和重要性。

从数据可得性来看，尽管中国企业在叙利亚的直接投资额度较大，却因为难以获得其经济基础和偿债能力等数据，从而并未将叙利亚纳入样本国。

本书一共获取了 36 个国家的有效样本数据，其中包括 17 个亚洲国家、6 个美洲（北美、拉美）国家、2 个大洋洲国家、6 个欧洲国家、5 个非洲国家（见图 5-1，表 5-2），选取的样本地理覆盖面广、投资分布强度较大，能够体现真实的投资及其风险。

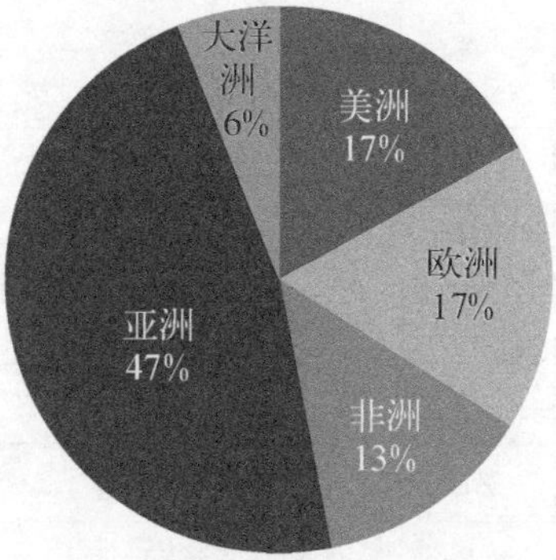

图 5-1　中国企业对外直接投资风险研究样本分布图

表 5-2　中国企业对外直接投资风险研究样本　　单位：亿美元

编号	国　家	所 在 洲	截至 2013 年投资存量
1	阿根廷	拉丁美洲	16.5
2	安哥拉	非洲	16.3
3	澳大利亚	大洋洲	174.5

续　表

编号	国　　家	所 在 洲	截至2013年投资存量
4	巴基斯坦	亚洲	23.4
5	巴西	拉丁美洲	17.3
6	德国	欧洲	39.8
7	俄罗斯	欧洲	75.8
8	法国	欧洲	44.5
9	菲律宾	亚洲	6.9
10	哈萨克斯坦	亚洲	69.6
11	韩国	亚洲	19.6
12	荷兰	欧洲	31.9
13	加拿大	北美洲	62.0
14	柬埔寨	亚洲	28.5
15	老挝	亚洲	27.7
16	马来西亚	亚洲	16.7
17	美国	北美洲	219.0
18	蒙古	亚洲	35.7
19	缅甸	亚洲	35.7
20	墨西哥	拉丁美洲	4.1
21	南非	非洲	44.0
22	尼日利亚	非洲	21.5
23	日本	亚洲	19.0
24	苏丹	非洲	15.1
25	泰国	亚洲	24.7
26	土耳其	亚洲	6.4
27	委内瑞拉	拉丁美洲	23.6
28	新加坡	亚洲	147.5
29	新西兰	大洋洲	5.4

续　表

编号	国　　家	所 在 洲	截至 2013 年投资存量
30	伊朗	亚洲	28.5
31	意大利	欧洲	6.1
32	印度	亚洲	24.5
33	印度尼西亚	亚洲	46.6
34	英国	欧洲	118.0
35	越南	亚洲	21.7
36	赞比亚	非洲	21.6

注：基于其他指标的数据统一可得性，本书选取 2013 年的中国企业对外直接投资存量作为研究样本.

此外，由于对外直接投资范围广泛，行业复杂，投资主体众多，与之相关的数据和东道国实际评估数据，非个人力所能及。因此，基于数据可得性和客观性，本书选择采用各权威机构公布的官方数据作为样本数据。数据主要来源于历年《中国对外直接投资统计公报》，联合国国际贸易和发展会议、世界银行、国际货币基金组织等国际组织发布的二手数据以及部分商业数据库。

5.3　变量定义与测量

5.3.1　因变量定义与测量

本书采用“中国企业在东道国投资风险”作为因变量。一般来说，有两种方法衡量企业对外直接投资风险。一方面，可以通过问卷调查方法获得一手数据，对企业高管人员进行直接调查，通过高管人员对企业风险的感知进行风险测定；另一方面，采用二手数据衡量企业对外直接投资风险。综观现有研究，学者们根据研究目的和数据获取方式的不同，选择不同的风险测量方式。在本书中，一方面，涉及对外直接投资的中国企业以及东道国数量众多，地域分散，调研难度较大，研究时间和经费有限；另一方面，本书的主要目的是探究中国企业对外直接投资的影响因素，并且主要是考察宏观层面的因素。因此，本书选择采用权威机构公布的官方数据方式。

然而，考虑到数据的可得性与客观性，我们将采用与原变量类似的，最能代表原变量的替代变量来进行研究与分析。一般来说，一国对另一国的投资量是东道国投资风险的一个重要表征。东道国投资风险越大，东道国接受的对外直接投资量就越少；东道国的投资风险越小，接受的对外直接投资量则越多。因此，投资存量能综合地体现东道国吸引对外投资的能力以及东道国投资风险的大小。

5.3.2 自变量定义与测量

中国企业对外直接投资风险研究变量及数据来源如表 5-3 所示。

表 5-3 中国企业对外直接投资风险研究变量及数据来源表

类别	变量符号	变量名称	替代变量	指标说明	数据来源
政治因素	PFS	政府稳定性	执政时间(PFS1)	任期剩余年数	DPI
			执政能力及政权稳定性程度(PFS2)	对政府执行宣布政策的能力以及保持政权的能力	ICRG
	PFG	政府治理质量	政治体系的腐败程度(PFG1)	东道国政治体系的腐败程度	ICRG
			政府对民众诉求的回应程度(PFG2)	政府对民众诉求进行回应的程度	ICRG
			政府的有效性程度(PFG3)	考察公共服务和行政部门的质量及其独立于政治压力度、政策形成和执行质量	WGI
	PFL	法治水平	履约质量和产权保护程度(PFL)	履约质量和产权保护情况	WGI
经济因素	EFS	经济规模	市场规模(EFS1)	东道国的 GDP 总量	CEIC,WDI
			经济发展水平(EFS2)	东道国的人均 GDP	CEIC,WDI
	EFG	经济增长性	经济增速(EFG)	东道国的 GDP 增速	CEIC,WDI
	EFF	经济稳定性	经济波动性(EFF)	东道国 GDP 增速五年波动系数	CEIC,WDI

续　表

类别	变量符号	变量名称	替代变量	指标说明	数据来源
经济因素	EFO	经济开放性	贸易开放度(EFO1)	东道国的进出口总额/GDP	CEIC,WDI
			投资开放度(EFO2)	(东道国的外商直接投资＋对外直接投资)/GDP	CEIC,WDI
			资本开放度(EFO3)	东道国的 Chiu-Ito 指数(CI)	Bloomberg
	EFD	偿债能力	公共债务占 GDP 比重(EFD1)	公共债务是指各级政府的总债务	WEO
			银行业不良资产比重(EFD2)	东道国银行不良贷款占总贷款余额的比重	WDI
			外债占 GDP 比重(EFD3)	外债是指当年年末外债余额	WDI,QEDS
			短期外债占总外债比重(EFD4)	短期外债是指期限在一年或一年以下的债务	WDI,QEDS
社会因素	SFL	劳动力素质	平均受教育年限(SFL)	教育水平即考察东道国劳动力的平均受教育年限	UNESCO
	SFC	社会冲突	社会冲突指数(SFC)	东道国社会、种族、宗教冲突的严重性	BTI
	SFS	社会安全性	犯罪率(SFS)	东道国每年每十万人中因谋杀死亡的人数	UNODC
	SFB	经商环境	环境政策得分(SFB1)	东道国对环境问题的重视程度	BTI
			资本和人员流动程度(SFB2)	东道国资本和人员流动的自由程度	EFW
			劳动力市场管制程度(SFB3)	东道国对劳动力市场管制的自由度	EFW
			商业管制程度(SFB4)	东道国的行政和官僚成本、开业难易、营业执照限制的程度	EFW

续 表

类别	变量符号	变量名称	替代变量	指标说明	数据来源
文化因素	CF	文化差距	权力距离(PDI)	东道国与中国的文化差距	经过数据整理而得
			个人/集体主义(IDV)		
			男性化/女性化(MAS)		
			不确定性规避(UAI)		
			长期导向(LTO)		
			放任与约束(IVR)		

(1) 东道国政治方面的因素变量定义与测量

关于政治风险的测量，采用最广泛的是服务机构提供的评估指数。比如商业环境风险情报(BERI)通过对政治风险内因、政治风险外因、政治风险征兆等 3 大类 10 项指标进行评分评级，动态测量东道国的政治风险指数。国际国家风险指南(International Country Risk Guide, ICRG)则从领导权、法律、社会秩序及官僚化程度等 13 个指标考察东道国政治风险。韦斯特和梅多(West, Meadow, 1975)从社会经济特征指数、社会冲突指数和政府作用指数三方面构建了政治制度稳定指数。

在综合已有研究指标的基础上，基于数据可得性的考虑，本书采用中国海外投资国家风险评级中的政治风险指标。该指标主要包括东道国政府稳定性、政府治理质量和法治水平三个变量指标，一般来说，东道国政府的稳定性和治理质量越高、法治环境越健全，则中国企业在其投资的风险越低。样本数据分别来源于世界银行政治体数据库(Database of Political Institution, DPI)、PRS 集团的国际国家风险指南和世界银行的全球治理指标体系(Worldwide Governance Indicators, WGI)。

① 政府稳定性。政权更迭往往伴随着不同程度的政治动荡，因为政权更迭导致中国企业在东道国投资项目无疾而终的例子屡见不鲜。政府执政时间、政府执行所宣布政策的能力以及保持政权的能力反映了一国政府的稳定

性，政府越稳定，则中国企业对外直接投资面临的政治风险越低。因此，本书采用东道国执政时间、执政能力及政权稳定性程度评分来描述和替代东道国政府的稳定性。各国执政时间根据世界银行政治体数据库公布的任期剩余年数整理而得。执政能力及政权稳定性程度则采取国际国家风险指南中的做法，对政府执行所宣布政策的能力以及保持政权的能力进行0—12分的评分，分数越高，政府越不稳定。

② 政府治理质量。政府体系的腐败现象往往伴随着信息不透明、不对称、不公平，腐败程度越高，治理质量越差。政府对民众诉求的回应、公共服务和行政部门的质量也是政府治理质量的重要反映指标。这些都是企业在对外直接投资过程中重要的参考指标。基于指标效度和数据可得性，本书采用政治体系的腐败程度、政府对民众诉求的回应程度、政府的有效性程度作为东道国政府治理质量的替代变量。东道国的政治腐败程度采用国际国家风险指南公布的评分，即对东道国政治体系的腐败程度，进行0—6分的评分，分数越高，政治腐败越严重。东道国政府对民众诉求的回应程度同样采用国际国家风险指南公布的评分，即对政府回应民众诉求进行0—6的评分，分数越高，民众诉求越能得到回应，则一定程度上反映出政府治理质量越好。政府的有效性程度则主要考察公共服务和行政部门的质量及其独立于政治压力度、政策形成和执行质量，采用世界银行的全球治理指标体系对其进行－2.5—2.5的评分，分数越高，政府的有效性程度越强。

③ 法治水平。对于一般企业而言，东道国法治水平越高，则投资程序化水平和规范化水平越高，信息相对更透明。同时，法治水平也是契约和产权保护的重要保证。因此，本书采用履约质量及产权保护程度来衡量东道国法治水平。数据来源采用世界银行的全球治理指标体系，根据履约质量和产权保护情况，进行－2.5—2.5的评分，分数越高，法治程度越高。

(2) 东道国经济方面的因素变量定义与测量

对于东道国国家经济风险，国际国家经济风险指南、穆迪投资者服务公司、标准普尔信用评级集团等机构有很多研究成果，给出了很多定量指标，有很大的参考价值。本书在已有机构指标体系基础上，结合中国企业对外直接投资的实际情况，采用经济规模、经济增长、经济稳定性、经济开放度来衡量东道国经济发展基础，采取国内公共部门和私人部门的债务水平、债务爆发风险来衡量东道国的偿债能力。

① 经济规模。经济规模是企业投资环境的长期基础。经济规模较大往往伴随着较大的市场规模和较高的经济发展水平。基于指标效度和数据可得性，本书采用市场规模和经济发展水平作为经济规模的替代变量。

衡量一个国家或地区总体经济发展状况的常用指标是国内生产总值(Gross Domestic Product，GDP)和人均国内生产总值(人均 GDP)。GDP 反映一国所有生产活动的最终成果，而人均 GDP 则侧重于衡量一国人民生活水平。GDP 和人均 GDP 数值越高，代表一国经济规模越大，同时也意味着中国企业对外直接投资面临的经济风险越低。因此本书将 GDP 指标作为衡量东道国市场规模的指标，而人均 GDP 则作为描述和衡量东道国经济发展水平的指标。GDP 总量和人均 GDP 数据均选自香港环亚经济数据有限公司数据库(CEIC)和世界银行公布的世界发展指标数据(WDI)。

② 经济增长性。经济增速反映一国或地区经济增长速度和发展潜力。基于指标可替代性和数据可得性，本书采用经济增速作为东道国经济增长性的替代指标。而 GDP 是国民经济核算的核心指标，因此本书以 GDP 增速作为经济增速的衡量指标，数据来源于香港环亚经济数据有限公司数据库和世界银行公布的世界发展指标数据。

③ 经济稳定性。东道国经济稳定性是中国企业对外直接投资的稳定保障，如果东道国经济增长态势忽上忽下，那么对外投资企业必然面临更大的不确定性。因此，经济波动性是衡量一国经济增长稳定性的重要指标。基于指标效度和数据可得性，本书采用经济波动性作为经济稳定性的替代变量，并且以 GDP 增速五年波动系数作为东道国经济稳定性的替代指标。数据来源于中国香港环亚经济数据有限公司数据库和世界银行公布的世界发展指标数据。

④ 经济开放性。经济开放性衡量一国经济对外开放的程度。它包含两个层面的内涵：第一个方面是本国的经济是以哪种方式、哪种程度、什么代价进入世界？第二个方面是这个国家允许其他国家经济渗透本国经济的方式和程度怎样，分别涉及贸易、投资和资本项目三方面。基于指标可替代性和数据

可得性，本书采用贸易开放度、投资开放度和资本开放度作为东道国经济开放性的替代变量。本书采用进出口总额占GDP总额比重作为东道国贸易开放度的衡量指标，并且以对外直接投资流入流出总额占GDP总额比重作为东道国投资开放度的衡量指标，数据均来源于中国香港环亚经济数据有限公司数据库和世界银行公布的世界发展指标数据。资本开放度则采用全球领先的金融数据供应商Bloomberg公布的Chiu-I指数(CI)作为衡量指标。

⑤ 偿债能力。偿债能力是衡量一国债务动态和债务爆发风险的重要指标。公共债务占GDP比重和银行业不良资产比重是衡量一国债务水平通常采用的指标，而外债占国民生产总值比重、短期外债占总外债比重大多用来衡量一个国家外债的规模和短期内爆发债务危机的风险。因此，本书以公共债务占GDP比重、外债占GDP比重、短期外债占总外债比重、银行业不良资产比重作为东道国偿债能力的替代变量。公共债务是指各级政府的总债务，数据来源于国际货币基金组织的世界经济展望数据库(WEO)。所谓外债是指当年年末外债的余额，短期外债一般是指偿还期限在一年或者一年以下的债务，数据均来源于世界银行发布的世界发展指标和国际货币基金组织和世界银行发布的外债统计。银行业不良资产比重是指银行不良贷款占总贷款余额的比重，数据来源于世界银行发布的世界发展指标。

(3) 东道国社会方面的因素变量定义与测量

① 劳动力素质。教育水平一般以一个国家或地区的受高等教育的人数来衡量。如果一个国家中受过高等教育的人数较多，那么与其他地区相比就有比较充分的高素质劳动力来源。本书采用东道国"平均受教育年限"指标来替代"劳动力素质"指标。各个东道国"平均受教育年限"指标采用的是联合国教科文组织(UNESCO)发布的官方数据。

② 社会冲突。一个国家的内部冲突程度可以用社会、种族、宗教冲突的严重性以及犯罪率来衡量。本书对社会冲突指标的衡量采用贝塔斯曼转型指数(Transformation Index of the Bertelsmann Stiftung, BTI)的做法，即根据社会冲突指数(东道国种族、社会以及宗教冲突的严重性)对其进行评分，分值区间为1—10分，分数越高，社会冲突程度越严重。

③ 社会安全性。社会安全是衡量一个国家或地区社会治安、生活安全、

交通安全和生产安全的综合性指数。基于数据可得性，本书采用犯罪率（每年每十万人中因谋杀死亡的人数）作为社会安全的衡量指标。数据来源于联合国毒品和犯罪问题办公室（UNODC）公布的官方数据。

④ 经商环境。对于对外直接投资企业而言，东道国的经商环境越好，越有利于企业的生存发展。本书采用《中国海外投资国家风险评级报告》中的环境政策得分、资本和人员流动程度、劳动力市场管制程度、商业管制程度等四项指标，作为中国企业对外直接投资经商环境的替代变量。

环境政策得分采用贝塔斯曼转型指数（The Bertelsmann Transformation Index, BTI）公布的评分，即根据东道国对于环境问题的重视程度进行评分，分值区间为1—10分，分数越高，则表明环境政策越严厉，中国企业投资风险反而越小。

资本和人员流动程度则采用加拿大公共政策智库菲沙研究所（Fraser Institute）发布的《世界经济自由度》（Economic Freedom of the World, EFW）年度报告公布的评分，即对东道国的资本和人员流动情况进行评分，分值区间为0—10分，分数越高，表明资本和人员流动越自由，越有利于企业发展。

劳动力市场管制包括雇佣和解雇规定、最低工资和工作时间规定等。本书采用《世界经济自由度》报告公布的评分，对其进行0—10分的评分，分数越高，劳动力市场管制程度越低，则越有利于企业发展。

对于商业管制程度指标，本书同样采用《世界经济自由度》报告公布的评分，对其进行0—10分的评分，分数越高，商业管制程度越低，越有利于企业发展。

(4) 东道国文化方面的因素变量定义与测量

一国的文化在一定的时期内具有相对稳定性。在本书中，我们通过计算的方法得出各国与中国的文化差距。目前，衡量各国文化差距最有权威性的是著名学者霍夫斯多德提出来的文化维度指标。

具体来讲，霍夫斯多德提出了文化的六个维度，即权力距离、个人主义与集体主义、男性化与女性化、不确定性规避指数、长期导向以及放任与约束。此后又有大量的学者基于此进行了实证调查。其中，库克特和塞恩（Kogut, Singh, 1988）所建立的计算文化距离（CD）的方法为研究文化差距的学者广泛采用。文化差距的计算公式为：

$$\mathrm{CD}_j=\sum_{i=1}^{6}\{(I_{ij}-I_{ic})^2/V_i\}/6$$

其中，CD_j 表示中国与第 j 个国家之间的文化距离；I_{ij} 表示第 j 个国家在第 i 各文化维度上面的所得值；I_{ic} 表示中国在第 i 个文化维度上所得的取值；V_i 表示第 i 个文化维度的方差（$i=1$，2，3，4，5，6）。各个维度的得分和取值来自霍夫斯多德的官方网站（http：//www. geerthofstede. nl/index）。

第 6 章

实证数据处理与结果讨论

在第 4 章中，我们从理论上分析了中国企业对外直接投资风险的一般来源以及由于政治体制的差异和中国企业对外直接投资的“后进者”角色所导致的特殊风险，提出了中国企业对外直接投资风险来源分析模型。

在第 5 章和第 6 章中，我们从宏观层面对中国企业对外直接投资外部风险的影响因素进行研究。在第 5 章中，本书在理论分析的基础上首先提出了中国企业对外直接投资影响因素实证研究的假设，构建了中国企业对外直接投资风险影响因素回归模型；基于研究目的进行了实证设计，详细说明了样本选取与数据收集方法，并对变量定义与操作进行了说明。

本章主要对所采集的样本数据进行统计处理与分析，并且在统计分析结果基础上对第 5 章中所提出的假设进行检验，最后对实证结果进行讨论。

6.1 统计过程与方法设计

本书主要以 SPSS17.0 软件为工具进行统计分析。具体来讲，统计的过程以及采用的方法如下：

① 将原始数据输入之后，剔除不合格样本数据。

② 针对数据进行描述性统计分析，了解样本的基本特征及各变量数值分

布情况。

③ 对统计变量进行效度分析，主要采用主成分分析的方法进行效度检验。

④ 对数据进行信度分析，以考察样本变量的内部一致性问题。

⑤ 对数据进行回归分析。在回归分析之前进行多重共线性检验，检验通过后，分别将变量加入回归模型中分析，在此基础上得出假设检验结果并得出相关结论。

6.2　描述性统计分析与数据处理

在第5章中我们对各个研究概念进行了操作化处理，也就是进行了变量定义和测量。这些研究概念中有一些可以用一个替代变量衡量，有一些则需要几个变量综合测量。首先对数据进行描述性统计分析，以此来了解样本的基本特征以及变量数据的分布情况。

6.2.1　样本描述性统计分析

本书涉及的各个指标的原始数值描述性统计分析如表6-1所示，该表列示了各个指标的最大值、最小值、平均数、标准差并且对指标含义和数据来源进行了说明。

表6-1　原始数据的描述性统计分析

变量名称	最小值	最大值	平均数	标准差	指标说明	数据来源
存量(对外直接投资S)	40 987	2 189 956	427 122.80	484 903.93	2013年中国对东道国的投资存量(单位：万美元)	对外投资统计公报
执政时间(PFS1)	0	4	1.83	1.363	任期还剩多少年(单位：年)	DPI
政府稳定性(PFS2)	5	10.0	7.236	1.370 5	政府对其颁布的政策保持有效以及对政权保持的相关能力，分值区间为0—12，得分越高，政府越不稳定	ICRG

续 表

变量名称	最小值	最大值	平均数	标准差	指标说明	数据来源
政治体系的腐败程度(PFG1)	0.5	5.5	2.750	1.344 3	政治体系的腐败程度,0—6分,分数越高越腐败	ICRG
政府对民众诉求的回应程度(PFG2)	1.5	6.0	4.236	1.542 2	政府对民众诉求的回应程度,0—6分,分数越高,民主问责越弱	ICRG
政府的有效性程度(PFG3)	−1.53	2.15	0.224 4	1.072 61	政府行政部门的效率,政府提供的公共服务的质量以及政府独立于政治压力的程度、政策形成以及执行的质量,分值区间为−2.5—2.5,得分越高,表示政府有效性程度越强	WGI
履约质量和产权保护程度(PFL)	−1.69	1.88	0.076 4	1.131 81	履约质量,产权保护,−2.5—2.5,分数越高,法治程度越高	WGI
市场规模(EFS1)	10.002	16 799.7	1 429.830 69	2 874.425 077	国民生产总值(单位:10亿美元)	CEIC,WDI
经济发展水平(EFS2)	868.7	64 863.2	18 873.994	19 904.686 2	人均国民生产总值(单位:美元)	CEIC,WDI
经济增速(EFG)	−1.854	11.743	3.483 14	2.899 338	国民生产总值增长速度(单位:%)	CEIC,WDI
经济波动性(EFF)	0.25	6.38	2.483 6	1.471 94	国民生产总值增长速度的波动性(5年波动系数)(单位:%)	CEIC,WDI
贸易开放度(EFO1)	22.45	358.03	80.393 3	60.987 06	(进口+出口)/GDP(单位:%)	CEIC,WDI
投资开放度(EFO2)	−3.6	43.6	4.333	8.274 4	(外商直接投资+对外直接投资)/GDP(单位:%)	CEIC,WDI
资本开放度(EFO3)	0	1.000 0	0.747 556	0.281 495 6	Chiu-Ito 指数(CI)	Bloomberg
公共债务与GDP比重(EFD1)	0.1	1.000 0	0.664 058	0.236 767 6	公共债务指各级政府总债务(单位:%)	WEO

续　表

变量名称	最小值	最大值	平均数	标准差	指标说明	数据来源
银行业不良资产比重(EFD2)	0.1	1.000 0	0.539 428	0.244 807 0	银行不良贷款占总贷款余额的比重(单位：%)	WDI
外债占GDP比重(EFD3)	0.008 4	1.000 0	0.568 161	0.256 614 1	外债指年末外债余额(单位：%)	WDI,QEDS
短期外债占总外债比重(EFD4)	0.093 4	0.991 0	0.655 95	0.245 874 7	短期外债指期限在一年或一年以下的债务(单位：%)	WDI,QEDS
平均受教育年限(SFL)	1.9	9.1	5.314	2.001 3	平均受教育年限(单位：年)	UNESCO
社会冲突指数(SFC)	1.0	9.0	4.389	2.770 0	整个社会中呈现的种族、宗教以及其他方面的社会冲突的严重程度，分值区间为1—10分，得分越高，表示该社会的内部冲突程度就越严重	BTI
犯罪率(SFS)	0.2	53.7	8.319	10.688 3	每年每十万人中因谋杀死亡的人数	UNODC
环境政策得分(SFB1)	2.0	10.0	6.208	2.646 8	社会对于环境问题的重视程度高低，分值区间为1—10分，得分越高，表示该国的环境政策越严厉	BTI
资本和人员流动程度(SFB2)	0	8.50	4.638 3	2.120 47	资本和人员流动的自由，0—10分，分数越高，资本和人员流动越自由	EFW
劳动力市场管制程度(SFB3)	3.5	9.1	6.447	1.490 8	这个指标主要包括雇佣以及解雇规定，最低保障工资以及工作时间的规定，分值区间为0—10分，得分越高，劳动力市场管制程度越低	EFW

续 表

变量名称	最小值	最大值	平均数	标准差	指 标 说 明	数据来源
商业管制程度(SFB4)	3.3	9.0	6.075	1.355 3	这个指标是指行政的成本,开办新企业的难易程度,获取营业执照的难易程度等,分值区间为 0—10 分,得分越高,表示商业管制程度越低	EFW
权力距离(PDI)	11	104	42.375	21.545	下属与领导的距离,距离越大分数越高	霍氏官网
个人/集体主义(IDV)	14	91	38.593	11.342	越倾向于集体主义分数越高	霍氏官网
男性化/女性化(MAS)	5	95	29.987	2.564	越倾向于女性化分数越高	霍氏官网
不确定性规避(UAI)	23	112	50.236	4.476	对不确定的规避倾向性越大分数越高	霍氏官网
长期导向(LTO)	13	100	41.288	12.379	越以长期为导向分数越高	霍氏官网
放任与约束(IVR)	16	97	31.365	10.276	约束性越强分数越高	霍氏官网

注：ICRG 是指 International Country Risk Guide,来源于 PRS 集团;CEIC 是香港环亚经济数据有限公司数据库的英文简称;WEO 是指 World Economic Outlook Databases,来源于国际货币基金组织;DPI 是指 Database of Political Institution,该数据库来自指世界银行;WGI 是指 Worldwide Governance Indicators,该数据来源于世界银行;WDI 是指 World Development Indicators,来源于世界银行;QEDS 是指 Quarterly External Debt Statistics,由世界货币基金组织和世界银行联合提供;BTI 是指 Transformation Index of the Bertelsmann Stiftung,该数据是由国际知名金融数据提供商 Bloomberg 提供;EFW 是指 Economic Freedom of the World,由 Fraser Institute 提供;UNODC 是联合国毒品和犯罪问题办公室的英文缩写;UNESCO 是联合国教科文组织的英文缩写;霍夫斯多德个人官方网站(霍氏官网),http：//www.geerthofstede.nl/index.

6.2.2 数据预处理

为了研究的便利,需要对获得的二手数据进行处理,以使数据的数值与变量所代表的含义一致。

本书以《2014 年度中国企业对外直接投资公报》中的 2013 年中国对东道国投资存量为基础,对原始数据进行处理进而将其作为东道国投资风险的替代变量。

具体处理方法如下：

对原始数据进行线性变换，使结果落到[0，1]区间，转换函数如下：

$$y^* = 1 - |(y - \min)/(\max - \min)|$$

其中，y 表示 2013 年中国对东道国投资存量，max 为样本数据的最大值，min 为样本数据的最小值。y^* 越大表示中国在该国投资风险越大，y^* 越小表示中国在该国投资风险越小。

衡量政府稳定性的指标之一是执政能力及政权稳定性程度(PFS2)，原始数据中是采用评分的方法，分值区间为 0—12 分，分数越高政府越不稳定。针对这个指标，我们采用反向化处理，即 $PFS2' = 12 - PFS2$，这样处理之后就变成了分数越大，政府稳定性程度越高。

衡量政府治理质量的指标之一是政治体系的腐败程度(PFG1)，原始数据是采用评分的方法，分值区间为 0—6 分，分值越高越腐败。此处，我们对该指标进行反向化处理，即 $PFG1' = 6 - PFG1$，这样处理之后就变成了分数越高，政府腐败程度越低，政府治理质量越好。

衡量政府治理质量的指标之二是该国政府对民众诉求的回应程度(PFG2)，该指标的分值区间为 0—6 分，得分越高，则表示民主问责的程度就越弱。一般来说，民主问责的程度越高政府有效性越高，因此，对该指标的原始数值进行处理，$PFG2' = 6 - PFG2$。

衡量政府治理质量的指标之三是公共服务的质量(PFG3)，原始分值区间为－2.5—2.5，对该指标的原始数据进行标准化处理使其落在 0—1 区间。

衡量东道国法治水平采用履约质量和产权保护程度(PFL)作为替代变量，分值区间为－2.5—2.5，分值越高东道国政府法治程度越强。

一国的文化在一定的时期内具有相对稳定性。在本书中，我们通过计算的方法得出各国与中国的文化差距。目前，衡量各国文化差距最有权威性的是著名学者霍夫斯多德提出来的文化维度指标。

数据中的其他指标的数值均进行数据标准化处理。

6.3 效度分析

巴比(Babbie, 2000)[①]认为,所谓效度是指实证测量能够在多大程度上反映所要测量的概念的真正含义。一般来讲,效度有内容效度、建构效度和效标关联效度三种。内容效度衡量的是所采用的问卷能够覆盖测量主体的程度;建构效度衡量的是所使用的测量工具能够测量理论的高低程度;效标关联效度衡量的是所采用的测量工具的内容所具有的预测能力。

本书采用主成分分析法进行探索性因素分析,分别对东道国政治、经济、社会以及文化各层面的影响因素进行效度检验。

效度分析主要有五个步骤:① 取同一个概念下面的所有的指标。② 检测 KMO 值(Kaiser-Meyer-Olkin 值),根据 KMO 值大小来判断是否能够进行因素分析。一般来说,KMO 值越大就越适合进行因素分析。学者们普遍接受的标准是,当 KMO 值为 0.6—0.7 时,勉强可以进行因素分析;当 KMO 值为 0.7—0.8 时,则因素分析可进行;当 KMO 为 0.8—0.9 时,则适合进行因素分析;当 KMO 大于 0.9 时,则极其适合进行因素分析。③ 进行 Bartlett's 球状检验。④ 看累积解释变量是否超过 50%。⑤ 看因素载荷(factor loading)表,在各因素上的取值一般要大于 0.5,如果出现因素载荷取值小于 0.5 的情况,则需要剔除这个指标后再做因素分析。

6.3.1 东道国政治层面的因素效度分析

第一步,检验变量之间的相关性,通过运算,结果如表 6-2 所示。得到 KMO 值为 0.752,数值高于大于 0.5 的检定标准。Bartlett's 球状检验小于 0.001,因此可以据此拒绝相关矩阵为单位矩阵的原假设,这表明可以进行因素分析。

---

① [美] 艾尔·巴比. 社会研究方法[M]. 邱泽奇,译. 北京:华夏出版社,2000.

表 6-2　东道国政治层面因素 KMO 和 Bartlett's 球状检验

KMO 测试值		0.752
Bartlett's 球状检验	检验卡方值	195.001
	自由度	15
	Sig. 值	0.000

根据特征根大于 1 的原则，采用最大方差正交旋转法进行因素抽取，结果得到一个三因素结构，把低于 0.5 的值舍去，各个因素的载荷如表 6-3 所示。

表 6-3　东道国政治层面因素旋转成分矩阵

变量名称	成分		
	1	2	3
履约质量和产权保护程度	0.868		
政府的有效性程度		0.755	
政府对民众诉求的回应程度		0.653	
政治体系的腐败程度		0.650	
执政时间			0.833
执政能力及政权稳定性程度			0.686

注：因子提取方法为主成分分析法，并采用具有 Kaiser 标准化的正交旋转法.

表 6-4 则显示三个因素一共解释了总方差的 91.957%，因此可以得出结论，观测变量对因素的载荷符合要求，表明结构效度较好。根据三个因素所反映的内涵，分别对其命名为：法治水平、政府治理质量和政府稳定性。

表 6-4　东道国政治层面因素解释的总方差

成分	初始特征值			提取平方和载入			旋转平方和载入		
	合计	方差的百分比	累积百分比	合计	方差的百分比	累积百分比	合计	方差的百分比	累积百分比
1	3.473	57.890%	57.890%	3.473	57.890%	57.890%	3.425	57.083%	57.083%
2	1.067	17.778%	75.668%	1.067	17.778%	75.668%	1.071	17.853%	74.936%
3	0.977	16.289%	91.957%	0.977	16.289%	91.957%	1.021	17.021%	91.957%

续 表

成分	初始特征值			提取平方和载入			旋转平方和载入		
	合计	方差的百分比	累积百分比	合计	方差的百分比	累积百分比	合计	方差的百分比	累积百分比
4	0.378	6.300%	98.257%						
5	0.084	1.407%	99.664%						
6	0.020	0.336%	100.000%						

注：提取方法为主成分分析法.

6.3.2 东道国经济层面的因素效度分析

第一步,检验变量之间的相关性。结果如表 6-5 所示。通过运算,得到 KMO 值为 0.813,数值高于大于 0.5 的检定标准。Bartlett's 球状检验小于 0.001,因此可以据此拒绝相关矩阵为单位矩阵的原假设,如表 6-5 所示的运算结果表明可以进行因素分析。

表 6-5 东道国经济层面因素 KMO 和 Bartlett's 检验

KMO 测试值		0.813
Bartlett's 球状检验	检验卡方值	584.580
	自由度	28
	Sig. 值	0.000

根据特征根大于 1 的原则,采用最大方差正交旋转法来进行因素抽取,结果得到一个三因素的结构。将低于 0.5 的值的舍去,各个因素的载荷如表 6-6 所示。

表 6-6 东道国经济层面因素旋转成分矩阵

变量名称	成 分				
	1	2	3	4	5
市场规模	0.884				
经济发展水平	0.816				

续 表

变量名称	成分				
	1	2	3	4	5
经济增速		0.786			
经济波动性			0.772		
贸易开放度				0.902	
投资开放度				0.877	
资本开放度				0.656	
公共债务占GDP比重					0.827
银行业不良资产比重					0.811
外债占GDP比重					0.754
短期外债占总外债比重					0.604

注：因子提取方法为主成分分析法，并采用具有Kaiser标准化的正交旋转法.

从表6-7可以看出，五个因素一共解释了总方差的78.252%，表明观测变量对因素的载荷符合要求，证明结构效度较好。综合统计结果，根据五个因素所反映的内涵，分别将其命名为经济规模、经济增长性、经济稳定性、经济开放性、偿债能力。

表6-7 东道国经济层面因素解释的总方差

成分	初始特征值			提取平方和载入			旋转平方和载入		
	合计	方差的百分比	累积百分比	合计	方差的百分比	累积百分比	合计	方差的百分比	累积百分比
1	3.029	27.533%	27.533%	3.029	27.533%	27.533%	2.364	21.493%	21.493%
2	2.446	22.237%	49.770%	2.446	22.237%	49.770%	1.960	17.815%	39.308%
3	1.322	12.018%	61.788%	1.322	12.018%	61.788%	1.510	13.728%	53.036%
4	0.929	8.448%	70.236%	0.929	8.448%	70.236%	1.400	12.730%	65.766%
5	0.882	8.017%	78.253%	0.882	8.017%	78.253%	1.374	12.486%	78.252%
6	0.848	7.708%	85.961%						
7	0.550	4.999%	90.960%						

续 表

成分	初始特征值			提取平方和载入			旋转平方和载入		
	合计	方差的百分比	累积百分比	合计	方差的百分比	累积百分比	合计	方差的百分比	累积百分比
8	0.405	3.685%	94.645%						
9	0.280	2.547%	97.192%						
10	0.198	1.796%	98.988%						
11	0.111	1.013%	100.000%		100.001				

注：提取方法为主成分分析法.

6.3.3 东道国社会层面的因素效度分析

第一步，检验变量之间的相关性，结果如表 6-8 所示。通过运算，得到 KMO 值为 0.806，数值高于大于 0.5 的检定标准。Bartlett's 球状检验小于 0.001，因此可以拒绝相关矩阵为单位矩阵的原假设，如表 6-8 所示的运算结果表明可以进行因素分析。

表 6-8　东道国社会层面因素 KMO 和 Bartlett's 球状检验

KMO 测试值		0.806
Bartlett's 球状检验	检验卡方值	137.126
	自由度	21
	Sig. 值	0.000

根据特征根大于 1 的原则，采用最大方差正交旋转法进行因素抽取，结果得到一个三因素结构。将低于 0.5 的值舍去，各个因素的载荷如表 6-9 所示。

表 6-9　东道国社会层面因素旋转成分矩阵

变量名称	成分			
	1	2	3	4
平均受教育年限	0.864			
环境政策得分		0.818		

续　表

变量名称	成分			
	1	2	3	4
资本和人员流动程度		0.740		
劳动力市场管制程度		0.523		
商业管制程度		0.513		
社会冲突指数			0.675	
犯罪率				0.642

注：提取方法为主成分分析法，采用具有 Kaiser 标准化的正交旋转法.

从表 6-10 中可以看出，这四个因素一共解释了总方差的 91.112%，观测变量对因素的载荷符合要求，证明结构效度较好。综合统计结果，根据具体指标所反映的内涵，分别对其命名为经商环境、劳动力素质、社会冲突和社会安全性。

表 6-10　东道国社会层面因素解释的总方差

成分	初始特征值			提取平方和载入			旋转平方和载入		
	合计	方差的百分比	累积百分比	合计	方差的百分比	累积百分比	合计	方差的百分比	累积百分比
1	4.039	57.703%	57.703%	4.039	57.703%	57.703%	2.560	36.575%	36.575%
2	1.046	14.937%	72.640%	1.046	14.937%	72.640%	1.361	19.443%	56.018%
3	0.753	10.753%	83.393%	0.753	10.753%	83.393%	1.280	18.280%	74.298%
4	0.540	7.719%	91.112%	0.540	7.719%	91.112%	1.177	16.814%	91.112%
5	0.274	3.911%	95.023%						
6	0.216	3.079%	98.102%						
7	0.133	1.898%	100.000%						

注：提取方法为主成分分析法.

6.3.4　东道国文化层面的因素效度分析

本书采用东道国与中国的文化差距作为东道国文化层面的影响因素，具体的文化差距指数计算在前文中已经叙述，这种方法被国际商务领域做实证研究的学者广泛采用，该变量的效度较好。

6.4 信度分析

巴比(Babbie，2000)认为，信度是指对一个对象重复测量的时候，最后能得到相同结果的可能性。信度通常用 Cronbach's α 系数来衡量。根据丘吉尔(Churchill，1979)①的观点，信度代表的是测量的内部一致性，也就是指一个变量下面指标或观测点的平均值。

关于信度要求的标准，Nunnally(1978)②指出，当 Cronbach's α 系数≥0.7 时，表示信度非常好；当 0.35≤Cronbach's α 系数<0.7 时，表示信度可以接受；当 Cronbach's α 系数<0.35 时，则表示信度不可接受。吴明隆(2003)对于信度的判断标准是，当 Cronbach's α 系数≥0.8 时，信度最好；当 0.7≤Cronbach's α 系数<0.8 时，信度可以接受；当 0.6≤Cronbach's α 系数<0.7 时，信度基本可以接受；当 Cronbach's α 系数<0.6 时，信度不可接受。在本书中，我们采用 Cronbach's α 系数≥0.6 作为接受的标准。

首先检验归属于政治、经济、社会和文化各层面因素的信度，结果如表 6-11 所示。从表中可以发现各 Cronbach's α 系数均超过 0.8，表明政治、经济、社会和文化层面因素的稳定性和一致性非常好。

表 6-11 政治、经济、社会、文化层面因素信度分析

项目	Cronbach's α 系数	指标数量	处理方式
政治层面	0.918 3	6	接受
经济层面	0.887 6	11	接受
社会层面	0.927 7	7	接受
文化层面	0.896 6	1	接受

① Churchill E. On the Transition from 'Student's' Z to 'Student's' T[J]. American Statician, 1979, 33(1): 6.

② Nunnally J C. Psychometric Theory(2nd ed.)[M]. New York: McGraw-Hill, Inc., 1978.

然后对各变量的信度进行检测，结果如表 6-12 所示。从表中可以看出归属于政治、经济、社会和文化层面的各变量的 Cronbach's α 系数均高于 0.6，说明信度尚可。

表 6-12　研究变量的信度检测结果表

项目类别	构　成	Cronbach's α 系数	问题数量	处理方式
政治层面	政府稳定性	0.750 7	2	接受
	政府治理质量	0.753 4	3	接受
	法治水平	0.674 8	1	接受
经济层面	经济规模	0.936 1	2	接受
	经济增长性	0.907 8	1	接受
	经济稳定性	0.770 8	1	接受
	经济开放性	0.712 3	3	接受
	偿债能力	0.694 0	4	接受
社会层面	劳动力素质	0.936 1	1	接受
	社会冲突	0.907 8	1	接受
	社会安全性	0.770 8	1	接受
	经商环境	0.712 3	4	接受
文化层面	文化差距	0.936 1	1	接受

综合表 6-11 和表 6-12 来看，各变量的 Cronbach's α 系数均大于 0.6，表示信度可以接受，检测结果说明各个变量的一致性和稳定性非常好。可以得出结论，这部分的数据可以进行后续分析。

6.5　回 归 分 析

在前文研究中，我们已经对各个变量的效度和信度进行了检测，从结果可以看出各项结果符合要求，可以进行下一步的分析。接下来本书首先对各变量进行相关分析，然后再在此基础上进行多重共线性检验，进而进行回归分析，检验提出的假设是否得到验证。

6.5.1 相关分析

在进行回归分析之前，首先进行相关分析(correlation analysis)，以呈现预测变量的相关矩阵。相关分析主要是分析变量之间是否存在某种相互依存关系，并且在此基础上分析其相关方向以及相关的程度。皮尔逊(Person)相关系数是一种度量两个变量间相关程度的方法。它是一个介于－1 和 1 之间的值，如果取值是 1 表示变量完全正相关，0 表示无关，－1 表示完全负相关。

本书采用 SPSS17.0 来对各变量进行皮尔逊相关分析。表 6－13、表 6－14、表 6－15、表 6－16 分别列示了东道国政治、经济、社会以及文化层面各自变量与因变量之间的皮尔逊相关系数。从统计分析结果来看，各自变量与因变量之间均存在相关关系，可以进行下一步统计分析。

表 6-13　东道国政治层面各因素与风险之间的相关系数

因素	相关分析	中国企业对外直接投资风险	东道国稳定性	东道国政府治理有效性	东道国法治水平
中国企业对外直接投资风险	Pearson 相关性	1	0.100	0.083**	－0.478**
	显著性(双侧)		0.562	0.630	0.003
政府稳定性	Pearson 相关性	0.100	1	0.003	－0.183
	显著性(双侧)	0.562		0.987	0.286
政府治理质量	Pearson 相关性	0.083**	0.003	1	－0.601**
	显著性(双侧)	0.630	0.987		0.000
法治水平	Pearson 相关性	－0.478**	－0.183	－0.601**	1
	显著性(双侧)	0.003	0.286	0	

注：** 表示在 0.01 水平(双侧)上显著相关.

表 6-14　东道国经济层面各因素与风险之间的相关系数

因素	相关分析	中国企业对外直接投资风险	经济规模	经济增长	经济稳定性	经济开放度	偿债能力
中国企业对外直接投资风险	Pearson 相关性	1	−0.722**	0.109	−0.005	−0.235	−0.027
	显著性(双侧)		0	0.528	0.977	0.168	0.874
经济规模	Pearson 相关性	−0.722**	1	−0.477**	0.032	0.095	0.184
	显著性(双侧)	0.000		0.003	0.851	0.582	0.282
经济增长性	Pearson 相关性	0.109	−0.477**	1	−0.071	0.137	−0.188
	显著性(双侧)	0.528	0.003		0.680	0.426	0.272
经济稳定性	Pearson 相关性	−0.005	0.032	−0.071	1	0.374*	−0.274
	显著性(双侧)	0.977	0.851	0.680		0.025	0.105
经济开放性	Pearson 相关性	−0.235	0.095	0.137	0.374*	1	−0.401*
	显著性(双侧)	0.168	0.582	0.426	0.025		0.015
偿债能力	Pearson 相关性	−0.027	0.184	−0.188	−0.274	−0.401*	1
	显著性(双侧)	0.874	0.282	0.272	0.105	0.015	

注：** 表示在 0.01 水平(双侧)上显著相关，* 表示在 0.05 水平(双侧)上显著相关.

表 6-15　东道国社会层面各因素与风险之间的相关系数

因素	相关分析	中国企业对外直接投资风险	东道国劳动力素质	东道国社会冲突	东道国社会安全	东道国经商环境
中国企业对外直接投资风险	Pearson 相关性	1	−0.321	0.400*	0.201	−0.422*
	显著性(双侧)		0.056	0.016	0.240	0.010
劳动力素质	Pearson 相关性	−0.321	1	−0.799**	−0.327	0.565**
	显著性(双侧)	0.056		0.000	0.052	0.000
社会冲突	Pearson 相关性	0.400*	−0.799**	1	0.405*	−0.721**
	显著性(双侧)	0.016	0		0.014	0

续 表

因素	相关分析	中国企业对外直接投资风险	东道国劳动力素质	东道国社会冲突	东道国社会安全	东道国经商环境
社会安全性	Pearson 相关性	0.201	−0.327	0.405*	1	−0.501**
	显著性(双侧)	0.240	0.052	0.014		0.002
经商环境	Pearson 相关性	−0.422*	0.565**	−0.721**	−0.501**	1
	显著性(双侧)	0.010	0	0	0.002	

注：* 表示在 0.05 水平(双侧)上显著相关，** 表示在 0.01 水平(双侧)上显著相关.

表 6-16　东道国文化层面因素与风险之间的相关系数

因　素	相关分析	中国企业对外直接投资风险	文化差距
中国企业对外直接投资风险	Pearson 相关性	1	0.742**
	显著性(双侧)		0
文化差距	Pearson 相关性	0.742**	1
	显著性(双侧)	0	

注：* 表示在 0.05 水平(双侧)上显著相关，** 表示在 0.01 水平(双侧)上显著相关.

6.5.2　回归分析

多重共线性(Multi-collinearity)是指在一个线性回归模型中，各个解释变量之间由于存在一些高度相关关系，从而使得模型估计失去本来的面目或者难以估计准确。在很多情况下，经济数据获取的限制使得模型设计不准确，导致矩阵中解释变量之间存在普遍的相关关系。

因此，在进行回归分析之前，第一步要检验变量之间是否存在多重共线性的问题。一般地，判断变量之间是否存在多重共线性的指标主要有容忍度(Tolerance)和方差膨胀因子(Variance Inflation Factor，VIF)。容忍度指的是以每个自变量作为因变量来对其他自变量进行回归分析时所得到的残差的比例。容忍度的指标越小,就说明这个自变量被其余变量预测越精确,所产生的共线性可能就越严重。

方差膨胀因子指的是解释变量之间在存在多重共线性问题时的方差和不存在多重共线性问题时的方差这两者之间的比值。方差膨胀因子是容忍度的倒数,方差膨胀因子系数越大,就说明共线性越严重。一般来说,当 $0<\text{VIF}<10$ 时,表明不存在多重共线性问题;当 $10\leqslant\text{VIF}<100$ 时,表明存在比较强的多重共线性问题;当 $\text{VIF}\geqslant100$ 时,说明存在非常严重的多重共线性问题。

依据计量经济学的相关知识,在分析两个及两个以上的变量之间因果关系时,通常采用回归分析方法。比如研究一个总体中两个变量 x、y 之间的因果关系,即用变量 x 来解释变量 y,或者研究变量 y 如何随着 x 的变化而变化,由此写出 y 关于 x 的一个线性方程:

$$y=\beta_0+\beta_1 x$$

将 x 称为自变量,也可以称为解释变量或预测元等;将 y 称为因变量,也可以称为被解释变量或被预测变量,这样就定义了一个一元一次线性回归模型。当总体中一个因变量 y 同时受到多个自变量 x 的影响时,就需要建立多元线性回归模型。

本书拟分别考察归属于东道国政治、经济、社会和文化层面因素的各变量对企业对外直接投资风险的影响,再将各变量综合起来,考察归属于上述四个层面的因素对企业对外直接投资的影响程度。根据研究的需要,设定的回归方程如下:

方程 1: $Y_{\mathrm{p}}=\beta_{\mathrm{p0}}+\beta_{\mathrm{p1}}X_{\mathrm{p1}}+\beta_{\mathrm{p2}}X_{\mathrm{p2}}+\beta_{\mathrm{p3}}X_{\mathrm{p3}}+\varepsilon_{\mathrm{p}}$

方程 2: $Y_{\mathrm{e}}=\beta_{\mathrm{e0}}+\beta_{\mathrm{e1}}X_{\mathrm{e1}}+\beta_{\mathrm{e2}}X_{\mathrm{e2}}+\beta_{\mathrm{e3}}X_{\mathrm{e3}}+\beta_{\mathrm{e4}}X_{\mathrm{e4}}+\beta_{\mathrm{e5}}X_{\mathrm{e5}}+\varepsilon_{\mathrm{e}}$

方程 3: $Y_{\mathrm{s}}=\beta_{\mathrm{s0}}+\beta_{\mathrm{s1}}X_{\mathrm{s1}}+\beta_{\mathrm{s2}}X_{\mathrm{s2}}++\beta_{\mathrm{s3}}X_{\mathrm{s3}}+\beta_{\mathrm{s4}}X_{\mathrm{s4}}+\varepsilon_{\mathrm{s}}$

方程 4: $Y_{\mathrm{c}}=\beta_{\mathrm{c0}}+\beta_{\mathrm{c1}}X_{\mathrm{c1}}+\varepsilon_{\mathrm{c}}$

方程 5: $Y_{\mathrm{tr}}=\beta_{\mathrm{tr0}}+\beta_{\mathrm{p}}X_{\mathrm{p}}+\beta_{\mathrm{e}}X_{\mathrm{e}}+\beta_{\mathrm{s}}X_{\mathrm{s}}+\beta_{\mathrm{c}}X_{\mathrm{c}}+\varepsilon_{\mathrm{tr}}$

其中,Y 为因变量,X 为自变量。

方程1反映东道国政治层面的各因素对中国企业对外直接投资风险的影响。β_{p0} 是回归方程1的截距，β_{p1}，β_{p2}，β_{p3} 是方程1的待定参数，ε_p 是残差项。

方程2反映东道国经济层面的各因素对中国企业对外直接投资风险的影响。β_{e0} 表示回归方程2的截距，β_{e1}，β_{e2}，β_{e3}，β_{e4}，β_{e5} 是方程2的待定参数，ε_e 是残差项。

方程3反映东道国社会层面的各因素对中国企业对外直接投资风险的影响。β_{s0} 是回归方程3的截距，β_{s1}，β_{s2}，β_{s3}，β_{s4} 是方程3的待定参数，ε_s 是残差项。

方程4反映东道国文化差距对中国企业对外直接投资风险的影响。β_{c0} 是回归方程4的截距，β_{c1} 是方程4的待定参数，ε_c 表示残差项。

方程5则将东道国的政治、经济、社会和文化层面各因素综合起来，探讨这四个层面因素对中国企业对外直接投资风险的综合影响。其中，β_p，β_e，β_s，β_c 是方程5的待定参数，ε_{tr} 是残差项。

(1) 东道国政治层面各变量加入回归模型后得到的结果

首先，将东道国政治层面的三个变量——政府稳定性、政府治理质量及法治水平加入回归模型中。

R^2 系数(R-Square)是解释变量与方程组其他解释变量之间的复相关系数的平方，该数值大小表明解释变量之间的线性相关程度。如果 R^2 系数的值较小，说明方程中其他解释变量对该解释变量的可解释程度较低；反之，如果 R^2 系数的值较大，说明方程中其他解释变量对该解释变量的可解释程度较高。

一般地，R^2 系数用于检验回归方程的拟合优度，R^2 的取值在0—1。R^2 越接近于1，说明回归方程对样本数据点的拟合程度越高。

德宾-沃森检验(D-W 检验)是检验变量自相关性的，一般来说越接近2越好，说明自变量的自相关性越不明显。

从表6-17中可以看出，模型拟合程度判定系数 R^2 系数值为0.739，调整后的 R^2 系数(adjusted R-Square)值为0.727，表明模型拟合程度较好。D-W值为1.936，表明模型中自变量的自相关性不明显。

表 6-17 东道国政治层面各变量回归拟合结果表

模型	R 系数	R^2 系数	调整后的 R^2 系数	标准误差	D-W 值
1	0.860(a)	0.739	0.727	2.518	1.936

从表 6-18 中可以看出，用于判断是否存在多元共线性问题的指标——方差膨胀因子的值都小于 10，这说明各个变量之间不存在严重的共线性问题。

表 6-18 东道国政治层面各变量回归结果表

变 量	回归系数	标准误差	T 值	Sig. 值	容忍度	方差膨胀因子
截距	6.199	0.146	−0.779	0.438	—	—
政府稳定性	−0.032	0.213	0.602	0.046*	0.593	1.685
政府治理质量	−0.898	0.520	2.015	0.549	0.579	1.726
法治水平	−0.677	0.191	2.633	0.012*	0.472	2.118

注：* 表示 $P<0.05$.

从表 6-18 中可以看出，自变量政府稳定性的回归系数为−0.032，与中国企业对外直接投资风险两者之间在 0.05 水平下显著相关。这说明中国企业对东道国投资的风险与该国政府稳定性之间显著负相关。这与第 5 章提出的假设 1 相符，假设 1 得到支持。一般而言，东道国的政局越稳定，外国对该国投资的风险越小。

自变量政府治理质量的回归系数为−0.898，与中国企业对外直接投资风险之间无显著相关关系。这说明中国企业对东道国投资的风险与该国政府的治理质量之间无显著相关关系。这与第 5 章提出的假设 2 不符，假设 2 未得到支持。

自变量法治水平的回归系数为−0.677，与中国企业对外直接投资风险两者之间在 0.05 水平下显著相关。这说明中国对东道国投资的风险与该国的法治水平之间存在显著负相关关系，这与假设 3 相符，假设 3 得到支持。

(2) 东道国经济层面各变量加入回归模型后得到的结果

将东道国经济层面的五个变量——经济规模、经济增长性、经济稳定性、经济开放性、偿债能力加入回归模型中。从表 6-19 的统计结果可以看出，判断模型拟合程度好坏的指标 R^2 系数为 0.675，调整后的 R^2 系数为 0.654 4，表明模型拟合程度比较好。

表 6-19　东道国经济层面各变量回归拟合结果表

模型	R 系数	R^2 系数	调整后的 R^2 系数	标准误差	D-W 值
2	0.822	0.675	0.654	3.273	1.936

从表 6-20 中可以看出，用于判断是否存在多重共线性问题的指标方差膨胀因子的值都小于 10，这说明各个变量之间不存在严重的共线性问题。

表 6-20　东道国经济层面各变量回归结果表

	回归系数	标准误差	T 值	Sig. 值	容忍度	方差膨胀因子
截距	0.213	0.308	0.691	0.090	—	—
经济规模	−0.492	0.078	−6.278	0.372	0.357	2.800
经济增长性	−0.091	0.046	−1.969	0***	0.409	2.447
经济稳定性	−0.042	0.086	0.494	0.026*	0.377	2.650
经济开放性	−0.061	0.068	−0.906	0.027*	0.369	2.708
偿债能力	−0.023	0.064	0.359	0***	0.492	2.031

注：* 表示 $P<0.05$，** 表示 $P<0.01$，*** 表示 $P<0.001$.

从 6-20 的统计分析结果可以看出，变量东道国经济规模的回归系数为 −0.492，中国企业对外直接投资风险与东道国经济规模之间无显著相关关系。这表明中国对该国直接投资的风险与东道国经济规模在统计学意义上不相关。这与假设 4 不相符，假设 4 没有得到验证。

变量经济增长性的回归系数为 −0.091，与中国企业对外直接投资风险在 0.001 水平下显著相关。这说明中国对东道国投资的风险与该国经济增长性显著负相关。这与假设 5 相符，假设 5 得到支持。

变量经济稳定性的回归系数为 −0.042，与中国企业对外直接投资风险在 0.05 水平下显著相关。这说明中国对东道国投资的风险与该国经济稳定性显著负相关，即东道国经济越稳定，则中国在该国投资的风险越小。这与假设 6 相符，假设 6 得到支持。

变量经济开放性的回归系数为－0.061，与中国企业对外直接投资风险在 0.05 水平下显著相关。这说明中国对东道国投资的风险与该国经济开放性显著负相关，即东道国经济开放性越高，中国对该国投资风险越小。这与假设 7 相符，假设 7 得到支持。

变量偿债能力的回归系数为－0.023，与中国企业对外直接投资风险在 0.001 水平下显著相关。这说明中国企业在东道国投资的风险与该国偿债能力显著负相关，即东道国偿债能力越强，中国对该国投资的风险越小。这与假设 8 相符，假设 8 得到支持。

(3) 东道国社会层面各变量加入回归模型后得到的结果

将东道国社会层面的四个变量——劳动力素质、社会冲突、社会安全性、经商环境加入回归模型中进行分析。从表 6-21 中可以看出，该模型的模型拟合程度判定指数 R^2 系数为 0.633，调整后的 R^2 系数为 0.589，表明模型拟合程度比较好。

表 6-21　东道国社会层面各变量回归拟合结果表

模型	R 系数	R^2 系数	调整后的 R^2 系数	标准误差	D-W 值
3	0.796	0.633	0.589	2.323	1.875

从表 6-22 中可以看出，用于判断是否存在多重共线性问题的指标方差膨胀因子的值都小于 10，说明各个变量之间不存在严重的共线性问题。

变量劳动力素质的回归系数为 0.014，与中国企业对外直接投资风险之间没有显著相关。也就是说，中国企业在东道国投资的风险与该国劳动力受教育水平的高低没有明显的相关性。这与第 5 章中提出的假设 9 不符，假设 9 没有得到支持。

变量社会冲突的回归系数是 0.190，与中国企业对外直接投资风险在 0.05 水平下呈显著相关关系。这说明中国企业在东道国投资的风险和该国社会冲突之间呈显著正相关关系，也就是说，东道国社会冲突越严重，中国在该国投资的风险就越大。这与假设10相符，假设10得到支持。

变量社会安全性的回归系数是-0.026，与中国企业对外直接投资风险在0.05水平下呈显著相关关系。这说明中国在东道国投资的风险与该国社会安全性显著负相关。也就是说，东道国社会安全性程度越高，中国在该国投资的风险就越低。这与假设11相符，假设11得到支持。

变量经商环境的回归系数是-0.192，与中国企业对外直接投资风险在0.001水平下呈显著负相关关系。这说明中国企业在东道国投资的风险与该国的经商环境显著负相关，也就是说，东道国的经商环境越好，中国在该国投资的风险就越小。这与假设12相符，假设12得到支持。

表6-22　东道国社会层面各变量回归结果表

变　量	回归系数	标准误	T 值	Sig. 值	容忍度	方差膨胀因子
截距	1.127	0.966	1.166	0.252	—	—
劳动力素质	0.014	0.267	-0.052	0.588	0.507	1.974
社会冲突	0.190	0.319	0.597	0.027*	0.579	1.726
社会安全性	-0.026	0.186	-0.142	0.039*	0.593	1.685
经商环境	-0.192	0.163	-1.182	0***	0.472	2.118

注：* 表示 $P<0.05$，** 表示 $P<0.01$，*** 表示 $P<0.001$.

(4) 东道国文化层面变量加入回归模型后得到的结果

将东道国文化层面变量——文化差距加入回归模型中进行分析。从表6-23中可以看出，该模型的模型拟合程度判定指数 R^2 系数为0.726，调整后的 R^2 系数为0.527，表明模型拟合程度比较好。

表6-23　东道国文化层面因素回归拟合结果表

模型	R 系数	R^2 系数	调整后的 R^2 系数	标准误差	D-W 值
4	0.875	0.726	0.527	2.439	1.797

从表6-24中可以看出，东道国与中国的文化差距的回归系数是0.243，与中国企业对外直接投资风险在0.001水平下显著相关。这表明中国企业在东

道国投资的风险与该国和中国的文化差距之间显著正相关，也就是说东道国与中国的文化差距越大，中国在该国投资的风险就越大。这与假设 13 相符，假设 13 得到支持。

表 6-24　东道国文化层面变量回归结果表

	回归系数	标准误差	T 值	Sig. 值	方差膨胀因子
截距	−0.641	0.196	−3.264	0.001	—
文化差距	0.243	0.220	4.756	0***	1.179

注：* 表示 $P<0.05$，** 表示 $P<0.01$，*** 表示 $P<0.001$.

6.6　实 证 结 果

6.6.1　假设检验结果

按照假设的先后顺序，把所有假设及其验证结果列在表 6-25 中。

表 6-25　中国企业对外直接投资风险实证研究假设检验结果汇总

序号	假　设	关　系	假设检验结果
1	H1：东道国政府稳定性越高，则中国企业在该国直接投资的风险越小	显著负相关	支持
2	H2：东道国政府治理质量越高，则中国企业在该国直接投资的风险越小	关系不显著	不支持
3	H3：东道国法治水平越高，则中国企业在该国直接投资的风险越小	显著负相关	支持
4	H4：东道国经济规模越大，则中国企业在该国直接投资的风险越小	关系不显著	不支持
5	H5：东道国经济增长性越好，则中国企业在该国直接投资的风险越小	显著负相关	支持
6	H6：东道国经济稳定性越好，则中国企业在该国企业直接投资的风险越小	显著负相关	支持

续 表

序号	假 设	关 系	假设检验结果
7	H7：东道国经济开放性越好，则中国企业在该国企业直接投资的风险越小	显著负相关	支持
8	H8：东道国偿债能力越高，则中国企业在该国直接投资的风险越小	显著负相关	支持
9	H9：东道国劳动力素质越高，则中国企业在该国直接投资的风险越小	关系不显著	不支持
10	H10：东道国社会冲突越严重，则中国企业在该国直接投资的风险越大	显著正相关	支持
11	H11：东道国社会安全性越高，则中国企业在该国直接投资的风险越小	显著负相关	支持
12	H12：东道国经商环境越好，则中国企业在该国直接投资的风险越小	显著负相关	支持
13	H13：东道国与中国的文化差距越小，则中国企业在该国直接投资的风险越小	显著正相关	支持

(1) 东道国政治层面因素各变量与风险的关系

在政治层面，东道国政府稳定性、法治水平与中国企业在该国直接投资的风险呈显著负相关关系，东道国政府治理质量与中国企业在该国直接投资风险之间没有显著相关关系。这表明，东道国政府稳定性越高，则中国企业在该国直接投资的风险越小；东道国法治水平越高，则中国企业在该国直接投资的风险越小；东道国的政府治理质量对中国企业在该国直接投资的风险没有显著影响。

(2) 东道国经济层面因素各变量与风险的关系

在经济层面，东道国经济增长性、经济稳定性、经济开放性、偿债能力与中国企业在该国直接投资风险呈显著负相关关系，东道国经济规模与中国企业在该国直接投资风险没有显著相关性。这表明，东道国经济增长性越好，则中国企业在该国直接投资的风险越小；东道国经济稳定性越好，则中国企业在该国直接投资的风险越小；东道国经济开放性越好，则中国企业在该国直接投资的风险越小；东道国偿债能力越高，则中国在该国直接投资的风险越小；东道国的经济规模大小对中国企业在该国直接投资的风险影响很小。

(3) 东道国社会层面因素各变量与风险的关系

在社会层面，东道国社会冲突与中国企业在该国直接投资风险具有显著正相关关系，东道国经商环境、社会安全性与中国企业在该国直接投资风险具有显著负相关关系，东道国劳动力素质与中国企业在该国直接投资风险之间的关系不显著。这表明，东道国社会冲突越严重，中国在该国直接投资的风险就越大；东道国经商环境越好，中国在该国直接投资的风险越小；东道国社会安全性越高，中国在该国直接投资的风险越小；东道国的劳动力素质及社会安全性对中国企业在该国直接投资的风险影响很小。

(4) 东道国文化层面因素与风险的关系

在文化层面，东道国与中国的文化差距与中国企业在该国直接投资风险具有显著正相关关系。这表明，东道国与中国的文化差距越大，则中国企业在该国直接投资的风险越大。

6.6.2　实证结果讨论

本书从政治、经济、社会、文化四个层面提出各个影响因素并实证检验了其与中国企业对外直接投资之间的相关性。从实证研究结果中可以发现，在研究提出的13个假设中，有10个假设得到了支持，3个假设没有得到支持。假设得到支持说明之前的逻辑推理在这个样本中被证明是合理的，在此我们就不再讨论。针对没有得到验证的3个假设，讨论如下：

假设2"东道国政府治理质量越高，则中国企业在该国直接投资的风险越小"没有得到支持，或者说东道国政府治理质量与中国企业在该国直接投资的风险之间没有显著的相关性。出现这个问题的可能解释是，当前中国企业向亚非拉等发展中国家投资较多，这些国家的政府治理质量不高，但是中国同属发展中国家，经过中国多年的外交和各方面的努力，中国与这些发展中国家之间形成了较好的外交关系，东道国对中国企业投资的保护性较高，即便东道国整体治理质量不高，但是中国企业在该国的投资风险并不大。这一假设没有得到验证，也从另一个角度揭示了中国企业对外直接投资过程中的特殊性。

假设4"东道国经济规模越大，则中国企业在该国直接投资的风险越小"没有得到支持，也就是说东道国经济规模这个因素与中国企业在该国投资风险关系不大。一国经济规模的大小主要与该国的经济体量相关，这是一个“量”的概念，经济规模越大，市场就越大，但是与投资风险没有明显的关联。因此，对中国企业而言，在进行投资区位选择时，东道国的经济规模及东道国的大小不是主要考虑的因素。

假设 9“东道国劳动力素质越高，则中国企业在该国直接投资的风险就越小”也没有得到支持，也就是说东道国的劳动力素质高低与中国在这个国家直接投资的风险之间没有显著的关联。一般来说，一个国家国民受教育程度越高，这个国家的劳动力素质就越高。对于以技术获取为动机或者企业发展对劳动力素质要求高的企业而言，劳动力素质的高低对于投资选择非常重要。但是这对中国企业在该国投资的风险影响不大。

第 7 章

江西华意压缩机股份有限公司投资西班牙 Cubigel 公司风险案例[①]

进入 21 世纪后，中国企业掀起海外投资、走向全球的一股热潮。江西华意压缩机股份有限公司（以下简称“华意压缩”）企业综合竞争力位居国内冰箱压缩机行业首位、全球行业第二位，在家电行业具有一定的竞争优势，在制造业也具有代表意义，具有很高的研究价值。

本章案例涉及的西班牙 Cubigel Compressors S. A. 公司（以下简称 Cubigel 公司），是全球第四大商用压缩机制造公司。本书首先介绍华意压缩的基本情况、成长历程、企业文化、主要客户和行业背景，其次分析华意压缩收购 Cubigel 公司的动机和过程，最后介绍华意压缩收购 Cubigel 公司所存在的风险及其应对措施。

7.1 背景介绍

7.1.1 企业概况

华意压缩成立于 1996 年，并于同年成功挂牌上市，是中国股市第一支无

① 由于企业保密的要求，在本案例中对有关名称、数据等做了必要的掩饰性处理。

氟新军。华意压缩的主营业务是研发生产冰箱、冷柜、饮水机、制冰机及除湿器等各类制冷电器的压缩机，主要产品包括 HY、HYE、JN、ZBH、VN 变频、异种电源等系列。华意压缩是江西省第二家、景德镇第一家上市公司，公司总部位于景德镇市，拥有三家子公司，分别是浙江嘉兴加西贝拉压缩机有限公司(加西贝拉)、华意压缩机(荆州)有限公司(荆州华意压缩)、华意压缩机(巴塞罗那)有限公司(华意巴塞罗那公司)。

华意压缩现有总资产 55 亿元，员工人数达 6 500 余人，目前在全球占有 16%左右的市场，压缩机产能达 3 500 万台以上。截至 2020 年，华意压缩的企业综合竞争力高居国内压缩机行业第一、全球行业排名第二，产销总量、产品性能在国内同行业实现 12 年领先，无论企业规模还是产品技术都位居世界前列。

华意压缩生产的产品质量过硬，各项技术指标均达到了国际先进水平，并且先后成功通过了 ISO9007-2008 质量管理体系认证，ISO14001 环境管理体系认证和 OHSAS18001 职业健康安全管理体系认证。该品牌被评为"中国品牌""中国驰名商标"等，荣获"全国模范劳动关系和谐企业""全国机械工业先进集体"等多个奖项。

华意压缩的合作伙伴遍布世界，在国内包括海尔、海信、美的、美菱等著名电器公司，在国外与西门子、伊莱克斯、伊黛喜、三星等大型企业建立了良好合作关系。目前，华意压缩的产品已经出口到全球 30 多个国家和地区，稳居中国冰箱压缩机海外出口首位。华意压缩系列产品的年生产量以及 2013 年营业额如表 7-1 所示。

表 7-1　华意压缩系制冷压缩机生产企业一览表

<table>
<tr><th>企业名称</th><th>华意压缩控股情况</th><th>年生产量/万台</th><th>2013 年销售额
/亿欧元</th></tr>
<tr><td>华意压缩</td><td>100%</td><td rowspan="2">1 300</td><td rowspan="2">3</td></tr>
<tr><td>荆州华意压缩</td><td>51%</td></tr>
<tr><td>加西贝拉</td><td>53.78%</td><td>2 400</td><td>5</td></tr>
<tr><td>华意巴塞罗那公司</td><td>100%</td><td>250</td><td>0.42</td></tr>
</table>

数据来源：华意压缩机股份有限公司官网信息.

7.1.2 成长历程

经历了四年的基础稳固，华意压缩不断进行企业扩张。首先与湖北荆州南光制冷设备有限公司签订协议，合资组建了第一家子公司——华意压缩机(荆州)有限公司，华意压缩持有其51.00%的股份，并于两年后收购了浙江嘉兴加西贝拉压缩机有限公司53.78%的股份，拥有了第二家子公司。华意压缩通过增强对其他企业的控股权，开始不断壮大和发展，提高产品质量。2003年公司生产的“华意”牌冰箱压缩机荣获“中国名牌”称号；2004年，“华意”牌荣获“中国驰名商标”称号。

在不断扩张企业规模之后，华意压缩开始转向提高企业的产能。2006年，在浙江加西贝拉公司投资2.6亿元，建设“200项目”，使该基地的生产能力在2007年达到200万台。2007年12月24日，四川长虹在公开整体拍卖中成功竞拍到华意压缩9 710万股股份(占华意压缩股份总数的29.92%)，成为华意压缩第一大股东。2008年，公司在景德镇本部启动“600项目”，年产600万台冰箱压缩机的新工厂在高新区动工开建，已于2009年11月底投产。截至2009年年底，加西贝拉的年产能迈上了千万台的级别，2010年提前实现“3342”战略发展目标，进入全球压缩机行业前三强，实现销售收入40亿元，年产销量突破2 000万台。

华意压缩在国内市场打响品牌之后，开始转向国外市场。2011年，华意系共产销压缩机2 410万台，实现销售收入48亿元，与去年同比分别增长15.15%和13.80%，其中700万出口海外市场，同比增长40.36%，国内占据了23.41%的压缩机市场，产销总量连续10年占据国内压缩机行业霸主地位。

当出口已经不能满足华意压缩的“理想”时，华意压缩开始进行对外直接投资，走国际化路线。其先是于2012年7月，收购全球第四大轻型商用压缩机供应商西班牙Cubigel公司，开拓欧洲市场，并于同年11月2日，成为伊莱克斯A级供应商，这是公司迈向国际化的又一里程碑。

走上国际舞台的华意压缩，日益壮大，不断创造突破。2012年12月24日，公司提前实现720万台年度销售目标，本部全年生产压缩机727万台、销售723万台，是建厂以来首次保证完成主营盈利的同时全面实现各项销售指标，实现历史性突破。2013年12月，公司对外发布全年业绩预告，华意系2013年压缩机产销量达到3 400万台，实现净利润1.54亿—1.85亿元，成功实现成为全球第一大家电冰箱压缩机制造企业目标，其中国内市场占据31%，全球压缩机行业范围内占据20.00%的市场。2014年，整个华意系压缩机销量为3 786万台，与2013年相比增长15.00%，进一步巩固了2013年的"全球第一大"的领头地位，其出口销量也达到约1 500万台，占据总产量约40.00%，较2013年增长18.00%。2015年前两个季度，华意在海外市场的业务增长率约10.00%，截至2018年年末，在华意压缩机整体的业务中，海外市场的业务占比已经超过了20.00%。以上各种突破性数据足以证明华意压缩在国际市场已经逐步站稳脚跟。

7.1.3 企业文化

企业宗旨：员工满意、客户满意、股东满意。

企业愿景：成为企业受尊敬的压缩机企业。

核心价值观：造福员工、发展企业、贡献社会。

经营理念：创造价值、合作共赢、持续发展。

企业精神：勤奋、坚韧、责任、创新。

企业作风：团结、务实、诚信、担当。

创新理念：把常规做到极致，把创新做成常规。

服务理念：真诚、快捷、专业、高效。

质量理念：视质量为生命，不断追求完美。

安全理念：安全是责任，安全是效益，安全是幸福。

7.1.4 主要客户

国内客户：Haier、Meling、Hisens(Kelon)、Midea、Royalstar、Aucma、Toshiba、KONKA、TCL、索伊、华裕、华凌、沁园等。

国外客户：Electrolux、SIEMENS、FAGOR、Snaige JSC(立陶宛SnaigeJSG)、CTI、COOL、土耳其阿奇立克AS等。

7.2 行业背景

在日常生产和生活中，人们使用各式各样的机器进行能量的传递或转换，以满足各种不同的需要。压缩机是一种将低压气体提升为高压气体的流体机械，是制冷机或制冷系统的心脏。目前民用（家用及商用）制冷压缩机主要包括旋转式及涡旋式压缩机产品，其最重要的应用领域为空调、冷水机组、冰柜、除湿机、热泵干衣机等。

就旋转式压缩机而言，中国既是全球最大的旋转式压缩机的市场，又是全球旋转式压缩机的最大生产国。全球约 80.00%以上旋转式压缩机在中国生产，而中国市场上旋转式压缩机的销量占全球销量的比重约为 70.00%。

2010—2016 年我国旋转式压缩机产销量总体呈现较快增长态势，产量从 2010 年的 1.07 亿台增长至 2016 年的 1.54 亿台，年复合增长率达到 6.26%。销量从 2010 年的 1.02 亿台增长至 2016 年的 1.52 亿台，年复合增长率达到 6.87%。2015 年，压缩机行业产销量同比分别下降 13.64%和 11.98%，2016 年旋转式压缩机产销量同比分别增长 15.79%和 13.43%。

其中，2010—2011 年，我国空调行业需求随着家电下乡、节能补贴政策的落实以及全球性罕见的高温气候的刺激而大幅放量，使制冷压缩机企业的销量充分释放。2012 年，受到全球经济衰退、国内房地产市场相对低迷、家电以旧换新政策退出的影响，压缩机销量略有下降。2013—2014 年，伴随全球经济复苏，压缩机行业增长良好。2015 年，经济转型导致去库存压力显现，我国压缩机行业产销量均出现下滑。2016 年，受房地产市场回暖影响以及供给侧改革成效初显，旋转式压缩机行业重回增长轨迹。2014 年，旋转式压缩机中的旋转式变频压缩机销售规模超过 5 000 万台，同比增长 25.00%，变频产品行业占比提升至 35.00%。国内外市场变频能效升级带动是该年度旋转式压缩机销售规模增长的主要动力。2015 年变频压缩机销售总量为 4 936 万台，同比下滑 8.70%，但变频产品行业占比提升至 37.00%，占比创下有史以来的行业新高。

关于涡旋式压缩机，目前大部分涡旋式压缩机是在亚洲和北美生产的，中国涡旋式压缩机产量约占全球 1/3。为了争取中国市场更大的份额，全球压缩机生产商增加在中国的生产及供应能力。2012—2014 年，我国涡旋式压缩机产量呈现稳步增长的态势，从 2012 年的 387.10 万台增长至 2014 年的 441.50 万台，年复合增长率为 6.80%。

2012—2014 年，我国涡旋式压缩机销量也呈现稳步增长的态势，从 2012 年的 390 万台增长至 2014 年的 441.40 万台，年复合增长率达到 6.39%，主要得益于涡旋式压缩机应用范围的扩大以及大容量机型需求的增加。例如，涡旋式压缩机应用于轻型商业制冷工程的需求一直在快速增长，正在扩展并开始渗透到以前螺杆压缩机产品所占据的范围。2015 年，随着国内经济转型去库存压力显现，我国涡旋式压缩机行业产销量均出现下滑。2016 年，涡旋式压缩机产销量继续下滑，但相对于 2015 年降幅明显缩小。

总之，华意压缩所处的民用压缩机行业无论是在国内市场还是在国际市场竞争都非常激烈。

7.3 华意压缩并购 Cubigel 公司的动机和过程

企业进行跨国并购的动机是多种多样的，中国企业进行跨国并购既对中国经济发展具有战略意义，也是企业寻求国际化发展的必然结果。变频、高能效技术将为产业未来带来爆发性增长。轻型商业压缩机、全球化市场都是华意压缩未来拓展的空间，为了在利润和规模上加速扩张，华意压缩沿着中国经济新增长动力方向和国家战略性新兴产业发展方向，依托公司积累的管理优势、资金优势及资本市场平台优势，利用跨国并购、合资合作等方式积极强化主业，夯实在民用压缩机领域的基础并提升全球竞争优势。

西班牙 Cubigel 公司成立于 1962 年，工厂建在巴塞罗那北边约 30 千米的地方，公司拥有超过 600 名员工。Cubigel 公司在被华意压缩并购之前是全球第四大轻型商用压缩机制造商，在全球市场占据超过 10%的压缩机市场份额，在欧洲占有 27%的市场份额。Cubigel 公司在全球 70 多个国家拥有 330 家商业客户，同时与 Pepsi、Coca-Cola、Nestlé 等国际知名品牌拥有合作。

Cubigel 公司的相关报表数据显示，公司自 2011 年初到 2011 年末一年间，总资产从 4 736.86 万欧元下降为 3 757.60 万欧元，降低了 20%；净资产从 1 882.49 万欧元急剧下降为 640.03 万欧元。从这些数据来看，当时 Cubigel 公司是处于亏损状态的。在华意压缩对其并购之时，Cubigel 公司的运营已经停滞了半年左右。

华意压缩选择 Cubigel 公司成为标的公司主要是从以下几个出发点考虑的：

第一，西班牙 Cubigel 公司的规模适宜。Cubigel 公司的员工规模为 600 人左右，年销售规模也不大，收购所需的资本不会过高。

第二，Cubigel 公司与华意压缩在产品上具有互补性。Cubigel 公司是生产轻型商用压缩机的企业，在公司业务方面与华意压缩有着很强的互补性，收购 Cubigel 公司对于华意压缩拓展产品线十分有利。海外并购能够促进华意压缩进一步跨入商用压缩机领域，有助于公司调整其产品结构，使其进一步完整、合理。华意压缩并购 Cubigel 公司完成之后，可以将其作为华意压缩全球四大基地之一，优化产品生产布局。

第三，华意压缩需要欧洲市场以及在轻型商用压缩机领域的品牌影响力。华意压缩在并购 Cubigel 公司之前，在全球轻型商用压缩机领域，品牌影响力还远远不够。华意压缩要想成为全球规模最大的冰箱压缩机生产企业，要把华意压缩做成全球压缩机第一品牌，积极开拓欧洲市场是重要一环。Cubigel 公司在欧洲占据 60%的轻型商用压缩机市场，拥有绝对的市场优势。

总体来说，华意压缩并购 Cubigel 公司的出发点就是在全球范围内对行业资源进行整合，掌握更多的行业话语权。具体来讲，华意压缩并购 Cubigel 公司的动机主要表现在以下几个方面：

第一，生产技术的需求。华意压缩的主要业务是制冷型冰箱压缩机的制造，为了增强企业的竞争力，需要拓宽产品线，增加产品类别，而要实现这一企业目标，仅仅依靠华意压缩自身的研发技术是不够的。另外，Cubigel 公司是全球第四大轻型商用压缩机制造企业，有相对成熟的产品线和生产技术，与华意压缩想要拓展商用压缩机领域的这一目标不谋而合。收购 Cubigel 公司,不仅可以得到该公司多年积累下来的品牌影响力和市场占有率,更重要的是,还可以获得 Cubigel 公司多年研发的一流生产技术以及优秀的团队资源。

第二,研发人才的需求。近几年,虽然中国的企业发展得很快,但是从严格意义上来讲,制造业在前沿技术上的研发能力还相对比较薄弱,要提高前沿技术的研发能力关键在于专业人才。国际市场上存在大量优秀的人才,企业要做的是引进这些海外人才。Cubigel 公司专注商用轻型压缩机生产与研发 50 多年,在技术积累与研究开发方面具有较大的优势,华意压缩在 Cubigel 公司基础之上设立研发中心与营销中心,引进大批优秀海外人员参与技术研发,对于提高公司技术水平与生产效益,攀登世界冰箱压缩机技术顶峰具有重要意义。

华意压缩要想在当前产能过剩的残酷竞争之中成功突围,就必须要让企业的产品与其竞争者形成差异化。就这个行业而言,华意压缩更多地注重企业在新产品、新技术等方面领先于竞争对手,形成差异化,增强竞争优势。

第三,销售渠道的需求。在华意压缩 2014 年接近 3 800 万台的巨大产量中,海外出口数量占 40%,较 2013 年增长 18%,越来越大的出口量使华意压缩在海外的销售遇到瓶颈,如何拓宽更多的海外销售渠道是摆在决策者面前的问题。Cubigel 公司在西班牙已经形成相对成熟的销售渠道,为华意压缩开拓西班牙市场、获得更多的欧洲销售渠道提供了便利。

第四,设立海外服务平台的需要。华意压缩的出口量迅速增长,海外市场的客服需求量也日益增长,但是海外没有华意压缩的售后服务基地,售后服务过程中往往需要将产品运回国内,导致成本过高。竞购 Cubigel 公司,华意压缩可以在西班牙设立子公司,一方面增加了良好的生产基地;另一方面增设了海外服务平台,实现区域售后服务。对客户而言,华意压缩在欧洲大量出口产品的质量可以得到更有效的保障,提高客服的服务质量,及时满足用户需求。对企业自身而言,能够降低响应时间、资金成本,提高企业经营效率和市场敏捷性。

第五,华意压缩获取全球竞争优势的需要。近年来,中国制造行业产能过剩逐步明显,制造行业的发展遇到规模瓶颈。国际化发展能够为国内企业在全球资源的配置过程中提供机会，有利于拓展国际产能合作，提升我国企业的全球竞争优势。国际化是中国制造业企业获取全球竞争优势的重要路径。

在国内压缩机行业竞争激烈的情况下，华意压缩仍然保持行业龙头地位。2013 年，公司家用压缩机产销量双双突破 3 400 万台，刷新全球纪录。2015 年，公司销售压缩机 3 880 万台，继续保持全球行业第一。

华意压缩通过并购西班牙 Cubigel 压缩机公司的资产，并在此基础上成立全资的华意压缩巴塞罗那有限责任公司，成为国内第一家走向世界的冰箱压缩机企业，也因此使得华意压缩成功切入轻型商用压缩机领域和海外市场。

华意压缩通过提升国际化能力，将其打造成为真正全球化的企业。突破市场瓶颈，在全球范围内继续开拓市场，提高市场份额。以华意压缩巴塞罗那、欧洲和美国技术服务中心为基点，华意压缩广纳全球高端人才，形成全球化的研发协同和客户服务能力，通过国际化的手段，由冰箱压缩机领域的"全球第一大"变成"全球第一强"。

7.4　华意压缩并购 Cubigel 公司的风险分析

当今世界局势总体趋于平和，欧洲的局势整体比较安全。西班牙是西欧国家人口密度最低的国家之一，也是目前世界上出生率较低的国家之一，属于欧洲高福利国家。西班牙法治制度较健全，对投资者的法律保障程度较高。2008 年以来，受国际金融危机和欧洲主权债务危机影响，经济形势严峻，西班牙政府为应对危机推行财政紧缩政策，执政压力较大。在这样的大环境下，华意压缩并购 Cubigel 公司的机会较好。本书主要从微观层面来分析华意压缩并购 Cubigel 公司所存在的风险。

7.4.1　人力资源风险

西班牙法律允许在一个企业中，存在多个组织体系互不相同的独立工会，工人可以自愿选择加入任何一个工会。法律赋予工会各种权利，工会力量不仅在海外并购的过程中产生一定影响，在并购完成之后的企业管理过程中也是一个不可忽视的影响因素。

工会组织是西班牙重要的政治和社会力量之一。目前实力较强的全国性工会有三个：劳动者委员会(CCOO)、劳动总同盟(UGT)和劳动工会同盟(CGT)。大型地方性工会主要有两个：巴斯克地方工会(ELA-STV)和加里西亚地方工会(CLGA)。西班牙工会在争取和维护劳工权益、协调劳动关系方面发挥着重要作用，主要表现在三个方面：① 通过集体谈判签订集体合同，不断提高劳动者权益，调整劳动者与雇主之间的关系；② 通过参加社会经济委员会和劳动关系委员会，参加劳动关系的协调和劳动争议的处理；③ 培训工会干部和企业委员会委员。2012 年 3 月 29 日和 11 月 14 日，西班牙爆发两次全国总罢工，抗议政府的劳工改革和经济政策，由此可见，西班牙工会在争取劳动者权益中具有极其重要的作用。

西班牙 Cubigel 公司有 4 个不同党派工会组织，在华意压缩对 Cubigel 公司进行资产并购的过程中，这 4 个工会都会派代表参与谈判，并且工会领导人依法享有罢工的权利，工会代表不同党派员工的利益，这给并购谈判以及后续的人力资源管理工作增加了难度。

7.4.2 投资风险

投资风险是指投资主体为实现其投资目的而对未来经营、财务活动可能造成的亏损或破产所承担的危险。投资风险是投资主体决定是否投资进行预测分析的最主要内容。导致投资风险的主要因素有政府政策的变化、管理措施的失误、形成产品成本的重要物资价格大幅度上涨或产品价格大幅度下跌、借款利率急剧上升等。华意压缩并购 Cubigel 公司之前存在较大顾虑，Cubigel 公司前几年一直处于亏损状态，要重新回到正常运营轨道存在较大的困难，华意压缩投资方担心万一投资失败如何以最小的损失全身而退。

2008 年之后，受国际金融危机和欧洲债务危机的影响，西班牙经济不景气，市场对经济的预期削弱，企业投资预期与民众消费预期也随之降低，市场有效购买力大幅下降，市场下行风险加大。2012 年华意压缩并购 Cubigel 公司时既有机会也有较大投资风险。

7.4.3　营运风险

由于中国国内的劳动法与国外的劳动法存在很大差异，每个国家关于员工的工作时间、工资要求以及其他方面的福利待遇各不相同，因此，企业很可能在运营过程中由于不了解当地的法律法规而面临风险。华意压缩在收购 Cubigel 公司过程中同样存在这方面的风险。华意压缩并购 Cubigel 公司之后表示，最大的担心就是劳动法的差异导致的用工问题以及过高的劳动力成本导致并购后营运成本增加。如表 7-2 所示，西班牙过高的劳动力成本也将是制约华意压缩运营的重要因素。

表 7-2　西班牙三大行业平均月工资

行　业	平均月工资/欧元
工　业	2 005.01
建筑业	1 695.45
服务业	1 741.73

数据来源：西班牙国家统计局.

2014 年西班牙劳动人口约 2 300 万人，与欧盟其他国家相比，其劳动力平均年龄结构较为年轻。西班牙政府每年确定各职业的最低工资水平。不同职级的最低工资通常在合同中协商。2015 年最低工资为 648.60 欧元/月，每年发 14 个月工资。根据欧洲统计局数据，若按 12 个月工资计算，西班牙最低工资为 756.70 欧元/月。根据马德里、巴塞罗那及卡斯比三地调查结果，总经理级别人员年平均工资为 10 万欧元，销售经理级年平均工资为 8.5 万欧元，工厂管理人员年平均工资为 5.8 万欧元，秘书年平均工资为 2.5 万欧元。

相比南美、亚洲等地区发展中国家而言，欧洲并非是制造压缩机的最佳地区，华意压缩并购 Cubigel 公司存在一定的风险，有可能未来业务盈利达不到期望值，影响华意系公司的合并报表利润。欧洲企业的劳动力成本高、原材料价格波动大等因素都会给企业经营带来风险。同时,不同国家存在不同的规章制度,企业要完全消化、整合员工和销售渠道都存在一定难度。

7.4.4 市场风险

市场风险是指东道国市场存在的各种不确定性带来的风险,如市场容量风险、销售渠道风险、客户认同风险、服务风险、市场竞争力风险、需求个性化风险等。Keithn Brouthers, Lance Eliot Brouthers, Steve Werner 在风险测评中指出,产品市场风险是指产品需求、客户偏好等发生预料之外的改变、替代品或互补品发生有效性的变化。Keithn Brouthers 把风险分为控制风险和复杂性风险两类,消费者品位作为复杂性风险的一个组成部分,主要表现为母国市场和目标国市场的消费者品位存在相似性或差异性。影响企业跨国经营的另一类产品市场风险是市场知识,如果企业能够充分掌握市场知识,那么能在一定程度上有效地规避国际市场的风险。决策者对市场知识的掌握程度会直接影响其对海外市场的机会和风险的认知,并且对其做出的经营决策产生影响。中国企业选择不同的国际市场战略,会给企业带来不同的市场风险。标准化战略是早期跨国公司采用的战略,但是这种战略是建立在全球市场顾客需求趋同的基础之上的。然而,世界各国文化、经济、政治以及习俗等都存在巨大的差异性,企业标准化经营远远不能满足各国消费者的不同需求,企业就面临着消费者需求的差异性和不确定性所带来的产品市场风险。

Cubigel 公司在被并购之前已经有了自己的消费群体,形成了自己的品牌形象。华意压缩收购 Cubigel 公司之后,Cubigel 公司的固有客户可能很难接受从而产生抵触情绪,市场份额也会受到一定的影响,这对于企业的国际化发展是很不利的。

7.4.5 文化风险

我国企业采取投资的形式进入国际化市场时面临文化风险,在跨国并购过程中,涉及并购公司与被并购公司之间的各种沟通交流。由于所处环境的不同,语言习惯也会不同,在交流过程中必然会出现语言不通的情况,很容易造成冲突，员工关系会变得越来越复杂。华意压缩收购 Cubigel 公司之后首先要做的事情就是公司官方语言的确立。Cubigel 公司原有的管理人员并不都是西班牙人，还有来自法国、意大利以及美国的管理人员，他们的母语各不相同。语言的不通会使得双方交际困难，在并购过程中尤其要解决语言文化差异的障碍，可以使用语言翻译、文化翻译等减少冲突。

此外，文化差异也是影响人力资源风险的一个重要因素。文化差异是指由于地理位置、环境等因素的不同，导致不同国家之间文化也存在着很大区别，当两种不同文化相碰撞时便可能会导致失落、竞争甚至是冲突等反应。文化差异存在于多个方面，如宗教界别、种族群体、政治立场、性别、文学修养、民族主义、教育程度、语言能力、艺术认知等。文化差异主要从决策、人际关系以及沟通交流三方面对企业经营管理产生复杂而微妙的影响。

第一，决策。文化差异对企业决策产生的影响主要包括两个方面。一方面是在跨国经营过程中，决策者往往会根据自身的文化素养对不同文化背景下的信息价值予以判断。人总是根据自身的价值标准做出判断，对于那些可以预知的失误，决策者可以在其出现之前进行改善并及时地进行反馈以修正决策。另一方面就是决策层管理者分别来自不同国家和民族，拥有不同的文化背景，这就会使得决策方式发生变化。但是存在一种乐观的情况就是，来自不同文化背景下的决策个体虽然各持己见容易发生冲突，但这种冲突不一定会降低决策的效率。

第二，人际关系。文化差异也会对人际关系产生一定的影响。这主要是因为不同文化背景下的员工形成了不同的价值观，具有不同的“隐含性假设”。组织内部的人际关系会对企业的稳定运行和运作流畅性产生直接影响，组织外部的利益相关者，如政府、供应商、竞争者等，与企业的人际关系也会对企业的公众形象产生一定的间接影响。同样，由于文化差异的存在，企业内部及企业与环境的沟通也存在差异性。

第三，沟通交流。汉语言词汇量丰富，中国人的沟通用词丰富，交流方式大多间接而含蓄，信息的沟通与传递更多的是依靠双方共享的文化规约以及交流情境。当处于低语境文化中，语言的作用就非常重要。西方人更偏重于通过语言进行信息的传递，在他们看来，在交际中处于中心地位的就是语言。

企业在进行跨国经营时，必然会存在文化差异以及由此衍生的文化误解、文化冲突等，这些都会给企业的经营管理带来风险，如宗教信仰风险、价值观（意识形态）风险、行为方式风险等。每个企业都会在其发展过程中形成特定的某种企业文化，一旦形成固有的企业文化，很难再改变。华意压缩并购Cubigel公司的时候，Cubigel已经有51年的历史了，形成了其独有的企业文化，在并购的过程中，企业文化的冲突是不可避免的。并且Cubigel公司在被华意压缩并购之前，经历了几次来自西班牙、意大利和美国公司的并购，他们对华意压缩的收购以及中国人带来的企业文化存在疑虑。

7.5 风险应对措施

7.5.1 人力资源风险应对措施

我国在境外投资的企业的人事制度与许多知名的跨国企业的用人制度不同，我国企业的中高层管理人员尚未职业化、市场化，多为总公司指派，而非聘用制经理人。其经营管理和管理模式受现有制度和环境的影响较大。总部任命的管理人员长期在国内工作，缺乏对海外工作环境、相关业务法律、市场情况、文化习俗的了解和相关管理经验，较难适应海外工作，容易导致管理层与海外员工的摩擦，引发员工之间的冲突。对此，华意压缩主要通过管理整合的方式应对人力资源风险。华意压缩收购Cubigel公司后就互派中西方管理人员，这一举措是为了促进双方交流经验、相互了解、取长补短，更快地融入彼此，适应环境。在外派之前，华意压缩对派驻的海外员工和管理人员进行语言技能、交际礼节、海外生存等项目培训，强化外派员工和管理者对当地民族文化和原公司文化的认知和了解。除此之外，华意压缩还加强了企业文化培训，通过企业文化培训形成企业凝聚力，有效降低员工流动率。充分考虑不同文化对员工行为和企业战略目标的影响，建立既能为企业内部不同文化背景的职员所接受，又能使整个企业团结一致高效运转的良性企业文化。

7.5.2　投资风险应对措施

华意压缩主要通过供应链整合的方式应对并购的投资风险。与国内投资相比，东道国投资环境是外国投资者所不熟悉的，许多因素不可预见、难以适应和控制。企业如果对东道国各方面情况缺乏全面深入的考察和论证，就确定投资项目，投资决策失误在所难免。跨国经营企业需要在全球范围内采购物资，物流耗费时间较长，各项手续比较复杂，甚至可能遭遇进出口限制，容易造成存货短缺。与此同时，购买物资的付款受到汇率波动的影响也比较大。Cubigel 公司前期经营不善，导致常年亏损，供应商不敢再与其继续合作，从而导致供应链中断。华意压缩表示，由于欧洲整体经济形势不理想，Cubigel 公司现存的供应链存在一定缺陷，并购之后通过将中国的供应商引入西班牙，再在此基础上进行有效整合，有利于重启和弥补 Cubigel 公司供应链。这一整合之后，华意压缩在巴塞罗那召开供应商大会，参加大会的供应商成员中有 1/3 都来自中国，供应链的整合有利于企业接下来的经营活动。

7.5.3　营运风险应对措施

华意压缩主要通过信息化和财务管理整合措施应对并购之后的营运风险。海外投资是企业在多国范围内从事生产经营活动，营运资金也必然涉及跨越国界的运动，这使跨国企业在现金管理、应收账款管理以及存货管理等方面面临着很大的不确定性。东道国的客户和代理商众多，比较复杂，很难获取信用评价，尤其面对一些不知名的国外小企业，常常缺乏必要的相关信息，增加了企业国际化应收账款回收的不确定性。计算机网络技术的广泛应用，为资金的全面预算和及时结算提供了可能，从而使资金的集中管理成为现实。Cubigel 公司之前一直采用的是 SAP 公司的 ERP 系统，与华意压缩不谋而合，IT 方面的整合也更为容易、方便了。华意压缩并购 Cubigel 公司之后，仅用一个周末的时间就完成了新 IT 系统的过渡，建立了双方经营和财务数据的共享机制，并且正常运行。

7.5.4 市场风险应对措施

华意压缩通过市场整合的措施应对并购 Cubigel 公司的市场风险。由于跨国界因素的存在,东道国市场已有的厂商往往会为潜在的跨国进入者设置障碍。对于缺乏国际经营经验的中国企业而言,由于没有当地的合作伙伴,他们会面对较大的市场开拓风险,在争取东道国优惠政策和获得东道国政府保护方面也处于相对不利的地位。对此,可以采取以下市场整合措施规避或者分散风险。首先,遵循分工协作的效率原则,生产地点多国化,将整个工序分别安排在最便宜及最具有效率的子公司所在国生产,从而分散东道国国有化的风险与市场风险。其次,涉及消费者价值观与使用习惯的产品和服务,以东道国市场消费习惯为基础进行设计。积极参与、发展地区社会公益事业,获得东道国社会和政府的认同。最后,华意压缩总部并购 Cubigel 公司后与其共享销售网络,但又各有侧重和分工。

7.5.5 文化风险应对措施

华意压缩主要通过文化融合的方式应对文化风险。中国企业在进行跨国经营时,面临的最大的问题就是文化差异。为此华意压缩收购 Cubigel 公司后做的第一件事就是将英语确定为管理层官方语言。第二件事是将全球通用的 MBA 管理方法确定为公司的主流管理方法。这样一来,管理层之间围绕企业发展战略的讨论都有了通用语言和理论方法了。第三件事是确定文化融合的最终目标即人的融合。为此,华意压缩致力于将公司营造为一个“大家庭”。被华意压缩收购之前,Cubigel 公司管理层和员工存在阶级区别,白领和蓝领关系并不是很和谐。收购之后,中国管理层引入了“以员工、客户和股东满意为企业宗旨”的经营理念,采用更为民主的管理方式,听取底层员工的意见,得到员工的普遍认同。例如,公司采用的是竞聘制,在竞聘时非常重视听取员工的意见。医院、食堂以及安保等与员工切身利益相关部门的外包招标的决定权也交给职工代表委员会。员工拥有了各项权利,便会容易对企业产生归属感。同时,把对员工的关怀落实到各种细节,如节假日发放节日小礼品、为员工过生日等。经过管理团队的不懈努力,公司工会组织对这一“文化融合”表示了肯定。巴塞罗那一家日报于2013年花费了三个版面来介绍公司是如何成功完成中西双方的文化融合的。

7.6 对其他企业的启示

华意压缩收购Cubigel公司后，进行了管理、技术、供应链、市场以及信息化和财务管理五个方面的整合以及文化方面的融合，取得了较好的业绩。2013年巴塞罗那公司的销售额同比增长了两倍。到2014年4月，华意压缩收购Cubigel公司不到两年，并购后的企业经营已经卓有成效，这非常难得。假以时日，经过进一步的整合与融合，能够达到公司经营运作的稳定状态。

此外，并购完成之后，华意压缩总部与并购后的西班牙子公司双方的资源可以进一步整合，使双方的协同效应进一步发挥。华意压缩可以将华意压缩巴塞罗那公司与华意总部的优势资源进行更深层次的整合，扩充轻型商用制冷压缩机的生产经营，在全球市场布局华意系产品。

完善的境外投资模式应该是企业主导型而不是政府主导型，因为企业这个市场主体具有更强的市场参与能力和更低的信息不对称程度，能够更加有效地提高资源配置效率。

敏锐的风险防范意识是提高企业对外直接投资风险防范能力的重要前提。企业的经营目标是获取利润，但凡获利的行为一般都伴随着风险。从某种意义上说，一个无论多么成功的企业，如果不能在风险来临时有效地采取应对措施避免或降低风险造成的损失，就一定会遭到风险的惩罚，这个惩罚对于企业来说可能是毁灭性的。因此，对外直接投资风险管理是对外投资企业赖以发展的根本，是企业可持续经营的重要保障，提高风险防范意识则是对外直接投资企业提高风险管理能力的前提条件。

第 8 章

中国企业对外直接投资风险防范与应对策略

企业对外直接投资风险管理是一个综合性的问题。一般来说，对外直接投资风险管理的关键是防和控。所谓“防”指的是预防，这是解决危机的最好方法，将风险消灭在萌芽状态，是风险管理的最高境界。所谓“控”指的是控制，是对已经发生事件的处理，是风险防范应对的另一面，同样考验企业决策者的能力。建立良好的风险处理与应对机制，能够帮助企业从容应对。也有一些学者将此称为风险应对。企业对外直接投资风险的防范与应对始终贯穿企业对外直接投资的全过程，两者相互依存，不可分离。因此，企业在对外直接投资过程中需要站在整体的角度去分析投资风险，从而采取相应的防范与应对措施。

本章首先提出了中国企业对外直接投资风险防范与应对体系构建的基本原则和“三六六”框架（即三个主体、六个抓手、六大内容），然后从政府、信用担保与中介机构以及企业三个主体分别提出风险防范与应对策略，最后针对中国企业对外直接投资的特殊性提出相应的风险防范与应对策略。

8.1　中国企业对外直接投资风险防范与应对体系构建的原则

中国企业对外直接投资风险防范与应对是一个综合性的问题，不仅仅是政府或者企业某一层面能够完成的。体系构建需要全社会与对外投资相关的各方共同参与，需要从外交、法律、政策等各个角度全方位设计，更需要对外投资风险防控主体对对外直接投资风险的发生进行科学处置。因此要多层次、多角度、全方位地分析和构建企业对外直接投资风险防范与应对体系，明确中国企业对外直接投资风险防范与应对体系构建的原则与框架，为中国企业"走出去"营造良好的环境。中国企业对外直接投资风险防范与应对体系构建应遵循以下三条原则。

8.1.1　风险防范与应对的主体以企业为主，以政府为辅

政府在本国企业对外直接投资过程中发挥着重要作用，对企业对外直接投资的风险防范与应对产生重要影响。政府的作用体现在为企业对外直接投资创造良好的大环境和制度保障。例如，政府把各个政府部门、各种驻外机构（包括使领馆在内）、各种行业协会整合起来，形成一个系统性的海外利益保护框架。当中国企业在开展对外直接投资的时候，就能够从中获得诸如投资前的风险预警与风险评估，以及投资受损后的利益保护等方面的帮助，从而降低风险。双边投资协定是保护企业海外投资安全的非常重要的制度性框架。政府应积极与一些主要的东道国商谈双边互惠的投资协定，用多边协议保护中国企业海外投资的利益。

在对外直接投资过程中，企业是投资和市场主体，具体负责企业投资和运营的全过程，是风险防范与应对的主体。在构建对外直接投资风险防范与应对体系过程中应准确把握政府和企业的定位，充分发挥企业的主体作用，做到各司其职，强化交流，相互配合，构建科学的风险防范与应对体系。

8.1.2 风险防范与应对的措施以事前预防为主，以事后补救为辅

构建中国企业对外直接投资风险防范与应对体系，首先是在投资风险发生之前，采取主动评估和识别措施，降低投资风险发生的概率，其次在投资风险发生之后，可以通过实施相应补偿措施，帮助企业进行索赔来减少企业损失。只有通过这种策略，企业才能最大限度地减少应对风险所付出的成本。

8.1.3 风险补救的办法以海外投资保险为主，以国家赔偿为辅

海外投资保险制度又称海外投资保证制度，是资本输出国政府对本国海外投资者在国外可能遇到的政治风险提供的保证或保险。投资者向本国投资保险机构申请保险后，若发生承保的政治风险，致投资者遭受损失，则由国内保险机构补偿其损失。凡是向海外进行投资的合格投资者，均可成为海外投资保险的被保险人。

海外投资保险制度于 1948 年在美国创立，此后诸多发达国家先后在本国实行海外投资保险制度。发展中国家与地区也于 20 世纪七八十年代开始为本国本地区的海外投资者提供政治保险。为了进一步鼓励海外投资，中国逐步建立了可行的海外投资保险制度。中国出口信用保险公司为许多中国企业对外直接投资保驾护航。

在构建中国企业对外直接投资风险防范与应对体系过程中，应进一步强化投资主体的保险意识，将海外投资保险制度纳入体系中。

8.2 中国企业对外直接投资风险防范与应对框架

从本质上讲，中国企业对外直接投资风险防范与应对体系就是实施主体综合运用体系各要素，对企业对外直接投资风险开展系统性防范与应对的总称。本节针对中国企业对外直接投资风险防范与应对，提出“三六六”框架（即三个主体、六个抓手、六大内容）。

8.2.1　中国企业对外直接投资风险防范与应对的三个主体

(1) 政府

政府及其附属机构是对外直接投资风险防控法律、政策的制定者和监督者，在企业对外直接投资风险防范与应对体系中处于核心位置。政府主要是从战略外交、法律制度、政策指导、情报信息等方面为企业对外直接投资提供安全保障。政府对对外直接投资风险的防范与应对主要侧重于预防和事后处理，对企业对外直接投资风险发生阶段的处置往往反应不够灵敏，主要是通过间接方式来应对。因此，根据在对外直接投资风险防范与应对体系中的地位和作用，政府应主要从宏观层面进行指导。

(2) 信用担保和中介机构

信用担保机构主要是指承担对外直接投资风险担保的信用保险公司、金融机构等。这些担保机构一般是由国家出资成立的大型国有金融机构，具有深厚的国家财政支持背景，是企业面临风险时的直接保障。目前，中国在信用担保机构建设方面与西方发达国家还存在着很大差距，企业面临的对外直接投资风险主要还是依靠国家外交政策的支持，而对信用担保机构的信任度和依赖度很低。因此，中国应该加强信用担保机构建设，保障企业对外直接投资利益。

(3) 企业

企业是对外直接投资风险的直接承担者和受害者，他们也最迫切希望建立对外直接投资风险防范与应对体系。中国市场经济建设时间较短，大部分企业在面临对外直接投资风险时都缺乏相关的经验和意识，导致不少企业在开展对外直接投资活动中都存在很大问题。因此，建立和完善对外直接投资风险防范与应对体系对企业对外直接投资具有重要意义。

8.2.2　中国企业对外直接投资风险防范与应对的六个抓手

(1) 从战略的角度构建良好的外交关系

国家战略的支持以及良好的外交关系，是建立对外直接投资风险防范与应对体系的重要前提。从国家战略层面，要将对外直接投资安全纳入国家综合安全战略,保护企业对外直接投资利益,特别是保障对外直接投资企业及个人在海外的生存、发展,保护其生命财产安全。从外交层面,通过国际条约、领事保护,可以有效保障中国企业对外直接投资安全。

(2) 制定有效的政策措施,引导企业规避风险

为了促进中国企业对外直接投资,中国政府做了很多积极的努力,切实起到了引导、促进和保护的作用。在对外直接投资风险防范与应对方面,政府进一步发挥了其在监督、管理、服务、保护等方面的作用。具体来说,在对外直接投资监督方面,可以进一步优化对外直接投资审批和监管机制;在管理方面,可以通过颁布政策措施,对对外直接投资企业在选择投资项目、投资领域,合理确定投资规模等方面进行调整把关,降低企业盲目投资带来的风险;在服务方面,可以通过颁布政策措施,推动国家在税收、融资等方面的改革,提高办事效率,增强企业的灵活性和主动性;在保护方面,可以根据企业在东道国面临的特殊风险有针对性地出台相关政策,保护企业利益。

(3) 优化对外直接投资法律制度,保障企业海外投资权益

各国在政治、经济、社会、文化等方面存在诸多差异,企业对外直接投资面临不同程度的风险。在企业对外直接投资过程中,法律是正确处理或避免投资争议、维持有利投资环境、保证国际投资安全性与稳定性、促进国际正常交往与合作的重要手段和屏障。

从目前我国对外直接投资法律保障机制来看,还存在一些需要改进的地方。在国内法层面,对于海外投资的管理和服务规则散见于国务院及各部委的行政法规或部门规章中,较少涉及对海外投资企业的权益保护,对外投资保障法律体系缺乏全面性和协调性。在国际法层面,我国与他国的双边投资协定大多签订于 20 世纪 90 年代,未及时更新。以“一带一路”沿线国家为例,我国已与其中 42 个国家签订了双边投资协定,但是 2000 年以后签订的仅有 7 个。总的来说,这些协定所确立的投资准入的开放程度以及投资保护待遇相对保守,需要根据环境的变化进行更新。

因此,有必要强化对外直接投资法律保障机制。在国内法层面,完善国际投资法律制度,促进投资便利化。在国际法层面,积极开展与投资东道国的双边投资协定的签订与更新工作,使协定更有利于应对海外投资壁垒规则,为我

国海外投资者维护合法权益提供国际法依据。通过建立健全企业对外直接投资法律制度体系，形成规范化的保障制度，切实保障企业对外直接投资的权益。

(4) 做好金融服务，助力企业"走出去"

金融服务主要是指各类金融机构向对外直接投资企业提供金融服务支持。随着中国企业对外直接投资的迅速发展，中国的一些金融机构开始强调提升投资回报率并降低系统性投资风险发生的可能性，但是中国企业是对外直接投资的"后来者"，中国金融服务的发展还明显滞后于企业投资。随着中国企业对外直接投资规模的不断扩大，如何提供更完善的金融服务成为金融机构的现实性难题。

(5) 做好情报信息工作，有效防范风险

准确、及时、全面的对外直接投资风险情报信息，是对外投资企业最迫切的需求。有关对外直接投资信息往往是零散、混乱的，单单依靠某个企业是难以完成的，在这方面外交部、商务部遍布世界的驻外部门以及国际、国内专业咨询机构无疑具有天然优势，如果能够赋予他们相关职能，实施有偿或无偿的情报信息服务，将对防范与应对对外直接投资风险起到关键性作用。

(6) 强化企业竞争能力，减少风险

构建企业对外直接投资风险防范与应对体系的重点，就是提升企业的核心竞争力。说到底对外直接投资是企业活动，国家和政府只能提供基础性、辅助性的风险防控措施。因此，对外直接投资风险防范与应对体系建设必须着眼于企业自身竞争力的培养，提高企业自身抵御风险的能力，使企业在战略、产品、营销等方面有较大提升，并在企业内部形成防范与应对风险的机制。

8.2.3　中国企业对外直接投资风险防范与应对的六大内容

(1) 对投资风险开展评估

企业投资风险评估一般是指通过采取定量化的手段，对企业面临投资风险之前或之后造成的损失或影响的可能性进行估测。全面准确地对对外直接投资进行风险评估是企业对外直接投资风险防范与应对体系建立的前提和基础。对外直接投资风险评估贯穿对外直接投资风险防控全过程，涵盖国家、信用担保机构、企业各个层级，渗透到战略外交、法律制度、环境文化等各个风险要素，是非常复杂、非常重要的对外直接投资风险防范与应对内容。

(2) 对投资风险进行规避

风险规避是指通过采取有效措施来消除对外直接投资风险或风险发生的条件，使投资免受风险发生所造成的损失。对外投资风险的规避最重要的就是在风险发生之前采取相关措施把风险扼杀在萌芽状态。

(3) 对投资风险进行转移

风险转移是指采取相关措施将让渡人的风险转移给受让人承担的行为。对外直接投资的风险转移可以很大程度上降低风险，风险转移主要是通过合同和保险的形式进行。

(4) 对投资风险进行分散

对企业对外直接投资风险的分散，一般是指采取分散的投资方式降低企业在东道国经营过程中产生的风险。这一方面主要的措施有实施本土化经营、不参与东道国的政治斗争、积极参与相关公益活动、履行企业的社会责任、重视舆论宣传效应等。

(5) 对投资风险造成的损失进行控制

所谓损失控制，一般是指通过采取相关措施降低企业因发生投资风险而造成损失的可能性或减少实际损失，是企业在对外直接投资中面临风险且不可避免时而采取的应急方法。损失控制主要包括事前、事中、事后三个阶段。损失控制的主体主要是企业，因此企业在面临对外直接投资风险时应尽量从事后处理向事前预防转变，重点应在防止发生连锁反应、控制事态发展、减轻人财物损失等方面采取有效措施。

(6) 对投资风险进行补偿

对企业投资风险进行补偿就是通过在风险发生之前，对企业进行价格补偿。企业在对外直接投资过程中肯定会遇到某一类风险无法进行分散、转移、对冲，这就说明当企业面临这类风险时，就必须要承担风险发生所造成的损失。因此，企业可以在交易价格的基础上采取风险溢价策略，以提升企业的投资回报率为手段，获得相应的风险补偿，减少风险发生所带来的损失。

本书在中国企业对外直接投资风险特殊性基础上，提出了中国企业对外直接投资风险防控框架。在这一框架中,实施主体是影响体系作用的关键和主导因素,主要包括政府、企业以及信用担保和中介机构。"六个抓手"主要包括战略外交是前提、政策措施是导向、法律制度是保障、金融服务是关键、情报信息是支撑、竞争能力是核心。"六大内容"主要有风险评估、风险规避、风险转移、风险分散、损失控制、风险补偿。具体如图8-1所示。

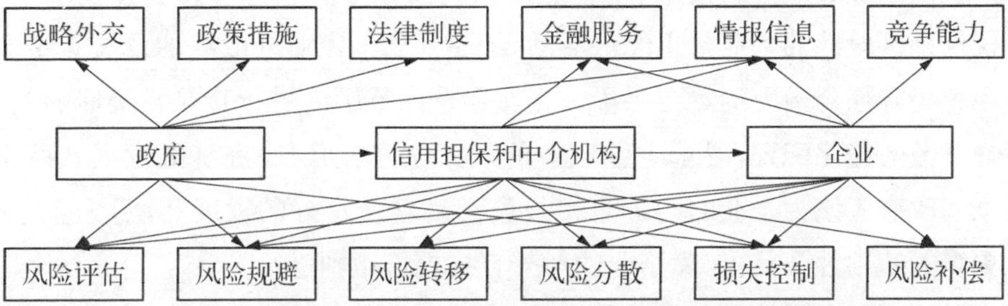

图8-1 中国企业对外直接投资风险防范与应对体系示意图

8.3 基于实施主体分类的对外直接投资风险防范与应对策略

企业对外直接投资风险具有范围广、形式多、原因复杂等特征。因此,国家和政府不仅要推动中国企业"走出去",还要积极帮助企业防范和规避相关的投资风险,使企业免遭投资风险发生所带来的损失。构建系统性的企业对外直接投资风险防控机制,不仅需要企业的参与,还需要政府以及信用担保和中介机构的努力和支持,只有这样才能有效帮助企业从容应对在对外直接投资过程中遇到的风险,降低投资风险的发生给企业带来的损失。

实施主体的不同,所采取的风险防范与应对的策略也会不同,当企业面临宏观层面的风险时,主要是政府通过参与双边和多边贸易保护协定,以及相关国际法律的制定,改善企业对外直接投资环境,以此降低中国企业对外直接投资的风险;当企业面临中观层面的风险时,信用担保和中介机构需要通过完善中国对外直接投资保险制度,解决中国企业对外直接投资的后顾之忧;当面临微观层面的风险时，企业可采取建设企业投资风险预警机制，进行本土化经营以及提升自身实力等措施，规避相关的投资风险。通过政府、信用担保和中介机构以及企业的共同努力，构建中国企业对外直接投资风险防范与应对体系。

8.3.1 政府的对外直接投资风险防范与应对策略

从国家发展战略层面来看，企业走出国门在全球进行对外直接投资活动不仅仅是一般性的企业自主经济活动，还关系到国家对外战略的发展和走向，是国家提升综合国力的重要手段。企业在全球范围内进行直接投资能够充分实现资源的优化配置，寻求企业利益的最大化，推动国民经济的发展。所以，国家和政府应该为企业的对外直接投资活动创造良好的发展环境，为企业提供更多的基础性产品，保障企业的对外直接投资顺利进行。

(1) 大力改善对外直接投资国际环境

良好的对外直接投资环境对企业的发展和投资起着至关重要的作用。不同于国内的投资，企业在国外的直接投资遇到的不确定因素更多，单凭企业自身力量难以维护投资环境。中国政府应该积极参与国际和区域间的双边或多边合作机制的构建，为中国企业创造良好的投资环境。由于政治体制和意识形态的差异，某些国家一直不能正视中国经济的发展，甚至对中国企业的对外直接投资表现出敌视和反对的态度。因此，中国政府应该积极在国际上树立良好的国家形象，与世界各国展开包括经济贸易在内的合作，这样会在很大程度上降低中国企业的对外直接投资风险。

中国政府通过与世界上其他国家建立友好的合作关系可以为企业对外直接投资创造良好的投资环境，企业在对外直接投资过程中要遵守双边与多边的投资协定，这样对于处理好价格、汇率、劳资关系等方面的问题以及避免双重征税具有重要作用，可以有效帮助中国企业对外直接投资的顺利开展，降低投资风险的发生概率。除了利用其他国家的双边或多边贸易保护机制，还应该从法律的角度出发，签署投资国与东道国之间的投资保护协定，在这种情况下，一旦发生投资风险，东道国也需要对企业发生的损失进行补偿，有效保护了对外直接投资企业在东道国的合法权益。到 2012 年为止，中国已经与 160 多个国家或经济体建立了双边贸易合作机制，签署了 150 多份双边和多边投资协定。中国企业对外直接投资的环境得到了很大的改善，一定程度上保护了对外直接投资企业的合法权益。

(2) 完善对外直接投资法律体系

法律体系的完善能够有效应对企业在对外直接投资过程中面临的风险。企业在对外直接投资过程中如果发生风险，完善的对外直接投资法律体系可以具体地为企业提供相应的法律保障，有效地处理风险发生所带来的后果。对外直接投资法律体系既包括国际法律体系，也包括国内法律体系。

① 国际法律体系。对外直接投资的国际法律体系包括国际公约和双边以及多边投资协定。

a. 参与国际公约的制定。国家参与国际公约的制定，可以有效地降低企业对外直接投资风险发生的可能性，因为国际公约是绝大多数共同认可的规则或条文，具备一定的约束力。一般来说，国际公约的参与国会严格遵守相关的法律条文或规定。国际公约在全球或区域范围内具有较高的法律约束力。如果某一国家或地区违背了国际公约相关的条文或规定，其他国家会根据国际公约的相关规定，对违约者进行相关的制裁，保护受损方的合法利益，并进行相应的赔偿。国际公约的签约国家需要履行自身的责任和义务，主动为在本国进行投资的企业提供良好的投资环境，即使出现投资风险，东道国应该根据国际公约的相关规定，采取一定应对措施，通过相应的争端解决机制，自觉维护在本国投资企业的合法权益。这就会在一定程度上减少对外直接投资企业因风险的发生而造成的损失。因此，为了更好地保障中国企业对外直接投资活动的顺利开展，维护企业的合法权益，中国应积极主动地参与相关国际公约的起草或制定，获得更大的主动权，维护中国企业在对外直接投资过程中的合法权益。当前，世界上已经出现了许多有关推动对外直接投资的相关国际公约。比如，1966 年旨在为企业对外直接投资出现争端进行仲裁和调和的《关于解决国家和他国国民之间投资争端公约》(ICSID)，中国于 1990 年正式加入这项公约。又比如，旨在推动国际对外直接投资向发展中国家转移的《多边投资担保机构公约》(MIGA)于 1988 年正式生效，中国是这项公约的创始国。在国际上运用比较广泛的国际公约还包括世贸组织协定中的《与贸易有关的投资措施协定》(*Agreement on Trade-Related Investment Measures*，以下简称

《TRIMs 协定》)。《TRIMs 协定》将投资问题纳入世界多边贸易体制之中,对于完善全球多边贸易法律体制、推动国际投资法的发展、遏制贸易保护主义以及促进贸易与投资自由化具有深远意义。《多边投资协定》是由经济合作与发展组织提出来的,主要针对国际投资提出了具体的相关政策,主要涉及促进投资、贸易、公司治理等方面。为了更好地保证中国企业受到更多国际公约的保护,中国政府应该积极申请加入全球性或区域性的国际公约。当前也还有一些国际公约正处于谈判之中,并且也取得了一些实质性进展。

b. 加快签署双边和多边投资贸易保护协定。改革开放之前,中国实行计划经济,与国外经济联系较少,因此,中国较少参与一些有关国际投资的贸易协定,并且在这一时期,国际上的投资协定也不够健全,大多是出于保护本国投资的需要。20 世纪 80 年代以后,世贸组织的乌拉圭谈判将国际投资纳入大会议题,签订了《TRIMs 协定》,并且针对国际贸易、知识产权的国际投资也签署了对应的投资贸易协定。但是,总体来说中国与其他国家签署的有关贸易投资的双边或多边协定不够完善,无法有针对性地保护中国企业的对外直接投资,与其他国家签订和完善相关的投资协定将是中国政府开展对外贸易合作的主要任务之一,因此中国政府应该积极参与国际或区域间的投资协定的制定,并且在这过程中要积极发挥建设性作用,维护中国企业对外直接投资的合法权益。随着互联网和大数据的发展,国际间投资协定也将会面临很大挑战,对当前双边或多边投资协定的改革迫在眉睫,在这样的背景下,中国政府应该抓住机会,积极参与新规则、新制度的商讨和制定,提升中国企业在对外直接投资过程中的维权能力,为中国企业对外直接投资的发展作出建设性的贡献。

② 完善国内有关对外直接投资的法律体系。健全的对外直接投资法律体系会对企业的管理、项目核准、资格审查等方面做出全面具体的规定。只有通过国内相关投资法律的规定和约束,对外直接投资企业才能够"走出去",从容应对投资风险。因此,建立健全国内有关直接投资的法律体系可以有效地推动中国企业"走出去",减少由于国际投资风险而遭受的损失。就目前而言,中国国内关于对外直接投资的法律体系尚不健全,关于对外直接投资的法律较少,并且往往都是由低层次的部门制定的,缺乏相应的法律权威性,

而且部门之间的管理界限比较模糊，许多关于对外直接投资的法律没有统一的标准，实际操作起来还是比较困难，对于某些具体性问题存在空白。国内关于企业对外直接投资的审批制度设计过于复杂，不利于中国企业对外直接投资活动的顺利展开。当前，中国有关企业对外直接投资的法律主要包括《境外投资项目核准暂行管理办法》《企业境外投资管理办法》《境内机构境外直接投资外汇管理规定》《境外直接投资人民币结算试点管理办法》等。从中可以发现，中国有关对外直接投资的法律比较少且层次较低，缺乏相应的权威性。

建立健全中国对外直接投资法律体系需要一部权威性高、适用性广的对外直接投资法，并且能够对其他各部门规章制度的制定起到引领性作用。这部权威性的法律应该明确企业对外直接投资的目标、形式、主体，确保有关内容的合理、准确、细致。

(3) 为中国企业对外直接投资提供信息支持

中国企业在进行对外直接投资的过程中遇到的问题是复杂多样的，可能遭遇的风险类型和程度在不同的东道国也是不同的，尤其对中小企业而言，更是很难独自成功地避免政策风险。有些国家的政治风险高，有些是经济、金融风险高，有些是汇率、债务风险高。企业要想及时分辨境外投资有无政策风险，就需要大量资料和研究来做判断。因此，国家和政府应该建立风险评估和咨询机构为企业对外直接投资给予帮助和支持。

① 设立专业的对外直接投资风险评估机构。企业的对外直接投资风险涉及内容众多并且技术专业性很强，单靠企业自身力量难以完成。国内外许多在这一领域的权威专家耗费了大量的时间和精力构建对外直接投资的风险评估模型，然而大部分企业缺乏此领域的高素质人员，单单依靠企业自身的力量难以构建适应本企业的投资风险评估模型。所以，政府应该联合高校以及专业的咨询机构，建立对外直接投资的风险评估机构；利用这些机构在人才、数据、信息等方面的优势，根据对外直接投资企业在经营过程中的实际情况，构建相匹配的投资风险评估模型，指导企业对投资风险进行评估，这样企业在面临投资风险时才能免遭损失或减少损失。

② 建立对外直接投资风险披露机制和风险评级机制。政府监管机构与

对外投资企业之间的信息不对称，是导致企业对外直接投资风险发生的重要因素之一。构建系统性的风险评估机制可以有效降低风险发生的可能性，政府应使用现代化风险管理技术，采用标准化程序进行评级，并持续对东道国的投资风险进行跟踪监督，根据情况变化随时修改风险评级结果。同时也要加强对风险评估机构的严格监管，防止道德风险的发生。

③ 构建企业对外直接投资风险预警机制。在风险评级机制的基础上，构建企业对外直接投资风险预警机制可以有效帮助企业预防投资风险。通过相关风险评级机构分析企业在对外直接投资过程中的发展状况，并以此为依据，对可能发生的投资风险采取相关的预防和控制措施，明确投资风险经过量化之后是否还在企业承受范围内等。同时，为了保证对外直接投资风险预警的精确性，还可以借助于大数据分析，建立不同的预警指令子系统和分析决策支持系统。

(4) 积极引导中国企业的投资方向

中国政府在营造良好投资环境的基础上，还应积极利用各种措施，强化引导中国企业对外直接投资行为。近年来，中国企业对外直接投资发展迅速，但依然存在诸多问题。例如，一些出资公司的境外投资活动与国家整体发展战略或政府的整体规划不同步，一些出资公司没有对境外投资活动的长期发展战略进行规划。因此，中国政府应该通过相关政策引导企业对外直接投资的方向。

政府应该主动出面，联合高校和其他咨询机构，建立专门针对本国企业的对外直接投资风险评估咨询机构，利用高校和咨询机构在人才、信息、技术等方面的优势，对投资目标国的政治、经济、文化等方面的信息进行收集，并且根据企业自身的实际情况，构建相应的投资风险评估模型，通过对数据进行收集整理，根据不同东道国动态编写投资风险评估报告。目前，我国的商务部已经发布了包括《对外投资合作国别(地区)指南》《中国对外投资促进国别/地区系列报告》《投资美国指南》在内的投资报告，并且在官方网站还设立了“公共服务资源平台”，开设了“走出去服务”栏目，发布了“国别(地区)指南”，对世界各国的投资环境进行详细的分析和介绍，为我国的对外直接投资企业提供了相应的信息。政府相关投资政策的引导，可以减少中国企业对外直接投资的盲目性，从而降低对外直接投资风险发生的可能性，有效保障中国企业对外直接投资的顺利进行。

8.3.2　中介机构的对外直接投资风险防范与应对策略

世界各国基本上都会为对外直接投资企业提供保险或担保，以保障企业对外投资活动的顺利进行。目前来说，大部分国家都会对汇兑风险、征收风险、恐怖袭击等风险提供担保或保险，以保障对外直接投资企业的利益，并且承担这些保险的机构大多数由国家出面建立。

从担保机构层面来说，应尽快建立和完善中国对外直接投资保险和保证制度，为企业对外直接投资提供更健全、更有效的信用担保服务。

(1) 完善对外直接投资保险制度的顶层设计

① 建立以国家为后盾、专业机构为主体、社会投资全面参与的保险体系。中国虽然在1995年出台了《保险法》，但是这并没有体现国家身份所特有的权威性。因此，建立一个由政府出面、专业机构独立运营、吸收各商业银行和社会资本全面参与的中国对外投资保险公司，协助实施政府对外投资政策，既能体现政府的权威，又具有独立法人资格。

② 扩大承保对象范围。目前，中国国有资产在对外直接投资所占的比重过高，而民营资产投资比重过低。随着中国市场经济体制改革的进一步深化和对外开放的进一步展开，民营资本将会是中国对外直接投资的“主力军”。因此，在政策导向上，中国应该积极鼓励民营企业“走出去”并且纳入承保对象范围，保障民营资本在海外的投资安全。

(2) 建立健全对外直接投资保险机制

建立健全对外直接投资保险机制，是处理企业在对外直接投资过程中出现风险的一种有效措施。一般来说，对外直接投资保险机构以国家和政府为后盾投资建立，当企业在对外直接投资中发生投资风险时，可以直接向投保机构进行理赔，减少因为投资风险发生而给企业造成的损失。但是企业在对外直接投资保险机构进行投保时需要符合对外投资保险机构的资格限制。

2001年，由中国政府出资的中国出口信用保险公司成立，该公司的主营业务就是为中国企业对海外投资提供担保或保险服务，以及进行对外投资信息咨询和风险管理等。然而，该公司对投保人、投资项目、承保险种都有着非常严格的规定，无法满足中国对外直接投资企业的需要，并且承保险种只明确了包括征收、政治暴乱在内的四种。国际投资环境变化非常快，面临的风险种类也非常多，一旦发生其他投资风险，对企业造成的损失也会是不可估量的，因此，较少的担保或保险机构以及单一化的保险险种，严重制约了中国企业对外直接投资的发展。

因此，该公司的业务范围应该在原有的基础上进一步放宽投保人、投资项目等条件的限制，这就使得中国更多优秀的民营企业也能得到相应的保障，增强民营企业“走出去”的信心。

目前来说，中国国有政策性对外直接投资保险机构只有中国出口信用保险公司一家。因此，中国应该鼓励更多的商业保险公司进入这一行业当中，引入相关的竞争机制，推动中国对外直接投资保险业务的健康发展，为更多的对外投资企业提供更加优质的服务，促进中国对外直接投资顺利进行。

中国应建立健全对外投资保险的法律法规，保障企业对外直接投资活动的顺利进行，要完善相关的法律制度，明确对保险机构有关投保人、承保险种、理赔事项等相关规定。目前，我国还没有完全针对对外直接投资建立起来的法律法规。法律能够对境外投资保险提供法律依据，保证对外投资保险制度的顺利实行，如果企业在投资过程中发生投资风险，也可以得到相应的赔偿，有助于推动中国对外直接投资活动的顺利开展。

(3) 利用多边投资担保机构降低投资风险

目前，中国国内的对外投资保险的条件限制非常严格，大部分民营企业很难取得他们的承保。但是通过多边担保机构可以有效地解决这一问题。多边担保机构是世界银行根据《汉城公约》建立的多边投资担保机构(MIGA)。

MIGA 对投资者的资格、投资项目以及政治风险种类等条件设置的门槛较低，可以为更多的对外直接投资企业提供投保的机会，而且对外直接投资企业在向 MIGA 申请投保时，该机构会针对企业的具体情况和问题，提供相应的咨询和建议，可以有效保障企业海外资产的安全，降低损失发生的可能性。除此之外，MIGA 设置了非常有效的代位求偿权。当保险合同内的投资风险发生之后，企业就可以直接向 MIGA 索赔，然后 MIGA 取得代位求偿权，就可以以企业的名义向东道国政府索赔。这时候，企业与政府的争端便转化成了国际组织和国家之间的纠纷，当双边有了平等的对话平台时，投资风险的解决就变得更加容易。此外，MIGA 的资金来自参与该机构的各个国家，一旦发生政治风险的理赔，各个国家的资金都会有所损失。因此，政治风险的发生与各个国家的利益息息相关。这样，参与该机构的国家就会尽量避免发生政治风险，以免给对外直接投资企业造成损失进而影响到自己国家的利益。

在中国的对外投资保险制度不完善的情况下，中国政府应该向对外直接投资企业积极地宣传 MIGA，鼓励企业向国际上的 MIGA 投保。中国也应增加在 MIGA 的股份，使得中国的对外直接投资企业得到更多的投保限额。借助国际组织，中国的对外直接投资会得到更加长远的发展。

8.3.3　企业的对外直接投资风险防范与应对策略

企业是风险防范与应对的主体，对外直接投资企业应该通过各种手段和措施，减少投资风险发生的可能性，降低投资风险带来的影响。

(1) 完善对外直接投资企业的公司治理结构

规范合理的公司治理结构可以有效协调企业股东以及其他利益相关者之间的关系，提高企业决策质量，有利于企业抵抗外部投资风险进而减少企业资产损失。对此，为提高企业对外直接投资的效率，企业应建立适合企业发展的现代企业制度，逐步完善公司治理结构。企业还应该与目标境外投资企业加强联系，加大对重大事项的监管力度，促进企业之间的协调分工。

(2) 积极推动企业实施本土化经营

本土化经营是对外投资企业为了实现资源的最优配置，寻求最优市场并且达到本土化的效率。企业在对外直接投资过程中，积极参与和分享东道国关于外资的优惠政策，通过本土化经营企业与当地环境相融合，可以受到当地政府和民众的欢迎，有效解决社会风险和文化风险，缓解当地民众和企业的抵触情绪。全球许多知名的跨国公司，如壳牌、可口可乐、肯德基在跨国投资与经营管理中取得了巨大成功，在很大程度上归功于其成功实施“本土化战略”。

在实施本土化经营战略的过程中，应该把握其多层次、全方位的内涵，比如员工本土化、原料和生产本土化、研发技术本土化等。中国企业还可以依据自身条件与当地实际的情况，对本土化战略进行适当的调整。

对外投资企业实施本土化策略不仅可以享受到东道国的国民待遇，还可以有效帮助企业减少在关税、采购等方面对外资企业的歧视，是对外直接投资企业规避风险的内在要求。东道国政府为了推动本国经济的发展，促进当地人民的就业，提高人民的生活水平，也会积极引入外资，为外资企业创造良好的投资环境，但是前提是企业必须融入当地的环境，积极履行社会责任，为当地的经济发展做出贡献。

实施本土化经营，企业要尽量雇佣当地员工参与企业管理，尽可能地做到当地采购、当地生产和当地销售；企业要充分熟悉当地的政治、经济、文化环境，获得当地民众和政府的支持。总体来说，本土化经营主要包括生产本地化、品牌本土化、管理本土化、研发本土化等。只有充分融入东道国的经济社会中才能成功地实施本土化策略，这样才能有效地帮助企业规避各类投资风险。

(3) 积极推进企业跨文化管理

① 树立跨文化管理的意识，识别文化差异。与发达国家相比，中国企业“走出去”进程总体上还处于起步阶段，对中国企业来说，跨文化管理还是一个崭新的课题。各国在语言、宗教、价值观、思维方式等方面存在差异，企业在跨文化管理中都会有很大的障碍。有关跨文化管理的风险是多方面的，形式也复杂多样，企业管理人员在进行跨文化管理时要树立文化管理意识，做好充分的思想准备。实施跨文化管理的前提和必要条件就是要识别企业文化中的不同因素，只有正确地识别不同文化之间的差异才能有效地进行跨文化管理。了解不同文化之间的禁忌、惯例及管理模式，可以有效避免企业在生产经营过程中因为文化冲突而导致的各种管理问题。

② 加强跨文化培训，促进跨文化沟通。对员工进行文化培训，可以有效增进不同文化之间员工的相互了解，促进交流沟通，防范企业的跨文化风险。提升员工的综合素质也可以有效实现跨文化管理，而其核心内容就是对员工进行文化培训。通过开设跨文化培训课程，帮助员工了解不同文化

的知识，增强员工对不同文化背景下环境的适应性，帮助员工了解彼此的价值观念、思维方式等，增强企业内部凝聚力和号召力，从而有效地处理文化风险。

③ 构建企业共同价值观，营造和谐的企业文化。企业文化一般是指一个企业在发展过程中形成的具有自身特点的精神文化和物质文化，对员工起着激励、凝聚以及约束作用。企业在对外直接投资中应该注重员工之间的文化交流，促进员工之间的沟通，强化团体合作意识，增强员工的凝聚力和向心力，最终形成企业共同的价值观，推动员工朝着共同的目标努力奋进，不仅为企业发展提供新的动力，而且有助于控制投资风险。以联想集团并购美国IBM的PC事业部为例，尽管中美双方拥有不同的文化背景，但双方通过不断地相互协调、学习和融合，形成联想的核心价值观"服务客户、精准求实、诚信共享、创业创新"以及"以人为本"的企业文化，取得了良好的发展。

(4) 吸引优秀人才，提高对外投资企业自身核心竞争力

企业的核心竞争力指组织中累积性的、关于协调各种生产技能和整合各种技术的学识。一般来说，就是企业对具有竞争优势的多方面技能、互补性资产和运行机制等方面的有机融合。企业实施对外直接投资成败的根本性原因还是企业核心竞争力的强弱，这也是对外直接投资企业抵御风险的重要指标。据了解，60％的中国海外石油项目都是在有政治风险的国家和地区进行的，一旦出现动荡，将会威胁对外依存度渐高的中国石油安全。中国企业在欧洲、美国等发达国家市场竞争的能力还有待提高，导致其海外布局缺陷不可避免，因此，企业在进行对外直接投资时，首先要提高自身的核心竞争力，从而更好地适应对外直接投资的环境。

人才是提升企业核心竞争力的最重要的因素。复合型人才是企业进行对外直接投资的重要条件。复合型人才不仅具备相关的专业知识，而且还熟悉对外直接投资的流程，可以很好地降低投资风险发生的可能性。缺乏复合型人才是中国企业在对外直接投资过程中需要解决的问题。为此，加强培训和引进国际先进人才是解决企业复合型人才短缺的重要途径。首先，企业在培养复合型人才中应该从企业自身情况出发，加大对人才培养的投入力度，给予员工出去学习最先进管理技能和知识的机会，只有通过这些措施才能培养出

复合型的高水平跨国管理人才。其次，企业还可以通过在国际范围内聘请优秀人才弥补自身的不足，在这方面企业可以采用良好的晋升体系、薪酬体系以及奖惩制度吸引全球的优秀人才加盟。最后，通过人才本土化策略也能够吸引优秀人才加盟企业。东道国的经营管理人才对当地的文化习俗、消费水平、经营情况都会有一个明确清晰的认识，这样就能够使跨国企业的生产经营在东道国快速步入正轨。

(5) 健全企业风险防范制度体系

企业的对外直接投资行为是其跨国经营的一部分。走上世界的舞台，现代企业制度是企业控制风险的前提。防范企业的境外经营风险，必须要构建科学合理、灵活有效的治理结构和组织体系。

① 建立完善的风险管理组织机构。企业通过建立完善的现代企业风险管理组织机构，给予这些部门或者子公司充分的权力，使得他们可以有效地管理风险并控制风险，可以最大限度地保证风险信息的及时性和准确性，并且能够适应国际环境的变化，从而制定相应的措施，可以为企业规避投资风险和健康发展提供有效的保障。

② 建立风险信息共享制度。企业的对外直接投资会遭遇各种已知风险和未知风险，而分析风险的准确程度与信息的占有量成正比关系。占有的信息越多，质量越好，风险的评价可靠程度就越高。企业在对外投资经营过程中，各个部门由于分工的不同，可能接触到风险信息的某一部分，如果各自为政，很可能导致风险分析的偏差，造成难以挽回的损失。因此，建立企业内部风险信息共享制度，可以保证企业或者各个部门能接触到全面的风险信息，从全局的角度分析风险的存在和程度，保障企业投资的顺利进行。企业要在制度中明确信息的共享方式、共享人员、保密原则甚至是冲突解决方式等。

(6) 丰富投资主体，做好风险分散工作

单一的投资主体，尤其是国有企业，在进行对外直接投资的过程中，容易引起东道国政府的注意，将纯粹的经济行为误认为有我国政府的支持，从而东道国政府采取措施进行干预，引发投资风险，使得我国对外直接投资企业投资受阻，而遭受损失。因此，企业可以选择东道国国内合作伙伴来分散投资风险。

企业在投资过程中，应该主动与当地的供应商开展相关合作。与当地供应商的合作，一方面可以扩大东道国的市场需求量，刺激当地经济的发展；另一方面也会降低企业在生产经营过程中的原材料成本，提升企业在当地的核心竞争力。与东道国当地企业的合作可以有效避免恶性竞争和市场纠纷，实现合作的双赢。与东道国的政府和人民分享经济发展利益，可以推动东道国经济的发展，改善人民的生活水平，政府和民众也就会支持外资企业在当地的投资和经营，大大降低投资风险发生的可能性。除此之外，企业选择合作伙伴时，一定要经过详细深入的调查，选择信誉度高、社会知名度较好的企业进行合作，一旦对外直接投资企业与当地政府发生相关问题或纠纷，这些合作伙伴可以充当"调停人"的角色进行沟通协调，可以有力推动矛盾的解决，降低投资风险所带来的不利影响。

(7) 实施损失控制策略，降低企业损失

虽然对外直接投资企业在投资前做了充分的准备来防控投资风险，然而，对外直接投资风险发生的原因非常复杂，即使企业做好了有关投资风险的防控准备，也很难对投资风险进行精准的预测和控制。一旦投资风险发生，对企业造成的损失是非常巨大的，这时企业需要采取相应的及时有效的补救措施，尽量挽回风险发生造成的损失。

一旦东道国发生投资风险，并且预计该投资风险还有很大可能会持续甚至是进一步扩大，对外直接投资企业应该从减少财产、人员损失的角度出发，果断采取相关措施，减少对当地的直接投资，以降低企业的损失。如果东道国的投资风险出现不可逆转的局面，企业就需要考虑撤出该国市场，以保障企业财产和人员的安全。

当投资风险发生时，对外直接投资企业肯定会面临巨额的财产损失，企业可以通过索赔等措施减少损失。企业在对外直接投资之前应该向本国的担保机构或者国际上的一些多边或双边担保机构进行投保，以此来分散企业面临的投资风险。如果发生投资风险，企业就可以依据合同的有关要求，提供相关材料，向保险机构或担保机构进行索赔。此外，企业还可以申请国际仲裁，利用国际争端解决机制，向东道国进行索赔，减少企业因发生投资风险而造成的巨额损失。

8.4 基于中国企业对外直接投资的特殊性所采取的风险防范与应对策略

8.4.1 对外直接投资的主体进一步多元化

长期以来，中国企业对外直接投资主体单一，大多都是以央企为代表的国有企业，其他民营企业由于自身实力以及政策等方面的原因，很难在国际市场站稳脚跟。一方面，国有企业的对外直接投资往往带有国家色彩，很容易遭受东道国政府机构的严格审查，使得对外直接投资前风险发生的可能性大大增加，不利于中国企业对外直接投资的可持续发展。另一方面，在我国对外直接投资的企业中，虽然民营企业开始崭露头角，但是占据主导地位的投资主体仍是国有大中型企业——央企占据我国对外直接投资总量的九成以上。

因此，政府应该放宽对民营企业对外直接投资的相关限制，并且通过制定相关的法律法规，保障民营企业的合法权益，消除民营企业对外直接投资的后顾之忧。除此之外，国家和政府要鼓励那些有比较优势的企业进行对外直接投资。

企业在对外直接投资过程中如果涉及东道国敏感的经济领域，还可以采取合资经营的方式。一方面可以吸收当地先进的管理经验和生产技术，另一方面可以博得当地政府和企业的好感，降低投资风险的发生。

8.4.2 投资区位进一步扩大

根据渐进国际化理论，企业的投资区位选择遵循由近到远的原则，企业倾向于首先向地理距离和文化距离较近的国家和地区投资，然后渐次向地理距离和文化距离较远的国家和地区投资。我国企业对外直接投资区位分布目前主要集中在亚非拉国家，尤以亚洲为重。这些地方大多属于发展中国家和地区，经济发展潜力很大，但是投资环境不完善，投资风险相对于发达国家要大。出于风险防范以及中国企业全球布局的需要，未来投资区位应进一步扩大，加大对欧盟等发达国家以及投资风险较小的地区投资。

东道国与中国的文化差距越小，则中国企业在该国的投资风险就越小，这是与现阶段中国对外直接投资政策息息相关的。目前，中国在非洲和拉丁美洲等距离较远的地区进行投资很大一部分是出于对资源和能源的需求，这种类型的投资具有一定的阶段性特征，而且这种类型的投资主要是由国有大型企业来进行的，随着我国经济的不断发展，民营企业必然会在我国的对外直接投资中占据越发重要的位置，因此其他类型的投资就会不断增加。随着中国产业结构的调整与升级以及“一带一路”倡议的实施，中国的产业转移型和效率导向型对外直接投资也必然会不断增加，而这样的投资会更倾向于在距离我国较近、文化差异较小、人力成本更低的国家进行。因此，我国企业还是应该加强在我国周边国家的投资。特别是在东南亚和南亚地区，这些国家和地区具有地理距离较近和语言文化相似、华侨众多的区位优势。目前我国与东南亚国家和地区的经济贸易合作十分紧密，有利于扫除我国企业直接投资的障碍。

发达国家是中国贸易产品的主要出口市场，与发展中国家相比，发达国家有关投资的法律制度相对比较完善，投资环境良好，企业在发达国家投资过程中可以有效避免一些投资风险，保障企业的海外资产安全。除此之外，发达国家拥有先进的科学技术和管理经验，可以与中国企业的转型和升级形成互补，有助于提升中国对外直接投资的国际竞争力。

8.4.3　企业要结合自身发展战略进行对外直接投资

对于每个企业来说，其在对外直接投资过程中的投资动机和战略都是不同的。例如，某些企业出于对能源资源的需要，在对外直接投资过程中必然会以资源丰富的国家和地区为投资目标，而对其他方面的因素就不会过多考虑。除此之外，一些企业为了学习先进的生产技术，提升企业的创新能力，在投资过程中必然会在生产技术比较发达的国家和地区进行投资。企业如果是以占领市场为最终目的，就要从长期利益出发，保持跨国经营意识，将母子公司看成一个整体，共同协作，相互促进，协调母子公司的利益，进行全球范围内的资源调配和产品销售。当前我国许多进行对外投资的企业缺乏整体意识，各子公司各自为政，分散经营，没有形成全球统一的采购和销售体系，公司行为无法在全球范围进行协调。国外公司沿用国内的生产经营模式和管理理念，企业经营难以长期维持。企业需要从长期利益出发，更新经营理念，形成国际性管理思维和统一的战略目标。

企业如果是以获取技术为最终目的，将努力学习先进的技术，提升企业技术水平，并最终将其运用到本国的生产，同时也应该兼顾东道国政府对该领域的反应，避免涉及东道国经济敏感的领域，要实现与东道国政府和企业利益的共同建设，互利共赢。

资源寻求型对外直接投资的进入方式应以合资为主。资源型企业对外直接投资不仅要从企业追逐利润的微观经济目标出发，也应从国家经济发展的全局效益来考虑。资源寻求型的对外直接投资应以合资为主，其原因有三：一是对自然资源的开发，各国都有严格的控制；二是资源寻求型的投资规模一般较大，合资有利于对投入资源的分担；三是合资经营还有利于与东道国建立长期的、相互信任的合作关系，有助于风险的共担、资源的共享，确保长期稳定的海外资源供给。

8.4.4 与国内大企业或者产业链上下游企业“抱团出海”

中国企业在“走出去”过程中，面临地域文化差异和各种风险，面对的竞争对手既有国外跨国公司也有东道国当地企业，竞争压力巨大。“抱团出海”的方式能够提升组团企业的整体国际竞争优势，降低“走出去”的风险。对已在海外耕耘多年、话语权相对较大的企业来说，“抱团”更多是一种以大带小的合作意识和经验优势；对刚开始布局国际市场、产业基础相对薄弱的企业而言，“抱团出海”则是他们搭上这列国际出海快车的契机。同行业企业要以资本为纽带联合走出去，产业链上下游企业要以业务为纽带抱团“走出去”。

2015 年 5 月 13 日出台的《国务院关于推进国际产能和装备制造合作的指导意见》指出：营造基础设施相对完善、法律政策配套的具有集聚和辐射效应的良好区域投资环境，引导国内企业抱团出海、集群式“走出去”。

中国企业“抱团出海”的关键在于，同领域企业在市场化运作、利益共享基础上形成优势互补、分工协作的新型业务模式。产业链上下游企业形成产业联盟，打造商产融等综合性跨国经营平台。

此外，“抱团出海”还有利于做好中国企业之间的协调，避免中国企业为获得订单，在同一个项目上出现“价格战”等恶性竞争行为。“抱团出海”有利于降低中国企业的风险，有利于中国制造的技术进步和品牌树立。

第 9 章

结论与展望

9.1 主要结论

本书立足于中国企业对外直接投资的需要，围绕投资风险防范与应对策略展开研究。本书首先梳理了国内外关于企业对外直接投资风险研究的现状，并提出了本书的切入点；然后以历年《中国对外直接投资统计公报》和联合国贸易和发展会议等国际组织公布的权威数据为基础，对中国企业对外直接投资的重要经济体——欧盟、非洲、东盟以及"一带一路"沿线国家直接投资的流量、存量、区位分布、产业分布、特点以及趋势进行了详细的数据和统计分析，勾画了中国企业对这些重点投资区域的投资现状、投资特点以及投资趋势。

在理论上，本书对中国企业对外直接投资的一般性风险和特殊性风险进行了分析，从宏观、中观和微观层面解析了中国企业对外直接投资风险的来源与表现形式，并在此基础上构建了综合宏观、中观、微观三个层次的多层互嵌风险分析模型。具体来说，在宏观层面上分别从政治、经济、社会和文化方面解析了风险可能的来源与影响因素。在政治层面，风险的来源主要有没收、征用和国有化风险、战争及政治暴乱、东道国歧视性干预风险、恐怖袭击、政府政策风险以及政府腐败及效能低下所导致的风险。经济层面的风险来源主要有汇率波动风险、利率风险、主权债务风险、金融危机产生的系统性风险。社会和文化层面的主要风险来源有沟通风险、管理风险以及商务文化风险等。从行业一般环境的角度出发，本书提出中国企业对外直接投资的风险来源主要包括东道国竞争者、东道国产品生命周期风险。企业内部层面的风险主要包括生产风险、责任风险、研发风险、行为风险以及人力资源风险等。

由于政治制度差异、投资区位特征差异、投资动机特征差异、投资主体特征差异以及“后进者”角色差异，导致中国企业对外直接投资过程中遇到一些特殊性风险，并且风险表现形式和对企业的影响程度体现不一。例如，由于社会意识形态的差异，长期以来许多欧美发达国家和西方媒体不能正确看待中国发展，通过各种各样的政治经济手段阻碍中国企业在海外的投资活动。

从宏观的视角，本书通过构建中国企业对外直接投资风险影响因素回归模型，采用二手数据实证地研究了中国企业对外直接投资风险的影响因素。实证结果表明：① 在政治因素层面上，结果显示东道国政府稳定性越高，则中国企业在该国直接投资的风险越小；东道国法治水平越高，则中国企业在该国直接投资的风险越小。② 在经济因素层面上，东道国经济增长性越好，则中国企业在该国直接投资的风险越小；东道国经济稳定性越好，则中国企业对该国直接投资的风险越小；东道国经济开放性越好，则中国企业对该国直接投资的风险越小；东道国偿债能力越高，中国企业在该国直接投资的风险就越小。③ 在社会因素层面上，东道国社会冲突越严重，中国企业在该国直接投资的风险越大；东道国社会安全性越高，则中国企业在该国直接投资的风险越小；东道国经商环境越好，中国企业在该国直接投资的风险越小。④ 在文化因素层面上，东道国与中国的文化差距越小，则中国企业在该国投资的风险越小。

在微观上，本书采用案例分析的方法，通过对江西华意压缩机股份有限公司并购西班牙 Cubigel 公司的过程及其风险分析，剖析了企业在对外直接投资过程中遭遇的风险及其防范与应对策略。宏观的实证研究和微观的案例剖析相结合，形成中国企业对外直接投资风险防范与应对的整体认识。

在实证研究和案例分析的基础上，本书构建了以“三个主体、六个抓手、六个内容”为基础的中国企业对外直接投资风险防范与应对体系，然后分别从政府、信用担保和中介机构以及企业的视角分别提出风险防范和应对策略。

最后，本书针对中国企业对外直接投资的特点及由此带来的风险特殊性，提出中国应当努力塑造良好的国际形象并营造有利的外交环境，投资主体和区位更趋多元化，与国内大企业或者产业链上下游企业“抱团出海”以及发挥“后发”优势构建严格的风险管控体系等措施。

9.2 研究不足与展望

由于资料可得性以及研究水平的限制，本书尚存在许多不足之处，具体体现在以下三个方面：

第一，样本选取的限制。本书从宏观视角对中国企业对外直接投资风险的影响因素进行了实证研究。迄今为止中国企业一共对 186 个国家(地区)进行了直接投资，由于本书采用政府和国际组织发布的二手数据进行研究，涉及的变量和数据比较多，很多变量数据缺失，最终仅获得了 36 个样本国家的有效数据，样本数量较少，导致实证结果的可推广性受到影响。未来可以继续扩大资料搜集范围，获取更多国家的有效数据来进行分析。

第二，本书选取江西华意压缩机股份有限公司并购西班牙 Cubigel 公司的案例，通过剖析企业在对外直接投资过程中遭遇的风险及其防范与应对策略，从微观视角对中国企业对外直接投资风险形成以及防范进行研究。这是一个典型的以市场获取和技术获取为动机的中国制造业企业对发达国家投资的案例。由于不同投资动机的企业在不同类型的国家投资其风险表现形式不一样，这个案例对于其他投资动机以及对发展中国家投资风险问题的解释力有限。以后可以通过多案例分析的方法在一定程度上弥补这个缺陷。

第三，中国企业对外直接投资风险防范与应对是一个综合性的问题，涉及的层面和主体较多。在本书中，宏观方面中国企业对外直接投资风险研究仅从政治、经济、社会和文化四个层面提出了影响因素并进行实证探索。微观方面则试图通过对一个案例的解剖来呈现。中观方面的风险研究在本书中体现较少。未来可以继续深入探索各个层面的风险形成来源和风险防范机理，尤其需要通过对企业进行大样本的调研，从微观层面实证地研究企业对外直接投资风险形成的机理，提出针对不同投资动机和投资战略下的风险防范与应对策略。

参考文献

英文文献

[1] Tan X. China's overseas investment in the energy resources sector: Its scale, drivers, challenges and implications[J]. Energy Economics, 2013, (36): 750-758.

[2] Tang L. The direction of cultural distance on foreign direct investment: attractiveness or incongruity? [J]. Cross Cultural Management, 2012, 19(2): 233-256.

[3] Ritab A, Khalik M. Does political risk affect the flow of foreign direct investment into the middle east north African region? [J]. Journal of Global Business and Technology, 2013, 9(2): 231-238.

[4] Luo Y, Xue Q, Han B. How emerging market governments promote outward foreign direct investment: Experience from China[J]. Journal of World Business, 2010, 45(1): 68-79.

[5] Ramasamy B, Yeung M, Laforet S. China's outward foreign direct investment: Location choice and firm ownership[J]. Journal of World Business, 2012, 47 (1): 17-25.

[6] Benjamin A, Graham T. Capital and Chaos: Fragile States, Political Risk and Foreign Direct Investment[R]. Political Science, 2012.

[7] Cui L, Jiang F. Behind ownership decision of Chinese outward foreign direct investment: Resources and institutions [J]. Asia Pacific Journal of Management, 2010, 27(4): 751-774.

[8] Cantwell J, Dunning J, Lundan S. An evolutionary approach to understanding international business activity: The co-evolution of MNEs and the institutional environment[J]. Journal of International Business Studies, 2010, 41(4): 567-586.

[9] Peng M, Jiang Y. Institutions behind family ownership and control in large firms[J]. Journal of Management Studies, 2010, 47(2): 253-273.

[10] Graham B A T. Political Risk and Diaspora Direct Investment[M]. Socia ence Electronic Publishing, 2010.

[11] Goldeng E, Grünfeld L, Benito G. The performance differential between private and state owned enterprises: The roles of ownership, management and market structure[J]. Journal of Management Studies, 2008, 45(7): 1244-1273.

[12] Meyer K E, Wright M, Pruthi S. Managing knowledge in foreign entry strategies: A resource based analysis[J]. Strategic Management Journal, 2009, 30(5): 557-574.

[13] Blalock G, Gertler P. Welfare gains from foreign direct investment through technology transfer to local suppliers [J]. Journal of International Economics, 2008, 74(2): 402-421.

[14] Bitzer J, Kerekes M. Does foreign direct investment transfer technology across borders: new evidence[J]. Economics Letters, 2008, 100(3): 355-358.

[15] Kolstad I, Wiig A. What determines Chinese outward foreign direct investment? [J]. Journal of World Business,2012,47(1): 26-34.

[16] Luo Y, Rui H. An ambidexterity perspective toward multinational enterprises from emerging economies [J]. Academy of Management Perspectives, 2009, 23(4): 49-70.

[17] Rui H, Yip G S. Foreign acquisitions by Chinese firms: A strategic intent perspective[J]. Journal of World Business, 2008, 43(2): 213-226.

[18] Cheng L K, Ma Z. China's outward foreign direct investment[M]. Paper presented at the Indian Statistical Institute, 12 December 2008.

[19] Luo Y, Tung R. International expansion of emerging market enterprises: A springboard perspective [J]. Journal of International Business Studies, 2007, 38(4): 481-498.

中文文献

[1] 许晖. 中国企业国际化风险识别与控制研究[M]. 北京: 科学出版社,2010.

[2] 陈菲琼,王旋子.制度视角下中国资源型海外投资区域风险研究[J].科研管理,2012(10):121-128.

[3] 施宏.构建我国海外资产安全防控与监管体系的思考[J].国际贸易问题,2011(12):122-129.

[4] 杨国亮.对外投资合作中的政治风险:现有研究的综述及其扩展[J].经济管理,2012(10):192-199.

[5] 李一文.后危机时代中国企业海外投资面临的机遇、风险与对策[J].经济学动态,2010(7):62-65.

[6] 李友田,李润国,翟玉胜.中国能源型企业海外投资的非经济风险问题研究[J].管理世界,2013(5):1-11.

[7] 聂名华.中国企业对外直接投资的政治风险及规避策略[J].国际贸易,2011(7):45-48+61.

[8] 李元,杨薇钰.东道国外资规制政策互动与跨国公司对外直接投资[J].华东经济管理,2010(1):73-78.

[9] 王利华.中国跨国公司对外直接投资区位选择研究[D].华东师范大学博士学位论文,2010:178-198.

[10] 谢杰,刘任余.基于空间视角的中国对外直接投资的影响因素与贸易效应研究[J].国际贸易问题,2011(6):66-74.

[11] 余道光,周石.发展中国家对外直接投资模式的新诠释——基于综合竞争力阶梯模型的分析[J].财贸经济,2010(12):104-110.

[12] 李平,徐登峰.独资还是合资——我国企业跨国直接投资进入模式的影响因素研究[J].经济管理,2010(5):57-63.

[13] 郑磊.对外直接投资:企业获取竞争优势研究[D].南开大学博士学位论文,2009:178-198.

[14] 余劲松.国际投资条约仲裁中投资者与东道国权益保护平衡问题研究[J].中国法学,2011(2):132-143.

[15] 张建红,卫新江,海柯·艾伯斯.决定中国企业海外收购成败的因素分析[J].管理世界,2010(3):97-107.

[16] 许慧,胡曲应,许家林.论中国企业海外投资风险的防范与监管[J].中南财经政法大学学报,2009(6):97-103.

[17] 钞鹏.日本企业防控海外投资政治风险的启示[J].亚太经济,2012(6):65-70.

[18] 方敏,黄玲.中国跨国公司如何应对反全球化浪潮[J].国际商务研究,2008(4):1-4.

[19] 邹婷,刘辉煌.中国对外投资区位选择集中化研究[J].技术与创新管理,

2010(1)：65-68.
[20] 张维迎. 产权、激励与公司治理[M]. 北京：经济科学出版社，2005.
[21] 宋丽丽，李梦晓. 分布状况、流量规模与发展趋势：解析我国企业对非洲投资[J]. 改革，2013(12)：136-143.
[22] 宋丽丽，刘慧芳. 中国企业对欧盟直接投资的分布、特点与未来趋势[J]. 国际贸易问题，2012(12)：52-60.
[23] 郑蕾，刘志高. 中国对"一带一路"沿线直接投资空间格局[J]. 地理科学进展，2015(5)：563-570.
[24] 林莎，雷井生，杨航. 中国企业绿地投资与跨国并购的差异性研究——来自223 家国内企业的经验分析[J]. 管理评论，2014(9)：139-148.
[25] 李玮莉，陈文. 东盟 2015 年回顾与 2016 年展望[J]. 东南亚纵横，2016(2)：8-14.

图书在版编目(CIP)数据

中国企业对外直接投资风险防范与应对研究/宋丽丽著. —上海：复旦大学出版社，2022.8
ISBN 978-7-309-15859-5

Ⅰ.①中… Ⅱ.①宋… Ⅲ.①企业-对外投资-直接投资-风险管理-研究-中国 Ⅳ.①F279.23

中国版本图书馆 CIP 数据核字(2021)第 163664 号

中国企业对外直接投资风险防范与应对研究
ZHONGGUO QIYE DUIWAI ZHIJIE TOUZI FENGXIAN FANGFAN YU YINGDUI YANJIU
宋丽丽 著
责任编辑/王雅楠

复旦大学出版社有限公司出版发行
上海市国权路 579 号 邮编：200433
网址：fupnet@fudanpress.com http://www.fudanpress.com
门市零售：86-21-65102580 团体订购：86-21-65104505
出版部电话：86-21-65642845
江苏凤凰数码印务有限公司

开本 787×960 1/16 印张 16.25 字数 249 千
2022 年 8 月第 1 版
2022 年 8 月第 1 版第 1 次印刷

ISBN 978-7-309-15859-5/F·2823
定价：69.00 元
